キュリー夫人と娘たち

二十世紀を切り開いた母娘

クロディーヌ・モンテイユ
内山奈緒美 訳

中央公論新社

目次

凡例

- 「＊1」の形で示されているのは原注である。注は巻末に置いた。
- 〔　〕は訳者による補足、あるいは注である。
- 原注と主要参考文献内の〔　〕は、訳者による付記である。

キュリー夫人と娘たち

1921年、マリーは娘のイレーヌとエーヴを伴ってアメリカに行った。右から、エーヴ、マリー、そしてイレーヌ。

献辞

大学教員であり、化学者であり、
多くの理系女子学生の指導者であり、
そしてマリー・キュリーやイレーヌ・ジョリオ＝キュリーが教鞭を執った
女子高等師範学校[†]（旧セーヴル）の元校長である、
わが母、ジョジアンヌ・セールの思い出に。

† 一八八一年から一九八五年まで存在したフランス最高峰の女子高等教育機関。パリ南西郊外セーヴルの陶器工場跡に設置されたため、通称セーヴルと呼ばれている。

1895年、マリーとピエールは、新婚旅行として、パリ近郊を自転車で回った。

第1章 意志の力――ポーランドからフランスへ

ベルの音。電動式のベルの音。きちんと身だしなみを整えたクラスの優等生、幼いマリア・スクウォドフスカ〔マリアはポーランド語の名前。本書では以後、フランス語のマリーを用いる〕が顔を上げた。身じろぎ一つしない。一八七四年の冬、ワルシャワの教室の寒さのせいではない。断じて違う。大人たちが家でひそひそとその名を口にするあの意地悪なロシア皇帝《ツァー》、恐怖心を抱かせるあの男が視学官を送り込んできたからだ。急いで、ポーランド語のノートと教科書を隠す。まさしくそれは、禁止されているにもかかわらず、先生が生徒たちに勉強させているものだった。別の子が禁じられた本を隠すために共同大寝室の方へ走っていく。絶対に捕まらないように。処罰はその子の父親や母親にとって恐ろしいものになるだろう。すでに、占領軍に対する抵抗運動を行いフランスに亡命していたマリーの父親の兄であるズジスワフ伯父さんは、皇帝《ツァー》の秘密警察に逮捕され、他の多くの同志たちと同様シベリアの収容所に送られ、鎖に繋がれている[*1]。今や、マリーの身体は震え、頬は真っ赤にほてっていた。彼女にはこれから自分の身に起きることがわかっているので、人目を引かないように視線を落としている。ドアが開く。

いかめしい態度で視学官が入ってきて、躾のよさそうな少女たちがボタンホールを縫っているのを目にする。天使たちのようだ。

重々しく乱暴な歩き方をするその男は、けたたましい音を立てながら確固とした足取りで進み出ると、すべての机を開け点検した。彼には、一冊のポーランド語の本も、ロシア占領軍がこの虐げられた民族の記憶から消したいと願っている言語で書かれた一行の言葉も見つけられてはならない。そもそもポーランドは、地図から抹消され、「ヴィスワ地方」としか示されていないのだ。視学官はおおむね満足そうな様子だ。本は確かにロシア語であり、何世紀にもわたるロシア皇帝とロシアの歴史が記されている。まるでマリーの愛するポーランドは、かつて存在したことがなかったみたいだ。嘘をつくこと、自分の気持ちを表に出さないことは、子供にとって何という試練か！　自分の苦しみや屈辱を押し隠すことを学ばねばならない。しかし、視学官の見回りは終わってはいなかった。今、彼は、生徒に質問しようとしている。先生が自分を当てることを、マリーはわかっている。恥辱で赤くなりながら彼女は立ち上がる。そして、視学官が彼女に命じた通りに、ロシア皇帝一族それぞれの名前と称号を順番に述べる。視学官は最後に厳しい声でしつこく尋ねる、「私たちを統治していらっしゃるのはどなたかね？」。マリーは声を出さず立ち尽くしていた。視学官が怒りを露わにしたので、この少女は答える。「大ロシア帝国皇帝アレクサンドル二世陛下です」。彼はこの答えに、そして自分自身にも満足げだった。彼が他の教室の方へ姿を消すと、マリーは泣きくずれた。どうして自分はこんなふうに嘘をつくことができたのか？　ポーランドへの愛を心の中で強く感じているのに？

家に帰ってゾフィア、ブローニャ[*2]、そしてヘーラと呼ばれているヘレナの三人の姉と兄ユゼフに囲まれると、やっと七歳になったばかりのマリーは、あんなふうに大切な祖国を裏切ってしまったことを思って、悲しくて恥ずかしい気持ちになった。父ヴワディスワフ・スクウォドフスキはほっとした。彼は、公務員であるというだけでなく数学と物理の教授であり、今選任されているノヴォリプキ通りにある中等学校の副校長という立場にふさわしい厳格な物腰の、ボリュームのある髭を蓄えたたくましい男だ。娘は家族を深刻な危機から救ってくれたのだ。身内にあまりにも多くの反抗的なポーランド人がいたため、彼には早くから、ロシア占領軍に抵抗すれば、亡命するか拘束されるか家族全員を弾圧されるかしかないとわかっていた。クラス一の優等生マリーの態度は、望ましいものだったのだ。しかし彼女はまだ震えており、母親に近づき、まさに彼女に触れようとするが、すんでのところで母の服の布に触るのを止めた。どれほどお母さんの腕の中に逃げ込みたかったことか！　でも望んでいるように優しくなでてもらうことはできないとわかっている。結核でやせ細ったマリーの母は、子供たちに病気をうつす危険を冒せないのだ。上品な卵型の顔と黒髪で美しいブロニスワヴァ・スクウォドフスカは、名門の女学校を運営していたが（当時においては、このような責任ある立場にあった数少ない女性の一人）、教師の職を辞めて生徒たちとの接触を一切避けなければならなくなった。時折、彼女の指がマリーの額をそっとなでたが、すぐにその手は引っ込められた。「この温かいしぐさは、マーニャ〔マリーのこと〕が知っている中で極上のものだ。どんなに思い出をさかのぼっても、彼女には母親にキスされた記憶がない[*3]」。

少しずつ母の体力を奪い密かに進行していた病気が、その兆候を現わしたのはマリーが生まれた頃だった。だから、マリーが健康な母親を見ることは一度もなかった。心配なため母親は、家族とは別の食器で食事をするようにし、どんなに子供たちを優しくなでて愛情を注ぎたくても、子供たちを庭へ走りに行かせた。それでもマリーは、愛情に溢れ、科学や芸術、音楽や文学への関心に満ちた家庭で成長していった。特に、急に静かになり熱心に耳を傾ける子供たちの目の前で、大きな声で詩が朗読される時、彼女は励まされた。母親は、他人に対しておおらかだったので、この種の寛容さが必ずしも受け入れられていない十九世紀にあって、さまざまな信仰を持つ友人たちを分け隔てなく家に迎えていた。

ある夜、子供たちが遊んでいる最中に、突然彼らの世界が崩れた。中等学校から帰り、郵便物を開封した父が、激しい不安に襲われたのだ。手紙を手にしたまま、いつもの肘掛け椅子に座っているのがやっとだった。幼いマリーの学校での礼儀正しく取り繕った返答も、災いが彼や彼の家族を襲わないようにするには十分ではなかったのだ。またしてもロシア占領軍が原因の災いだ。ヴワディスワフ・スクウォドフスキは、公式の手紙によって、給料が減額され、公務員官舎および副視学官としての資格を奪われたことを知った。彼の妻は負けていない。ロシア皇帝の部下と親しい、あの中等学校の校長の仕返しに決まっている、いつもあの男よ。それで彼は思い起こす。ロシア語の作文で文法の間違いをした生徒をかばって、あの校長に逆らったことはなかったか？

罰は凄まじいものだった。すぐさまもっと小さなアパルトマンに引っ越さなければならなかった。それに、この給料ではもはや家族を養うのに十分ではなかった。寄宿生として少年たちを住まわせるようにしたため、スペースや部屋はますます減った。話をしようとしても声を潜めなければならず、もはやこの家族の間に寛ぎはなくなった。ポーランド全体が窒息していた。

もちろん、出費にもいちいち気を配らなければならなかった。難しく、時にデリケートな作業だ。ある夜、スクウォドフスキ氏は打ちひしがれた様子で帰宅した。義理の兄弟の機嫌を損ねないように引き受けた投資が、大きな損失となっていて、そのせいで彼は破産したのだ。少しずつやっとの思いでためた貯金三万ルーブルが、消えてなくなった。もう娘たちに持参金を持たせることができない。娘たちはもう、恵まれた、伝統に則った立派な結婚式を望むことができない。今や、娘たちは貧乏を強いられることになる、と父は思った。彼はお人よしな自分を一生許すことができなかった。

それから間もなく、スクウォドフスキ氏がまだこの金銭上の失敗から立ち直っていなかった一八七六年一月、若い寄宿生の一人が患ったチフスが、マリーの二人の姉、ゾフィアと、特に仲のいい姉ブローニャに感染した。そして、ゾフィアはとても若くして亡くなった。ブロニスワヴァ・スクウォドフスカは、あまりにつらく、また自身が結核の感染者でもあったため、墓地まで我が子に付き添うことがかなわず、夫と娘たちが棺の後からゆっくりとした足取りで進む葬列を、窓から見守っていた。マリーは、九歳にしてすでに、これほど多くの苦しみと悲しみを経験していた。大人たちは、本当に優しいけれど、彼らはとても傷付きやすそうに見える、その不安で押しつぶされそうなくらいに。

さらに母親の体調のこともあった。彼女は日に日に衰弱し、それがマリーを不安にした。ゾフィアの死から二年後、スクウォドフスカ夫人は病気との戦いに力尽き、この世を去った。この一八七八年五月九日、母の死は耐え難いものだった。十歳のマリーはひどくふさぎ込んでしまった。スクウォドフスキ氏は子供たちのただ一人の保護者となったが、金銭的な援助ができないので、彼らに愛情と精神的な支えを与えようとした。子供たちは、できる限り普通の青春時代を送らなければならない、と彼は考えていた。少しずつ子供たちは元気に走り回るようになり、笑い声を取り戻していった。マリーは、姉のブローニャはもちろん、同じ年頃の男の子や女の子たちと遊んだ。彼女は、ポルカやマズルカやオベレク〔これらは、ポーランドの民族舞踊〕といったダンスを習っていた。そして、文学と理系の授業、特に父の教える数学に夢中になった。

少女時代、マリーは、勉強がしたくてしかたがなかった。後に報われることになる彼女の人生での幸福の一つ。姉ブローニャに遅れること数年、マリーは中等学校で金メダルを獲得した。記念品は全編ロシア語で書かれた本であったが、マリーは喜びを隠さなかった。授賞式は父親の前で行われた。ヴワディスワフ・スクウォドフスキ氏はほっとしていた。妻がいないにもかかわらず、彼は子供たちに最高の教育を授けることができたのだ。

この数年来、若いマリーには夢があった。あまりにもひどい扱いを受け、彼女が正したいと思っている不正の犠牲となっているポーランドのために尽くすという夢だ。通りを練り歩き、被占領民に対して横柄な態度のロシア軍人に向かって爆弾を投げつける、若いポーランド人アナーキストや革命家のようにではない。違う。後に娘エーヴがはっきりと証言している。「唯一大切なこと、それは学ぶこと、そしてポーランドに価値のある知的資産を築き上げ、民衆への教育を普及させることだ。現在、権力者は彼らを故意に無知蒙昧な状態に置いているのだから」[*4]。

十九世紀は、すでにかなり進んでいて、貧困との戦いや自由を求める闘争といった社会問題が、人々の関心事となっていた。かの地、マリーやブローニャがその国の言語を学んでいたフランスでは、一人の傑出した作家が亡くなろうとしていた。ヴィクトル・ユゴーである。『レ・ミゼラブル』、『ノートルダム・ド・パリ』、『諸世紀の伝説』の作者にして神話的人物、彼の小説はヨーロッパ中で読まれており、貧しい人々や虐げられている人々の味方だった。どうしたら彼を好きにならずにいられようか？　どうしたら彼の文章や詩を読んで心を震わさずにいられようか？　マリーがこのフランス人作家を忘れることはないだろう。

さらに、新しい理想が、情熱をかき立て、好奇心に火をつけ、魅了した。オーギュスト・コントの実証主義やパストゥールやダーウィンの仕事が大きな反響を呼んでいた。今や科学の時代だった。若いマリーにとって、それは社会の進歩への渇望を伴っていた。なのにポーランドの大学は女性を締め出していたのだ！　しかたがない。マリーは非合法のポーランドの大学、いわゆる移動大学に参加し、そこで際立って優れた学生となった。ワルシャワの自分の部屋で、どんなに外国の女子学生のことを羨ましく思ったことか！　マリーは、今や姉のブローニャのことで心を痛めていた。彼女は医者になることを夢見ているのに、どんな未来を望めるというのか？

＊

スクウォドフスキ氏に関してはよい話がない。彼は疲れを感じていた。もちろん、無理をして中等学校での仕事は続けていたが、レシュノ通りのアパルトマンでのように寄宿生たちを置く力はもうなかった。寄宿生たちから受け取るそのわずかな部屋代で、娘たちを少しは援助できていたのだが。そして、ノヴォリプキ通りの新しいアパルトマンは本当に狭かった。マリーが生活するために戻って来るのはここだった。彼女にとって、狭いのは残念だったが、彼女は、子供たちをあんなにも守ってくれた優しい父親を愛していた。また、彼のあらゆる領域にわたる教養は、今も彼女たち若い世代を魅了していた。マリーにとって、とめどなくやり取りする中で、科学や哲学、文学について彼に質問をするのは何と大きな喜びだったことか。マリーは父親から、最新の科学の発見や、外国語、新刊書について学び、飽きることがなかった。「毎週土曜日スクウォドフスキ氏と彼の息子や娘たちは、文学について語るために夜一緒に過ごした。湯気の立ったサモワールを囲んで話をした。年老いた父は詩を暗唱したり、本を読んだりした（……）。こうして土曜日毎に、過去の傑作が聴き慣れた父の声でマーニャのもとにもたらされた[*5]」とエーヴ・キュリーは記している。他のヨーロッパの国々の少女たちだったら羨むような、ポーランドの一少女にとっては、異例の幸運だった。それほど教育に対する当時の偏見は、依然として深く根を下ろしていた。そもそも、ワルシャワ大学は女子の入学を認めていなかった。一つだけ例を挙げると、イギリスの最も格式の高い大学寮でも当時、同様の差別が行われていた。それをヴァージニア・ウルフは数十年後、エッセイ『三ギニー』で告発することになる。

さて、スクウォドフスキ氏はほどなく退職するのだが、破産しているため、その退職金の額では家計を援助することはできない。家族への審判が下った。娘たちは結婚の持参金を期待できず、働かなければならないだろう。マリーには、泣き言を言ったり愚痴をこぼしたりしている暇はなかった。そもそもそんなことは彼女の性格には合わなかっただろう。彼女は家庭教師の仕事を始めたが、間もなくそれでは、食べ物や家賃を払い、生活していくのに、そしておそらく学業を続けていくのに十分ではないことが明らかになった。月謝を払ってもらうため、雨が降っていようが寒い中であろうが、ワルシャワ中を駆けずり回らねばならなかった。収入のない娘にとってこの数ルーブルが何を意味するのか考えもしない親たちが、しばしばうっかり支払いを忘れたのだ。

しかし、危機が訪れる度に、祖国ポーランドのために尽くしたいという密かな夢が必ず浮かんできた。革命的な行動によってではなく、学びによってである。占領された祖国のための平和的な力になること。この力は、ポーランドの一部の若者が抱いている狂信的な衝動からではなく、科学に対する探求心や強い関心から来るものだった。マリーの頭は、パストゥールやダーウィン、クロード・ベルナールのことでいっぱいだった。最新の科学的発見に刺激を受け、その感動を自分の生徒たちと分かち合いたいと願っている一人の中等学校の女性教師の言葉に、彼女は魅了された。やがて彼女は、ブローニャやヘーラとともに、移動大学の秘密講義に参加するようになった。それは、彼女にとって、とりわけ解剖学や生物学の研究に科学的に取り組む初めての機会であり、生涯彼女の記憶に焼き付けられ、後に著書のなかで熱意を込めて言及されることになる。しかし、この学習は正式に認められたものではなく、この若い女性たちは、危険を冒していた。それでも彼女たちは興奮状態だったので、そこで留まらなかった。今度は彼女たちが、一般の女の子たちに知識や、この機会なくしては望めないような教養の手ほどきをした。学び、そして伝えること、つまり連帯するという理想が、当たり前のように存在していた。マリーは、それが、最も無謀な彼女の夢を飛び越えて彼女をどこまで連れて行くか知らなかった。

しかし、経済力のないポーランドの若い女性たちは自分たちを取り巻く現実の環境に手足を縛られていた。姉のブローニャはパリに憧れていた。そこでは女性も大学に入学できる。医者になってポーランドに戻って来る。そして、都会を離れ、多くの人々が治療を必要としている田舎に移り住み、人の役に立つ存在になり貢献する。人類愛に溢れたビジョンだが、お金がなければまったく非現実的だ。

現実離れしたまったくの空想だろうか？　そうとも言いきれない。マリーはこの姉に二重の愛情を抱いている。いつも彼女を守ってくれている姉は、亡くなった母の代わりにもなってくれた。母よりもさらに優しく、もっとマリーの身体をなで、そして陽気だった。二人の暗黙の了解、喜び、希望や悲しみが、彼女たちを分かつことのない一体感で結び付けていた。マリーはブローニャの幸せを考えていた。そしてもう、年下である自分自身の夢のことは考えてはいなかった。彼女もまたパリやフランスを理想化していた。その文化や学問、芸術、文学、景観、料理そして世界中の知識人たちを惹き付けるその都を。彼女は自分自身の夢を払いのけた。ブローニャの将来だけが、大切だった。そして必ず道は見つかるはずだ、うまく行かないかもしれない無謀な計画でもそれに没頭すれば、とマリーは考えていた。

突然、一つのアイディアが思い浮かんだ。家庭教師として雇ってもらえれば、毎月ブローニャに郵便為替で送るお金が手に入る。マリーは彼女に言った。「始めのうちは自分のお金を使えばいいわ。そのうち私が何とかして送金する。お父さんもどうにかしてくれる。そして私は、将来自分が勉強するためのお金も貯めるわ。あなたが医者になったら、今度は私が行く番よ。その時はあなたが助けてね*6」。

ブローニャは心を打たれた。十七歳の女の子の、それもこんなにも優秀で、こんなにも身近にいる女の子の、これほどの犠牲をどうして受け入れられるのか？　いったいどうして自分が先に行けるだろうか？　ブローニャは二人の姉妹の姉であり、マリーにとって、この年の差ははっきりしていた。学業を後回しにすべきではない。二十歳なら、多くの学生はすでに大学で数年学業を積んでいる。ブローニャに無駄にする時間はなかった。マリーの方は、後数年は待てる。ブローニャは、父親にも後押しされ、妹の言うことに従った。もちろん、別れはつらいだろう。パリはとても遠く、彼女に会うために、たとえ四等であっても列車に乗って中央ヨーロッパを横断していくだけの資金は二人にはなかった。何年も離れ離れになるのだろうか？　うまく行かないかもしれない。でもそれは、よりよい環境を期待してのことだった。

ブローニャは、サンドウィッチと水筒を持ってパリ行きの列車の客車に駆け込んだ。マリーの方は、家庭教師として雇ってもらえることになった。そして人生の裏側を知った。ワルシャワでは、しっかり屋の彼女が倹約しても、一回一回貯金できる金額は十分ではなかった。物価が高いこの街では出費がかさみ、姉に十分な送金ができなかった。彼女のせいで姉の計画は頓挫してしまうのか？　そんなことには耐えられないだろう。彼女は途方に暮れていた。それでもマリーは、悲観的な考えに浸らなかった。時間がない。何とかしなくては。そう、田舎の家庭教師の職を引き受けたらどうだろうか？　独りぼっちになるだろうけれど、洗濯と賄いが付いているから、ほとんどお金を使わなくてすむはずだ。確かに、何年も父や姉から遠く離れ、ひどく寂しい思いをするかもしれない。でも、このような犠牲には、そうするだけの価値があるはずよね？

大晦日を祝った翌日、マリーは、あまり心踊らない田舎へ向けて列車に乗った。一八八六年一月一日、その日は凍えるほど寒く、彼女は震えていた。愛する人たち皆のことを彼女は思い浮かべた。いつかまた彼らに会えるだろうか？　彼女にはわからなかった。しかし朝早く、地主の広大な所有地に建つ小作人の家の中で、森や木々や林間の空き地という彼女が思い描いていた田舎は、実際のところ、何の変哲もない煙突と地平線まで広がるビート畑でしかないことがすぐにわかった。期待していたような、変化に富み調和の取れた美しい自然の代わりに、彼女の前には、雨模様で陰鬱な空の下、畑と労働が醜く広がっているばかりだった。そのうえ彼女は、甘やかされ過ぎて手に負えない子供たち相手に、一生懸命に働いた。そして何よりも、彼女が気づいたのは、金銭的に裕福であることは、聡明さ、教養、知的好奇心をもたらさないということだった。それらすべてがないのだ。何というショック！　何という失望！　と同時に、何という人生の教訓。彼女は十八歳で現実の世の中を知ったのであり、それを彼女は決して忘れない。

マリーは、この辺りの百姓や職人の読み書きができない子供たちを注意深く観察した。これでは未来がない、この子たちの親たちのように。彼女は彼らにアルファベットを教えることを夢見始める。読むことと書くことと。彼らにとっては手の届かない贅沢だったが、彼女は教えてあげられると感じていた。もちろん、彼女が働いている家の家長の許しが必要だろう。マリーは子供たちにロシア語ではなく、ポーランド語で教えようとしていた。抵抗の行為、とエーヴ・キュリーは、何年も後に母の伝記の中で語ることになる。彼女はシベリアへ強制移送されるかもしれなかった。[*7] ところが、こうした危険があるにもかかわらず、家長自身もこのアイディアに乗り気だった。しかし賢明にも、彼は絶対に見つからないように命じた。十人の子供たちが、マリーの部屋に爪先立ってそっと上って来て、マリーはこの部屋で平均して週に八時間近く彼らと一緒に過ごした。子供たちはノートと鉛筆を見つけた。子供たちが自信を失ってしまうこともしょっちゅうだった。それでも、泣いたりやる気をなくしたりした後で、ついに文字が綴れるようになった。何て素晴らしい！　そして、子供たちの勝ち誇ったような顔を見るのは、彼女にとってもこの上ないご褒美だった！　彼らは夜、両親の待つ家に帰り、彼らの手柄や成し遂げたものを得意げに見せた。自分たちが、ビート工場で長時間働いている父親や母親よりもたくましく、人生に備えができていると感じていた。

マリーは彼女の目標を達成したが、だからといって満足していなかった。彼女はとても若く、時々パリのことを考えていた。そこでは、姉が医学の試験に合格することを目指していた。若い男女がおしゃべりし、意見を交換し、授業の後には笑いに興じ、人生を享受していた。父親への何通もの手紙で、マリーは化学や物理学の問題、そして数学の問題を、早く送ってくれるように頼んでいる。科学、とにかく彼女は科学に夢中だった。こうした手紙は心を結ぶ絆になっていった。後に実の娘イレーヌとの間で再び結ばれることになる絆だ。科学を通した融合の絆である。

また、別の胸の高まりもあった。住み込み先の家の息子に心惹かれ、その気持ちに時折彼女は飲み込まれた。ビート畑の中を二人だけで散歩もした。少しずつ、暗黙の合意が生まれ、二人のやり取りから、青年が彼女と結婚する許可を彼の両親に願い出るということになった。マリーは今では、この家族の一員のように温かく扱われていたが、しかしながら厳しい判断が下された。彼女には財産がなく、彼の両親に何らかのしっかりした社会的な基盤を保証できる家庭の出でもない。「家族に逆らうつもりはあるの？」とマリーは青年に尋ねた。彼にそんな力はなかった。二人が会う度、彼女は彼に尋ねるのだが、いつもいい返事はもらえない。そして彼女は、次第に彼から遠ざかっていく。彼女は失望した。死ぬほど傷付いた。初めての失恋の悲しみだった。それ以降、彼女は不用意に自分の気持ちに身を委ねなくなった。マリーにアプローチするのは極めて難しくなるだろう。それこそ無謀な行為だ。そして、遠くフランスでは、ブローニャはあと何年も学業を続けなければならず、家族からの援助が必要だった。二十歳にして、マリーの未来は暗澹としているように見えた。

くよくよ悩んではいられなかった。月日は過ぎていった。この陰気な田舎での日々は、やがて三年になる。父親が退職する。そこで彼女はワルシャワに戻って、小さなアパルトマンで父と暮らそうと思った。何世紀にもわたって、娘の義務はいつも、年老いた親の面倒を見ることだったのではなかったか？　しかし、スクウォドフスキ氏は娘の重荷になる気はなかった。以前なら考えてみようとさえしなかった仕事、少年院の院長の職を彼は引き受けた。何と悲しいことか！　それでも、このようなつらい環境に光が差し込んだ。給料である。彼は、ようやくブローニャに以前より多く仕送りをできるようになった。マリーは自分のために貯金できるのだ。やっと。マリーはワルシャワに帰ることになる、契約が終了したのだ。人生が、彼女の本当の人生が再び始まった。非常に裕福な家庭に住み込み、金持ちたちの世界、彼らの彼女に対する寛容さと度量の狭さ、たまにしか文化的な方面に関心を持たないうわべだけの世界を目の当たりにした。そんな時、突然ブローニャから予期せぬ知らせが届いた。姉は、あるポーランド人と結婚するという。そしてその彼は医学の勉強を終え次第すぐに生計を立てられるようになる。そうなれば彼女は、もう父親からの経済的援助に頼らなくてもよくなるだろう。

ねえ、いいこと、かわいいマーニャ。それでもいつかは自分の人生のために何かしないといけないのよ。今年中に数百ルーブルを貯めることができれば、来年にはパリに来て、私たちの家に住めるわ。寝るところも食べるものもあるのよ。ソルボンヌの登録にはどうしても数百ルーブル必要なの（……）。決心しなさい。あなたは長い間待ち過ぎたのよ！　あなたなら二年で学士号が取れること間違いなし。そのことをよく考えて、お金を貯め、確実なところに貯金しなさい、人に貸したりしてはだめよ。*8

マリーはためらっており、ここ数年来のもやもやした状態から立ち直らなければならなかった。父親を残してポーランドを離れる勇気があるかどうかわからなかった。あんなにも遠くに。しかし、科学は彼女を魅了してやまなかった！　ほどなく彼女は、日曜日、若い人たちと出かけるのではなく、移動大学が自由に使わせてくれる農工業博物館の実験室で過ごすようになった。何という幸運！　試験管を手にすると自分の中に力を、身を焦がすような情熱を感じた。ところが、彼女は体調を崩し、迷った。しかしついに彼女は決心し、自分の食べるものを手元に残し、マットレスに数枚のシーツ、わずかな私物とトランク一つをパリに送った。長い旅になるだろう。三日三晩かかる。四等車の座席で過ごす時間は永遠に思える。風に吹き払われた駅のホームで、父親は彼女を抱きしめ、彼女は、一陣の渦巻く煙の中、彼女の胸に心地よい振動を伝えながら揺れる列車のステップに飛び乗った。何キロメートルもの道のりが瞬く間に過ぎ去り、彼女はあんなにも憧れていた未知なるものに近づいていった。

ブローニャとその夫が住んでいる北駅からほど近い地区は、マリーが想像していたものとは違っていた。とはいえそこは、マリーが待ちに待っていたものを象徴していた。すなわち、自由と大学入学である。ここでは、若い女性たちが、自分の好きなところに行き、恐れることなく、声を潜めることなく、そして臆することなく、意見を述べ合い議論することができるのだ。何と素晴らしい発見だ。うっとりするような。ソルボンヌに通うのにパリの街中を横断するのだが、彼女は疲れを感じなかった。それどころか、物音、屋根付き馬車や馬の往来、道行く人の笑い声や服装、すべてが彼女を魅了した。しかし、徐々に彼女は考えるようになった。姉とまた一緒に住むようになったのはうれしかったが、夫婦の日常生活は彼女が勉強に集中するのを妨げるものだった。カジミエシュ・ドゥースキとブローニャは夕食に友人たちを招き、夜遅くまで議論したり歌を歌ったりするのだった。後にマリーと交流を持つことになる、ある有名なポーランド人ピアニストが、光栄にも彼らのために演奏してくれた。誰も予期していなかったが、当時名声を獲得したばかりだったこのイグナツィ・パデレフスキは、彼らを喜ばせるだけの存在ではなくなるのだ。後に彼は、ポーランド解放という大義のための運動に参加し、一九一七年、アメリカ合衆国大統領ウッドロー・ウィルソンに故国の独立を訴え、首相兼外務大臣の肩書で、ポーランド代表団の長としてヴェルサイユ条約に調印することになる。彼は、外交官とピアニスト、両方のキャリアを同時に続けていく。

目下のところマリーは、学生生活から遠ざかっていた三年間をソルボンヌで取り戻していた。一分も無駄にはできなかった。というのも、貯金が急速に減っていたからだ。この権威ある場所の階段教室の一番前に座っていても、時々たまらなく眠くなった。彼女のフランス語は、自分で思っていたほど完璧ではなかったが、他の学生たちと同じように書いたり話したりできるようになりたいと思っていた。それでもとにかく彼女は、そこでは数少ない女性の一人なのだった。この金髪のお嬢さんを、男性たちがじろじろ見ていた。時にその真剣な眼差しが彼らを魅了する微笑みで輝くことがあろうと、彼女はノートに覆いかぶさって、熱心に勉強しているように見えた。初めの数か月はわくわくするものだったが、彼女はへとへとになった。このままやっていけるだろうか？

一つの解決策は、ソルボンヌの近くに部屋を借りることだ。確かに狭いが、やっと自分の勉強に集中でき、空や日の光や、この首都のシンボルである青灰色のスレート葺きの屋根が見える部屋。そういうわけで一八九二年三月、彼女は、五区のヴァル＝ド＝グラース〔パリ五区にある陸軍病院〕に近いフラテール通りのアパルトマンの六階に引っ越した。五区にはコレージュ・ド・フランス〔一五三〇年、フランソワ一世がパリに創設した教育機関を端緒とする、フランスで最も評価の高い、高等教育・研究機関。現在講義は公開され自由に聴講できる〕や図書館、高等師範学校、パリ市立高等物理化学学校があり、リュクサンブール公園からも遠くなかったので、彼女は気分転換にそこを散歩もできるだろう。そして、彼女はソルボンヌに、本屋や図書館のたくさんある賑やかな通りを通って歩いてたった二十分で着いた。大きな幸せ。夢見ていたパリがついに目の前にあった。マリーは別の部屋に移ったわけだが、以前の部屋は、彼女が心置きなく勉強することを望めるほど、静かでも修道院的でもなかったのである。マリーはまず、ポーランド人社会の中で友だちを作った。貧しい生活状態でありながらも、時には、互いにポーランドの料理を用意して、おいしい料理に遠く離れた故国や家族を思い出した。ささやかながら楽しいパーティーだった。しかし、マリーは徐々に引きこもり、暖房も水道もない屋根裏部屋にいるようになった。貧しさが身に染みた。後に娘エーヴが記している。マリーは寒いさなか、傾いて危険な階段を、石炭の入った袋や水を持って上らなければならなかった。ありがたいことにいくつか図書館があり、そこは少し暖かく、彼女は救われた。ブローニャやカジミエシュのおいしくて温かい料理が恋しかった。彼女は料理ができなかったし、小さなストーブとやかんだけではなおのこと、きちんとした食事は整えられなかった。バターを塗ったパンと紅茶。身体が衰弱し、疲れと貧血で目が回った。ある日彼女は気を失った。それゆえ、医者である義兄が駆けつけ食べ物を与えたが、しばらくすると、再び粗末な食事に戻ってしまった。こうした不安定な状況のもと、彼女は万難を排して試験を受け、信じられないことを成し遂げた。一八九三年、「物理学士号」を一番で、翌年には「数学士号」を二番の成績で取得した。[*9] マリーは一つの学士号では満足できなかったので、二つ目も加えたのだ！　試験に合格した後、夏に彼女はワルシャワに帰り、健康を取り戻したものの、不安になった。秋からパリで、どうやって暮らしていこう？

こうした靄の中に光明が差し込んだ。ある寛大なポーランド婦人のおかげで、外国で勉強をするポーランド人学生に与えられる「アレクサンドロヴィチ奨学金」を獲得した。彼女は六百ルーブルを受け取ることになるが、これは望外の金額だった！　彼女の大学生活は救われた。健康を犠牲にしてもっともっと倹約するのだ。この奨学金を二年もたせるために！　そして彼女は、喜びの中で一心不乱に勉強した。というのも、科学の研究や、立って実験を行う研究室で過ごす時間が、彼女に満足感を与えたから。研究し、発見し、学ぶことに彼女は夢中になった。年が経つにつれ、輝かしい研究は、終わりに近づいていった。何ものも私の集中力を邪魔することはできない。と、やがて彼女は思うようになっていた。

＊

あるポーランド人の友人が、マリーに一人の若いフランス人科学者に会うように勧めた。彼女が、ソルボンヌの高名な物理学者ガブリエル・リップマンの実験室で与えられるスペースより広いスペースを見つけるのを助けてくれるかもしれない人物だ。[＊10]いずれにせよ、会ってみるに越したことはない。ワルシャワで若い頃から知っているこの友人ユゼフ・コヴァルスキは、当時フリブール大学の教授であり、新婚旅行でパリに来ていた。いい巡り合わせだ。彼はすぐに、この出会いはきっと好ましいものになるだろうと、新婚の妻とともども思った。マリーは、彼を信頼し、もっといい環境で研究を続けたいと切に願っている。したがって、彼女はこの出会いで失うものは何もなかった。

ピエール・キュリーは立ったまま、物思いにふけった様子で、顔を空の方、光の方に向けて、窓に肘をついていた。心ここにあらずという感じだ。遠くにいるような。彼はゆっくりと顔を向け、少し動きかけ、姿勢を正し、彼女に挨拶した。礼儀正しく、背が高く、立派な髭を蓄えた顔は、とても穏やかな眼差しで輝いている。このフランス人科学者は、この場にいることが、そして非常に男性中心の世界で、自分と同様に物理や精密科学に興味を持っている若い女性と出会ったことがうれしそうだ。ピエールは、何年も前の、若き日の恋人の死からまだ立ち直っていなかった。愛する人の死に傷付き、再び苦しまないよう、もう女性に惹かれまいと思っていた。それでもしばしば彼は、世界を同じ方向性で、同じ理想、つまり科学の探求という理想に向かって見るような伴侶を思い浮かべてしまうのだった。マリーには、彼女の前にいる男性が、十九世紀末の学問の世界において例外だということしかわからなかった。その当時その世界では、女性は一般に、従順な妻という役割だけを割り振られていたのだった。彼女たちは、子供の教育と夫の出世を後押しするための来客の相手で、一日の大半を費やしていた。学問の世界で、女性の創造性と才能を認めている男性はほとんどいなかった。

若いマリーは、とても慎ましい様子のこの男性を観察した——彼がこの時慎ましく見えたことに気づいたのは何年も先のことであるが。八歳という年の差やパリのアカデミックな世界におけるこの男性の実績にもかかわらず、彼女は気後れを感じなかった。

私が入っていった時、ピエール・キュリーはバルコニーに面した両開きのガラスドアのところに立っていた。彼は当時三十五歳だったがとても若々しく見えた。私は、彼の澄んだ眼差しの表情と、背が高く、軽やかで屈託のない様子に強い印象を受けた。少しゆっくりと考えながら話す彼の言葉と、気取らない態度、いかめしくはあるが若々しい微笑みは、私に信頼感を与えた。私たちの間で会話が始まり、それはやがて和気あいあいとしたものになった。彼の意見を聞くことができて私がうれしく思った学問の話題や、私たち二人ともに関心のある社会の利益の問題や、人道主義的な問題についてであった。彼の物の見方と私の物の見方の間には、生まれた国は違えど、驚くべき共通点があったが、それはおそらく部分的には、道徳の影響とそれぞれが育ってきた家庭環境にどこか似通ったところがあるからかもしれない。*11

彼は、当時すでに何年も研究を続けており、いくつかの発見をしていた。それに、彼らを引き合わせたコヴァルスキは、物理学者たちの間ですでに話題になっていたピエール・キュリーの業績をよく知っていた。ピエールは、その才能同様、経歴もユニークだった。彼は小学校にも中等学校にも行っていない。両親は彼に家庭教師をつけた。というのも彼らは、この大人しくて夢見がちな少年は、学校制度やそれが課す規則にうまく適応できないだろうと思っていたからだ。青年期には、兄のジャックが大きな役割を果たした。彼はピエールの初めての友だちであり、父や母の後を受けて、弟の教育で不足しているところを補った。二人の兄弟は終始変わらぬ愛情で結ばれていただけではない。彼らはともに物理学の研究に熱中していった。ピエール・キュリーは、十六歳でバカロレア〔大学入学資格試験〕に合格し、十八歳で物理学の学士号を取得した。経済的理由から学業を続けることができず実験助手となった。その一方で、ピエールとジャックは共同で研究を進め、ピエゾ電気という現象を発見した。*12 こうして二人の兄弟はたちまち、その創造性によって知られる若き物理学者となった。

ピエールには、若い頃からの友だちが何人かいたとはいえ、社会生活に関しては、両親の生活や両親の友人の息子たちの生活しか知らなかった。父ウジェーヌ・キュリー医師は、柔軟な精神の持ち主で、ユーモアのセンスに富み、頭脳は鋭敏で反教権主義的な考えを持っていた。ピエールはフランスの正規の大学教育課程にも進んでいない。彼は、ユルム通りの高等師範学校にも魅力を感じなかった。そこは、フランスの最も偉大な学者たちを輩出し、一九〇〇年以来、卒業生の中に、最も多数の科学分野のノーベル賞受賞者数を誇っているところだ。

ピエールは、大学教授のポストを得るために必要な、国家博士論文の審査も受けていなかった。しかし彼は、同じくらい名高いパリ市立高等物理化学学校で教鞭を執っていた。この学校は、パンテオンにほど近いカルチエ・ラタンにあり、エコール通りとサン゠ジャック通りとユルム通りに囲まれたその界隈では、指折りの偉大な科学者たちが行き交っていた。何よりも彼は、一八九五年に、ケージの仕切りを通り抜ける固定顕微鏡のおかげで、計量スピードを飛躍的に速めた磁気天秤、「キュリー天秤」を作った。*13 それに加えて、超低温で用いられる磁気温度計の新しい基本原理、いわゆる「キュリーの法則」を発見した。初めて会った時、マリーの前にいたのは、数々の発見によってすでに認められた一人の研究者だったのである。仕事だけに没頭したことで、身近に女性がいることには、次第に気詰まりを感じていたのかもしれない。しかしこの物理学者は、愛情と優しさ、それに思いやりに溢れた家庭で育ってきた。父や母それに兄が、調和の取れた家庭の見本を示してくれていた。

マリーと出会った時、ピエールは予期していなかった感動を覚えた。喜び、女性と自分の好きなテーマや自分の生きがいについて語り合う心地よさといった感覚だ。すなわち、物理学とそれに関する問題や挑戦、そしてそれらを解決しようという喜びについて語り合ったのである。彼は興奮し、長い間忘れていた心の安らぎに包まれた。二人が別れる時、この青年はただ彼女にもう一度会いたいということしか考えていなかった。しかしどうやって？　女性に対して臆病な彼は、どう振る舞えばいいかわからなかった。彼女を怖がらせたくないと思っていた。

　すぐに作戦を思いついた。彼女に手紙を書くのだ。自分がどれほど彼女と再び会いたがっているかを伝えるためではなく、二人を結び付けるもの、すなわち科学や研究がもたらす二人の結び付きについて語るために。彼らは手紙をやり取りし、再び会った。けれどもマリーはポーランドに戻るつもりで、しかもそこに留まろうとさえ思っていた。ピエールには耐えられない考えだ。今回、ワルシャワに送られた手紙には恋する気持ちが溢れていた。それらの手紙は、マリーがずっと前から失っていた励ましを届けてくれ、彼女は少しずつ心を開いていく。彼女はためらっていたが、ついには受け入れる。秋にはフランスに戻ることにする。そして今回は、彼女はただパリに向かって列車に乗っているのではなく、ピエール・キュリーに向かってもいるのだった。

*

　一八九五年七月二十六日のその夏の日、格調の高い個人邸宅を思わせる淡いクリーム色をしたソー〔パリ南部郊外に位置する地方自治体〕の市役所に設けられた結婚式会場には、心地よい熱気が広がっていた。マリーの父と姉がポーランドからやって来た。二人は感動している。ソーの市役所に入ってきた若き女性科学者は、白いドレスを着ていない。式の後それをどうすればいいの？　一日長時間働いているのだから、それを着ているなんてできない。彼女は、ありきたりだが品のいい青いウールのドレスで市長の前に現れた。一文無しで生まれ故郷のポーランドからやって来て、食べるものもほとんど食べず、アパルトマンの一室でつましく暮らしてきたこの科学者にとって、どんな無駄な出費も考えられない。実用的であること、そして常に仕事を忘れないこと。控えめな色合いのこの服なら、実験室で岩や石、試験管に囲まれていても着られるし、自転車に乗る時でさえ使えるだろう。いとこの一人が二人に少々お金をくれた。彼ら二人はそれを共通の楽しみのために使った。二台の自転車を買ったのだ。これこそが二人の幸せであり、贅沢だ。すぐに、その自転車にまたがりイル＝ド＝フランス〔パリを中心とする八県からなる地域圏〕中を走り回る。とても穏やかで愛情いっぱいの新婚旅行だった。やがて彼らはもっと遠くまで、かつて若きマリーが、ポーランドの田舎から、知りたいと憧れていたこの国中を行くだろう。自転車で田園地帯を駆け巡っているうちに、ヴィクトル・ユゴーの国であり、小説家コレット〔一八七三―一九五四。フランスの女流作家〕の国でもある、今繁栄の絶頂にあるこの国が、彼女の第二の祖国になる。ポーランドとフランス、フランスとポーランド。どちらかの文化を決して否定することなく、今にも花開こうとしている豊かな個性。自然と科学が彼らの生活の二本の柱になるだろう。

かくして、二人は、毎日曜日ピエールの両親、ウジェーヌ・キュリー医師とその妻のところへ昼食に行った。優しく、心休まるひとときだ。それほど彼らは大事にされている。義理の両親は、この若いポーランド人女性を、自分たちが授かることのなかった実の娘のように迎える。ピエールの兄ジャック・キュリーもまた、彼女と仲がいい。食事は楽しく賑やかで、教養があり、熱烈な世俗主義者で共和制支持者であるキュリー医師は決まって、客たちを喜ばせるユーモアを交えながら、政府を批判した。

　マリーは物理学と化学の学士号では満足せず、翌年、数学の学士取得試験にも合格した。結婚の一年後、彼らは二度目の幸せな夏を過ごしていた。一八九六年八月、この新婦は科学の女性教授資格試験に主席で合格した。彼女はフランスで最高の高等教育を修了した女性の一人となった。そして、彼女を対等の人間と見なし話をする男性と巡り会った。これは幸運なことだった。他の多くの女性研究者たちは、こんなふうに認められることを望めなかったのだから。大多数の男性にとって、働く女性と結婚するなんて論外だった。そもそも、誰もそんなことは考えない！　ひど過ぎる。ピエールは、マリーと自分が科学の世界を一緒に進んで行くことを夢見ている。大学者とそれを陰で支える妻という、人類の古典的な図式とはまったく違う。違うのだ。重要なのは、科学の探求という最も夢中になれる仕事を寄り添いながら行い、愛し合うことだ。

　彼らの生活圏は、コントルスカルプ広場やパンテオンに近く、ムフタール街からも遠くない。サント＝ジュヌヴィエーヴ図書館は、パンテオンに向かい合って建っている。そこには、ヴィクトル・ユゴーが十年前に荘厳な式典とともに埋葬された。「貧しい人へ」財産の一部を寄付した人物のための国葬であった。ピエールとマリーは、十三区の外れ、グラシエール通りに落ち着く。こうして彼らは、ロモン通りの彼らの実験室まで自転車で行けるようになった。マリーは、飾り気がなく、ほとんど手入れの必要のないこの三部屋のアパルトマンが気に入っている。二つの部屋は、時に実験室以外での作業に使われる。相変わらず実用的な感覚だ。家具はほとんどなかったが、そのかわり本棚からは本が溢れ、テーブルの上には科学論文や計算の結果の書かれた紙が広げられている。最後に、これはどうしても必要なので、椅子が二脚……。

この場所は、何年にもわたって集中的な仕事の舞台になるだろう。人生がそこにあった。その喜びと悲しみとともに。たとえマリーが、試験管の上に身をかがめ、めまいに苦しんでいようと、初めての子供を妊娠したことをピエールに知らせるのは大きな喜びだった。でも喜びは、すぐにしぼんでしまう。ある夜ピエールは、疲れ切った様子で帰宅した。母親が癌を患っていた。生と死は往々にして深く結び付いており、一八九七年九月十二日、マリーは第一子イレーヌを出産し、その数日後にピエールの母であるキュリー夫人が亡くなった。

ショックだった。ピエールは、身体が衰弱するほど気持ちが落ち込んでいる。時には涙の後に笑いが続いた。ピエールはそのことに罪の意識を感じている。マリーは彼の不安を和らげようとそばにいた。彼女は、「笑っても、あなたの感じている悲しみは消えないわ。まったく思いもしない時に、人生はまた動き出すものよ」と彼に囁く。今では、彼らの小さなアパルトマンに男性がもう一人加わった。妻を亡くしたキュリー医師が、彼の初めての孫娘であるイレーヌの面倒を見に来たのだ。彼は、イレーヌが成長するのを見たいと思っていた。徐々に、彼女はキュリー医師の心の支えになっていった。義父に自分たちと一緒に住むのを、当たり前のことのように勧めたのはマリーだ。彼女は、母が亡くなった時の父の苦しみを憶えている。その時父はたった一人で、あらゆる障害を乗り越えて団結する家庭、言わば新しい繭を作りながら、子供たちの教育を引き受けたのだ。

結婚して二年後、秋が近づきつつあった頃、若い妻は身体の不調を感じていたが、生活のリズムを緩めることはなかった。汚れた空気のない、自然に囲まれた住まいを考えるべき時が来ていた。

キュリー夫妻は、ケレルマン大通り一〇八番地、モンスリ公園に近いパリの城壁跡にある、庭つきの家に引っ越した。娘のイレーヌは、その庭でおじいちゃんと一緒に遊ぶことができる。マリーには、若い頃から自然と繋がっていたいという願いがあり、それをピエール・キュリーと分かち合いたいと切に望んでいた。丁寧に愛情込めて整えられた花々がこの家の魅力を引き立てている。散歩の折、ピエール・キュリーが野の花を摘んで楽しんでいるのだ。彼は若い頃から、森の植物や動物を学んできたので、自分の知っていることを妻に教えた。すべてが彼女を魅了した。そして、コンピエーニュの森の中のサイクリングや風の強いブルターニュの道での散歩は、夫婦にとって魔法のように素晴らしいものだった。[*14]

こうした幸福が何年も続き、次のような日曜日の午後の過ごし方が習慣となった。ほとんどが科学者である友人たちが、木陰でくつろぎにやって来て、おしゃべりをし、世界中でなされている新発見について意見を交わし、科学の進歩を喜び、自分たちの研究について幸せそうに話すのだ。かつてピエール・キュリーの生徒だったポール・ランジュヴァンや、ジャン・ペラン、アンドレ＝ルイ・ドゥビエルヌら、生涯マリーと付き合うことになる物理学者たちがすでにそこにおり、彼らは議論したがっていた。会話術は、女性たちが輝きを放っていた十八世紀の文学サロンを有名にしたものだが、この十九世紀末においても失われていなかった。科学者の共同体が、第二の家族のような、科学で繋がった家族を作り出した。セーヴル女子高等師範学校のマリー・キュリーの生徒で、若くてとびきり優秀なウジェニー・フェティと間もなく結婚することになっている、エメ・コットンもこの家の常連だ。

イレーヌ誕生の数か月後、マリーはロモン通り四十二番地で博士号のための研究を始めた。キュリー夫妻は、パリ市立高等物理化学学校において、この学校から借り受けた倉庫の中で研究を行っていた。犯罪映画に出てくるようなその場所に、マリーは目のくらむ思いだ。つまり「そこは、板張りのバラックで、床はアスファルト敷き、ガラスのはまった屋根はまったく補修されていないので、雨を完全にはしのげなかった。(……)備品は、使い古された松材の机と暖房にはまったく不十分な鋳鉄製のストーブ、ピエールがとても好んで使っていた黒板だけだった」[*15]。彼らは、このちぐはぐな物を寄せ集めた実験室で、二年間働くことになるのだが、マリーによれば、二人は幸せだった。二人で一つの目標に向かって集中し、謎を発見して理解し、自ら問いを立て、ともに発見を導き、生きがいを共有するのだ。その生きがいは、二人を近づけるどころか、二人を一つにする。鍋のようなこげ茶色をしたこの倉庫が、彼らを溶かして一つにした。アメリカ合衆国の公立あるいは私立の研究所とはまったく違う！　ピエールはロモン通りのその学校の実験助手のポストを手に入れた。そして博士論文の準備をした。数年経って、博士号を取った後、彼は、まさにこの学校の教授となる。彼はここで、穏やかな研究生活と、常に妻とともにあるという家族の絆がもたらす幸福な二十二年間を過ごすだろう。彼らは、他の物理学者たちの研究を注視していく。

彼らのアパルトマンの居間では、ウジェーヌ・キュリー医師が、その政治報道を熱心に追っていた。自由思想家である彼は、国を揺るがし、家庭を分断するこの事件に、強い興味を抱いていた。ドレフュス事件である。一方で、社会主義者や多くの共和制支持者は、アルフレッド・ドレフュスを無罪だと思っていた。他方、カトリック信者や保守派のフランス人は、この士官の死刑を訴えていた。マリー自身は、義父や夫がドレフュス事件について話すことを聞いてはいたが、後にその記事が新聞の一面に載るまでは、自分の意見を保留しておくつもりだ。彼女は、ソルボンヌの座席で、自分に向けられたひどい言葉をいやというほど聞かなければならなかった。学生たちは「この外国女」をからかったのだ。彼女は、第一次世界大戦中を除き、生涯政治的立場を取るまいとする。たとえ彼女の心情や行動が、常に正義と自由の側に与していようとも。

＊

マリーが関心を寄せていたのは、日夜、実験室で行う磁気と、何らかの派生物に対するその特性について研究することだった。どのようなテーマに向かっていけばいいだろう？　彼女は、アンリ・ベクレルが蛍光とともに専門としているX線のような、最新の発見を注視している。この物理学者は、不思議な現象、つまり手の骨を撮影した、ヴィルヘルム・コンラート・レントゲンによって分離されたX線に近い光線に言及していた。この「レントゲン光線」は、後にジャニーメ・トロトゥロが報告しているように、アンリ・ベクレルが科学アカデミーで「ウラン塩《えん》は驚くほど安定的に目に見えない放射線を発しており、他の発光性物質とは異なっている[*16]」と発表したりん光を発している。

しかしこれらの光はどこから来たのだろうか？　この謎にマリーは強く興味をそそられた。そこで彼女は、フランスの科学の中心、ロモン通り四番地の実験室に身を落ち着ける。以後、博士論文に没頭する。それにしても、何という実験室か！　老朽化した部屋で、天井からは水滴がしたたり落ち、電灯が切れている。こうした非衛生的としか言えない状況ゆえ、もちろん、記録装置にとっては環境が悪い。フランスにおける最先端の科学研究が行われているのに、何とみすぼらしいことか……。しかし、何ものもマリーを躊躇させなかった。彼女はまず、ウランのイオン化力を測定し、ウランの発するその光線がウラン自体のものであることを発見した。でも、他にまだ知られていない元素が存在したら？　この若きポーランド系フランス人は、ラジウムと同じくらい強力な別の元素、トリウムを含む化合物を見つけることに成功した。この時彼女は、「放射能」という用語を提唱した。

マリーはそこに留まらず、すべての鉱物の放射線について検討していった。そして、鉱物に含まれるウランやトリウムの量は、それらの放射線の強さを説明するには十分ではないことに気がついた。そこには、トリウムやウランより強い放射能を持つ別の物質が、存在するに違いない。そして、今までに発見されているあらゆる化学物質を精査、検討した結果、彼女は革命的な結論に至る。「トリウムやウランよりはるかに多量の放射能を持つ新しい元素が存在するに違いない」。彼女の直感が正しいことが明らかになる。そして、もはやウランの放射線に関する博士論文のための研究の域を超えているように見えた。

ピエールが、妻の研究に強い興味を引かれていたので、マリーは即座に態度を決めた。一刻も早く、科学アカデミーの科学者たちに自分の研究の状況を報告しなければならない。しかし、ピエールも彼女自身も科学アカデミーの会員ではなかった。まず彼らは若過ぎるし、それに科学アカデミーは男性しか会員に選出していない。それゆえマリーは、物理学者で一九〇八年にノーベル物理学賞を受賞するガブリエル・リップマン教授に、一八九八年の四月十二日、彼女の発表を紹介してくれるように頼んだ。するとその内容は、ほどなく権威ある雑誌『報告書』に掲載される。この発表は、強力な放射能を持つ新たな物質の可能性を報告するもので、ラジウム発見の第一歩を記すものだった。

　ピエールの方は、信頼する妻の直感に魅了されていた。彼にはこの研究が大掛かりで骨の折れるものになるだろうとわかっていた。それは何年もかかるだろうと。三か月後彼らは、放射能がピッチブレンドから得られる二種の科学的留分《りゅうぶん》〔液体混合物を蒸留した時に得られる成分〕に集中していることを、一緒に発見する。一八九八年七月の『報告書』に掲載する発表で、新しい名前を提案すべき時が来ていた。「もしこの新しい金属の存在が確認されたなら、私たちは、私たちのうちの一人の祖国の名にちなんで、それをポロニウムと呼ぶことを提案する」[*17]。

　ところが、さしあたってラジウムを見た者もポロニウムを見た者もいなかった。これからは、このぼろぼろの倉庫で大量の鉱石を扱わなければならない。鉱石を買うのに、マリーとピエールは彼らのわずかばかりの蓄えに頼らざるをえなかった。そのうえもっと広い場所が必要だった。彼らは拒絶に次ぐ拒絶に遭う。フランスは科学を愛しているが、それは、遠くから見守る愛し方で、研究者が研究を成し遂げるための資金を彼らに与えないのだ。したがって夫妻はこの先、ますます老朽化する倉庫、ぼろぼろで凍えるように寒い、床の抜けた木造のバラックで我慢しなければならない。マリーとピエールはやっとのことで仕事にとりかかった。マリーは一再ならず早起きした。ラジウムを取り出す石、すなわちウラン鉱石の一つであるピッチブレンドに取り組むために。しかし、ごく少量しか手に入らないので、彼らは非常に苦労する。ところが、研究を続けるには大量のピッチブレンドが必要なのだ。夫妻はチェコスロヴァキアのボヘミア地方に向かった。その地のザンクト＝ヨアヒムタールには、酸化ウランの大きな鉱山がある。ピエールとマリーはピッチブレンド処理の工業技術を有する中央化学製品会社と協力し合った。「確かなのは、これが長くてつらい、そして金のかかる研究だということだ。数デシグラムの放射性物質を抽出するためには[*18]」、何千キロものピッチブレンドが必要なのだ。

突然、思いがけないプレゼントが届く！ オーストリア政府から二人に、ウランを採掘した後の残りかす一トンが無料で提供された。いかに、彼らの研究の評判が、すでにヨーロッパ中を騒がせていたかということだ。そして、作業員たちがこれらの廃物を彼らの倉庫に運び込むのを見つめている二人。突如として希望がみなぎってくる。おそらく彼らの成功は手の届くところにある。確かに、ストーブはほとんど役に立たず、手は凍え、二人は疲れ果てていた。ピエール・キュリーは言うだろう。「それにしても骨が折れるよ、われわれの選んだ人生は[*19]」。しかし彼らは、ここで、一緒に研究していることが幸せだった。彼らの人生最良の日々は、この悲惨な場所で過ぎていった。彼らはここで四年を過ごすのだが、十九世紀最後の年は、放射能の作用に関する研究論文を含むいくつかの論文の発表によって、最も素晴らしい年の一つとなるだろう。

＊

一九〇〇年のパリ万国博覧会は、新しい科学技術と「電気の精」の祭典と発表されていたが、二人の実験室は補修工事が必要となりそうだった。その倉庫はすき間風と水漏れで惨めな雰囲気だ。でも、構うものか。働かなくてはならない、もっと働かなくては。何とか今あるもので研究を続けるしかない。二人は一緒にいた。マリーがピエールの話に耳を傾けるように、ピエールもまたマリーの話に耳を傾ける。彼らの間には互いへの尊敬に根ざした愛があった。一九〇〇年はあらゆる挑戦の年だった。新しい世紀への門出の年であり、彼らはまだ知らなかったが、二十世紀はキュリー夫妻の世紀となるだろう。一九〇〇年四月十四日に盛大に開会した万国博覧会の会期中、パリは世界中から四八〇〇万人以上の観客を迎える。大勢の男性や女性、それに子供たちが、科学の発見やその驚異に夢中になった。コンコルド広場、アンヴァリッド〔パリ七区にある歴史的建造物、旧軍病院。ナポレオンの棺が安置されている〕の前の広場、シャイヨーの丘、シャン＝ド＝マルス公園が会場で、四十か国が祭典に参加している。パリで、電気館が毎日何千人という観客を惹き付けている。皆、パビリオンからパビリオンへと楽に移動できる電動の動く歩道を試したがった。大人も子供も夢中になっている魔法の歩道には、異なる二つの速度があり、エスカレーターの先駆けであった。そこでは、かかとの高い靴を履いたご婦人方が身体のバランスを取るのに苦労していたが、それでも彼女たちはその偉業に大喜びだった。もう一つの驚異は、リュミエール兄弟の映画館と、世界で初めて録音つきで映像を映し出した巨大なスクリーンである。そしてついに、オリンピック大会に備えて、男子に限られてはいるが、スポーツ競技が行われるヴァンセンヌの森まで、初めての地下鉄——まさに一号線と名付けられた——が開通した。

キュリー夫妻は、今まで作られた中で最も巨大な天体望遠鏡の設置されている光学館を訪れている。エッフェル塔の向かいには、電気館があり、そこでは、六か月間の会期中、機械の運転と照明に必要なすべての電力を賄っている。建物の正面が、千夜一夜物語の宮殿そっくりで人々を驚かせた。洞窟と滝の装飾の後ろに、本物の発電所が隠れていて、野次馬たちを魅了した。

セーヌ川の反対側、ロモン通りでは、ピエールとマリーが、屋根から雨漏りがするまったく華やかとは言えない環境で、自分たちの研究を進めていた。万国博覧会の真っただ中の一九〇〇年八月、猛暑の中、国際物理学会が始まると、世界中の科学者たちは興味を惹かれることになる。ピエール・キュリーが「新しい放射性物質とそれが発する光線」[20]に関する二人の研究を発表したのだ。マリーは後に書いている。「一九〇〇年の学会は私たちに、私たちが発見した新しい放射性物質を、外国の科学者にできるだけ正確に知ってもらう機会をくれました。この物質は、学会の関心が特に集中した点の一つでした[21]」。

同じ年、もう一つの挑戦がマリーを待っていた。彼女は女子高等師範学校の一年と二年の物理学の非常勤講師に任命されたのだ。彼女はそこで六年間教え、一つの世代の女生徒たちに忘れ難い思い出を残し、彼女たちのうちの何人かは、自分も科学者になりたいと思うようになった。その中の一人、ウジェニー・コットンは、キュリー家の友人となり、後に女子高等師範学校の校長となる。彼女は先生たちが入って来た時のことを憶えていた。その度毎に「ベルの音で知らされました。（……）セーヴルに入学するまでは、物理はただ本の中だけで勉強すればいいと思っていました（……）。マリー・キュリーは、授業に興味深い実験を取り入れながら、彼女の義務の倍の時間を私たちと過ごしました。先生はしょっちゅう自分で作ったり改造したりした器具を持ってきて、私たちと一緒に使っていました。それらはとても単純な器具でしたが、先生の指導が上手だったので、私たちはうまく測定することができましたし、その後、皆で得た結果について先生と話し合うことほど興味深いことはありませんでした」[*22]。

＊

マリーは、ポーランドにいる家族と連絡を取り続けていた。そうする以外どうすればいいのだろう？　彼女は心配だったのだ。身体が弱ってきた父は、兄のユゼフのところに身を寄せている。体力が衰えてきている。まだ七十歳だったが、幾多の試練を経験してきた彼は、一九〇二年五月十四日に亡くなった。彼女は急いで駆けつけたが、棺で眠る父に会えただけだった。彼の人生、お互いに対する理解や思いやり、娘たちを信じたこの男性にまつわる思い出が、彼女の中を駆け巡る。女性たちの多くが幸せな結婚と夫から暴力を振るわれないことだけを望んでいた時代に、大勢の若い女性たちがこんなお父さんだったらと思うような父親だった。ヴワディスワフ・スクウォドフスキは思いやりの人だった。彼は娘たちが職業を選べるようにと願っていた。悲しみのうちに、若き女性科学者はパリへの列車に乗った。そして彼女は、女性科学者たちの能力に対して、父と同じように敬意を抱いているピエール・キュリーと肩を並べて研究に没頭する。子供時代からずっと、マリーは、寛大な男性に囲まれていた。

一九〇二年は喜ばしい運命ももたらした。「マリーは一デシグラムの純粋ラジウムを抽出し、原子量を測定する」[*23]。同じ年の十一月にカジミエシュとブローニャのサナトリウムがついに開業した、[*24]

とナターシャ・ヘンリーは伝える。さわやかな気候のポーランドの山岳地帯で、日光が降り注ぐ素晴らしいところであり、高額な金額を寄付した貴族やポーランド人医師たちが、ここにいたいと思ったのだ。ブローニャが副所長だった。彼らの夢の一つが実現した。父親は、開業までもう少しのところで他界したが、上の娘が、マリー同様自分が望んでいたものを手に入れたことを知っていたに違いない。妻を亡くした父親にとって何とうれしい褒美だったことか。

マリーとピエールは笑顔で、イレーヌやウジェーヌ・キュリー医師と一緒に新年を祝った。一九〇三年は希望に満ちた年になりそうだ。若き女性科学者は、夏になる前に博士論文を提出できるはずだ。彼女はそれに一生懸命打ち込んでいる。イレーヌは、すでに五歳で、鋭く意思の強そうな目をした元気な声の女の子だったが、なでられたり注目してもらいたがり、両親や自然をじっと観察し、そして、父方の祖父にかわいがられていた。心配事は何もなく、幸せだった。そんなある晩、母親がうれしい知らせを告げた。もうすぐ、来年の九月、六歳になったら、弟か妹ができる。ただその前に、マリーは放射性物質に関する博士論文のための研究業績を発表しなければならなかった。

博士論文の口頭審査の少し前、その春マリーが妊娠中であるにもかかわらず、王立学会でピエールが二人の研究業績を発表するために、彼らはロンドンに向かった。ピエールは演説の中で、四回マリーの名を口にしたのだが、妻は居心地の悪い思いをしていた。彼女はその場の男たちに、まるで奇妙な生き物であるかのようにじろじろ見られていた……女科学者だと！　ピエールが彼女のために用意した場であったにもかかわらず、この滞在は複雑な思い出として彼女の記憶に残った。彼女はまだ、自身の研究では認められていなかった。しかしながら彼女は、ここロンドンで、フェミニズムの活動家で、この世代で最も高名な婦人参政権論者の一人である、物理学者ハータ・エアトンに会った。彼女は、マリーと自分たちはやがて重大な時期を経験し、ともに試練を乗り越えていくと確信する。友情の始まりだ。ロンドンを離れる前に、ピエールはイギリスの同業者たちに、ラジウムによる火傷に気をつけるように注意を促した。そして愛し合う二人は一つの決断を下した。彼らの発見は全人類にかかわるものであり、病との戦い、特に癌との戦いに有効である可能性がある。もちろん、それによって得られる利益があれば、イレーヌに申し分のない教育を受けさせてやれるだろう。しかし何より、この発見は万人《ばんにん》の役に立てなければならず、したがってそれは無料で利用できなければならない。

彼らの決断はイギリスの科学者たちの考え方とは対照的だったが、マリーは考えを変えるつもりはなかった。二人は当然のこととしてその決断を一緒に下した。万人の健康が第一である。こうした確信に支えられて、一九〇三年六月二十五日、彼女はソルボンヌの階段を上り、満員の会場に足を踏み入れた。そこは、学生や研究者たち、野次馬たち、セーヴル女子高等師範学校の女学生《セヴリエンヌ》たちで溢れかえっており、そして、もちろん、席につき、感極まったピエールとその父親、ポーランドからやって来た姉のブローニャがいた。全員、かくも権威ある、と同時にかくも男性ばかりの場所で、科学に関する博士論文を発表するこの女性研究者をこの目で見たいと思っている！

黒い服を着たマリーは、世界中のすべての科学者にとって親しい備品である黒板の前に進み、よく知っている審査委員たちの方を向く。彼らは、百三十二ページの彼女の論文の内容を検討していた。彼女は落ち着いた声で質問に答えていく。しかし、彼女を悩ませていたのは、三か月目の妊娠ではなかった。生まれてくる二番目の子供、しかしまずはソルボンヌ大学の科学者たちや教授陣に認められること。それにしても、何という承認の儀式だろう！　拍手喝采が湧き起こり、ようやく彼女は微笑んだ。今まさに女性科学者がタブーを破ったのだ。そして、他の女性たちに道を開いたところだ。その中の何人か、とても若い彼女の教え子たちは、歴史的瞬間だとどれほど感じ入っていることか。審査委員の中の二人、アンリ・モワッソン教授とガブリエル・リップマン教授[*25]は、彼らが博士号を与えた教え子から数年遅れて、ノーベル賞を獲得する。何という皮肉！　結局のところ、創設されたばかりのノーベル賞のおかげで壁が取り払われたのだ。世界は変わりつつあった。そして若い女性科学者たちにとって、未来は希望に満ちたものになりそうだった。

フランス人女性が投票権を獲得できるよう懸命に戦っているフランスの婦人参政権論者たちにとって、一人の女性のこの成功は途方もない希望をかき立てた。フランス人女性は、ついに平等の権利を持った国民として認められるかもしれない。しかし、権力の座にある男たちは、国民議会でも元老院でも、自分たちの特権や恩恵を脅かすかもしれない出来事に気づかないふりをするのがうまい。

一方マリーは、仕事に戻った。その夏は前年ほど暑くなく、さわやかな、ほとんど秋のような気温だったが、仕事を再開した数日後、彼女は激しい痙攣に襲われ、心待ちにしていた子供をたちまちのうちに失ってしまった。この流産は、激しい不幸を、悲しみで引き裂かれるような苦悩を、立ち直れそうもないような心の痛みを彼女に引き起こした。男の子でも女の子でも、彼女はこの子供を楽しみにしていた。もう夢もなくなってしまった。彼女は、ポーランドの山岳地帯にあるザコパネのサナトリウムに帰っていた最愛の何でも話せる姉に、手紙を書いた。「今回の出来事にはあまりに打ちひしがれてしまって、誰にも手紙を書く力が湧きません。この子のことを考えることが当たり前になっていたので、諦め切れないのです（……）。この子は、女の子で、順調だったし、生きていたのよ。私は、どんなにあの子を望んでいたことでしょう！」*26

悲しみの中、彼女は仕事に戻って懸命に働いた。そうすることは、愛する我が子の死をどうにかこうにか受け入れるという時間のかかる作業に有効だった。さらに、ある問題が彼女を不安にした。実験室で過ごす日常が、身体に障ったのではないか？　扱っている実験素材が危険だったのではないか？　そしてもし、もう無事に出産できないのだとしたら？　そう思うと震えてくる。秋が来て、一九〇三年九月十二日、イレーヌは、甘やかされ、ちやほやされながら、六歳の誕生日を祝ってもらった。夏の間、母親がとても悲しそうだったのを見ていたが、その日のイレーヌは幸せだった。要するに、彼女は大人たちに囲まれ、一人っ子という自分の立場を喜んでいたのではないか？

数か月後、マリーがやっとの思いで娘を失ったことから立ち直った頃、ポーランドから知らせが届いた。同じような悲劇がブローニャを襲ったのだ。彼女の五歳の息子、まだ小さいジョルジュが突然高熱を出した。彼を救おうとするブローニャと夫の努力の甲斐もなく、その少年は結核性髄膜炎で亡くなった。したがって、姉のところでも、もう子供は一人しかいない。姉の十一歳の女の子ヘレナで、キュリー夫妻のところのイレーヌより少し年上だ。今度はマリーの方が、姉を慰めようとするが、小さいジョルジュの死に触れる度に、娘を失った苦しみを思い出してしまうのだから、どうして彼女を慰められよう？　その年は本当なら、とても素晴らしい年になるはずだったのに、自分とピエールを結び付ける愛の象徴、つまり子供の誕生という喜びは、もはやフランス、ポーランドのどちらでも、死の灰の味しかしなかった。

マリーは、激しい悲しみに揺さぶられながらもぐずぐずすることなく、黙々と研究を続けていた。彼らの声だけが、ピエールと自分の声だけが、愛の言葉と、二人で行っていた研究、仕事、自分たちの成した仕事の言葉がリフレインのようにこだまする。彼らはおそらく、自分たちの研究の射程を完全には把握していなかった。というのも、彼らは、純粋な研究の喜びとその努力の中にいたからだ。しかし彼らの研究は、二十世紀が始まったばかりの今、当時は男ばかりだった政府の関心の中心にあった。男性のみで構成されたフランス科学アカデミーが、創設されたばかりのノーベル物理学賞をピエール・キュリーとアンリ・ベクレルに授与するよう、ストックホルムのノーベル委員会に推薦したのも驚きではない。男性二人のみ。女性はいない。この女性科学者、研究者、フランスで初の女性理学博士の名は、抹消されていた。まるで存在していなかったかのように、彼女は見えていない。彼らの無意識の中では、マリーの研究は、おそらく真の研究者による研究ではなく、助手による研究にふさわしかった。

スウェーデンでは、選考委員たちが、高名な学者たちの言うことが信用できないはずはないとお墨付きを与えようとしていた。ところが、スウェーデン人数学者ヨスタ・ミッタク゠レフラには、ノーベル委員会の選考候補の中にマリーの名が記載されていないことが理解できなかった。レモン・ポアンカレの友人でフランスの事情に詳しい、このずば抜けて優秀な数学者は、おそらくスカンディナヴィア、すなわち自国の歴史に影響されているのだろう。スウェーデン社会では、十九世紀後半以来、女性団体が力を持っており、女性たちは、フランスのようなラテン系の国においてより、容易に科学者として職務につくことができていた。彼女たちはフランスにおいてより、多くの支持を得ている。しかも彼の妹のアンネ・シャルロッテ・レフラは当時、最も有名なスウェーデン人劇作家で、ロシア人数学者ソフィア・コワレフスカヤと一緒に脚本を書いてもいた。そうした仕事は世界中に知れ渡っていた。ヨスタ・ミッターク＝レフラは知っていたのだ、女性研究者の科学における価値は確かにあるのだと。

才能に恵まれているだけでなく、仕事に関して公明正大であることで知られていたこのスウェーデン男性にとっては、彼と同じように率直で正直だと評判の高い友人のピエール・キュリーに、彼が選ばれる可能性があること、しかし、マリーがリストに載っていないことを同時に知らせることが重要だった。ヨスタ・ミッターク＝レフラには秘密を守る義務があったが、それを無視せずにはいられず、ピエールに手紙を書いた。この内密の手紙を読んでこのフランス人学者は飛び上がる。当然ながら、彼の人生の、そして研究の伴侶であるマリーも、認められるべきだ。彼は、彼女を科学の歴史から消されたくはなかった。こうした不当な状況が、何世紀にもわたってあまりにも頻繁に繰り返されてきた。「もし私のことを真剣に考慮してくださっているのが本当なら、放射性物質に関する私たちの研究の結果について、私はキュリー夫人と共同で責任を負っていると思ってくださることを切に望みます。というのも、新しい物質の発見に決定的な役割を果たしたのは、彼女の最初の研究なのです。今回の発見は彼女によるところがとても大きいのです（彼女はラジウムの質量の測定もしました）」[27]と、彼はその手紙に答えた。この発言は驚くべきものだ。というのも、女性科学者というものがほとんど認められておらず、ヨーロッパ中の科学アカデミーで入会を許されていなかったからだ。しかし、そのスウェーデンの科学者はピエール・キュリーの要請を考慮し、フランス同様、全員が男性であるノーベル委員会の他の科学者たちに、それを認めさせるのに成功した。

それゆえ、この支持は称賛されねばならない。それほど、偉大な女性科学者たちは、より一層偉大な男性科学者たちの後ろに追いやられてきた。ピエール・キュリーが、当たり前のことのように示したこの配慮は、この二十世紀初頭に、それまで男性に独占されてきた職業を女性たちに解放するきっかけとなるだろう。ピエール・キュリーには、全世界の女性の権利に対して彼が与えた援助を評価する時間はないだろう。一世紀後の今日でもなお、マリー・キュリーのノーベル賞は、若者たちに模範として語られている。

ピエール、マリー、ベクレルの三人の受賞者への受賞が発表されると、フランスでは、夫婦は暗がりから光の当たる場所へと移った。彼らの実験室には何百通もの手紙が届き、ジャーナリストたちが、集団でやって来ては二人の邪魔をした。マリーは大人しいように見えたが、ピエールの方が、彼の仕事の邪魔をするたくさんの要望に対して言葉が出てこず苦しんだ。そして実際、彼は自分が思うようには、もう集中できなかった。一九〇四年一月、フランス共和国大統領エミール・ルーベが、取り巻きの役人たちを引き連れて実験室にやって来た時、ピエールは、自分たちの発見についてうまく説明できなかった。彼はそのことで自分を責め、つらい思いをする。実際には、二人のうち気弱でないのはマリーの方だった。しかし、有名になったことで浴びた強烈な洗礼の中で、ピエールもマリーも、うまく振る舞うことができず、自分たちの考えをうまく説明することができなかった。そして、彼らを称賛する記事であるにもかかわらず、母親でもあるマリーのことを「マリー、ラジウムの聖母マリア」と茶化しているものもあった。大衆とメディアは、マリーが真の科学者であり、彼女が二人の発見に貢献したということを決して認めようとしない。マリーとピエールはもはや精根尽き果てている。「私たちは、手紙や、押し寄せるカメラマンや記者たちの波に溺れそうです。平穏に過ごすためなら、地下に潜っていたいほどです……[*28]」アメリカは、この優秀な科学者たちを自国に招きたいと、ずっと機会をうかがっていた。ピエールとマリーは、ほどなく講演旅行に招待される、もちろん謝礼も出る。このような旅行は時間やエネルギーを費やすだろうし、その間仕事ができなくなるだろう。それは論外だった。しかしやがて、アメリカはマリーに声をかけるだろう……別の要件で。

その内気な性格にもかかわらず、ピエールのソルボンヌでの最初の講義は成功し、ついにその正教授に任命された。何と大勢の人が聴きに来たことか！　パリ中の人間がそこにいた。上流気取りの人間や社交界に出入りする人々も来ていた。大教室の扉をあけ放たなければならない。それほどに彼らは有名になっていたし、新聞記事で描かれた彼らの慎ましさが、大衆の胸を打っていた。しかしピエールは、なかなか新たな研究に集中することができない。それほど彼には、有名になったことがつらかった。「まったく仕事ができなくなって一年だ。一瞬たりとも自分の時間がない」。

いつの日かピエールとマリーの人生が、ダイナマイトの発明者によって大きく変化するとは、誰が思っていただろう？　実業家アルフレッド・ノーベルは三五五以上の特許を取得し、莫大な財産を蓄えた。クリミア戦争後、サンクトペテルブルクで破産した兵器製造業者の息子であるこのスウエーデン人は、爆発のコントロールのための重要なステップである、ニトログリセリンによる遅延起爆法を完成させた。その後彼は、さまざまなダイナマイトを作り出していった。中には、水中でもその特性を保っているものもある。巨万の富を手中にした彼は独身であり、ヴィクトル・ユゴーのような、平和を切望する作家たちと文通をしていた。彼はパリに暮らし、スヴラン〔パリ北東の都市〕に城を所有していた。スヴランの村では、火薬学者たちが国立火薬製造所のために秘密裏に軍事研究を行っていた。彼が、新しいより実用的な爆薬を発明したのは、この研究所においてであった。しかし、批判が湧き起こり、うんざりした彼はフランスを離れ、イタリアへ移った。

誤報が、時として思いがけない幸運を生むことがある。一八八八年、アルフレッド・ノーベルは自分自身の死亡記事を読み、驚愕した。そしてその新聞にげんなりするような、自分の死亡告知を見つけた。「死の商人、死す。かつてないほど迅速に人間を殺す方法を発明して財を築いたアルフレッド・ノーベル博士が、昨日死去した[*29]」。ショックだった。自分は死をまき散らす発明によって財産を蓄えたのだから、それを、人道的な目的を持つ発明のために働いている生ける者たちに、遺言によって寄付しよう。数年後、アルフレッド・ノーベルは、チュイルリー公園に面した窓があるパリのノルウェー・スウェーデン人会の事務所で、自分の死後、財産を寄付して基金を作り、その利子をその年「最も偉大な貢献をした」人々に与えると発表した。彼は五部門を選んだ。平和賞はもちろんだが、他に文学賞、化学賞、医学賞、物理学賞である。一年後、アルフレッド・ノーベルは突然亡くなった。彼の死後五年目の一九〇一年、ノーベル賞の第一回式典がストックホルムで行われた。論争がなかったわけではない。例えば、第一回ノーベル文学賞の選択は、激しい反発をかき立てた。フランス人の詩人シュリ・プリュドムが、抗議の中、賞を授与された。多くの文芸評論家は、『戦争と平和』や『アンナ・カレーニナ』の作者であるレフ・トルストイが受賞するものと考えていた。ノーベル賞の選考委員会が改めて議論することはできない。それゆえにマリー・キュリーが指名されたことが、あれほどの論争を招いたのだ。

しかし、ピエールとマリーは、一九〇四年初めに予定されていたスウェーデンでのノーベル物理学賞を受け取るための授賞式に出席できなかった。ピエールは急性リウマチで苦しんでいたし、マリーは多くの依頼で疲れ果てていた。思いがけない成功が彼らを包み込む。もはや、同じ目標に向かっていた二人だけの共同研究ではすまず、彼らに従うスタッフが必要な研究や発見が急激に増えていた。彼らのチームに化学者のアンドレ＝ルイ・ドゥビエルヌがやって来た。彼は、単なる協力者に留まらず、卓抜した科学者となってアクチニウムを発見し、将来マリー・キュリーの死後、ラジウム研究所の所長となった。そして、一九四六年に高等教育機関を退職するまで、友人として一家の傍らに留まることになる。数か月が過ぎた。ピエールは消耗し嫌気がさしている。しかしマリーの方は、強固な意志を保ち続けている。今この科学の都パリで、目標がすぐ近くにあるのに、やめてしまうなんてできない。娘のエーヴは、天地がひっくり返った日のことを、誇らしげに報告している。「一九〇四年、キュリー夫妻が、ラジウムの存在の可能性を発表した日から四十五か月後、マリーはついに、この消耗戦で勝利を勝ち取った。彼女は一デシグラムの純粋ラジウムを作ることに成功する……」[*30]。

二人は、手を取り合って、夜倉庫に戻り、暗闇に色が浮かぶラジウムを眺め入る。彼らはこの上なく幸せだった。彼らの発見は、彼らが見た最も現実離れした夢さえ越えていた。始まったばかりのこの二十世紀は、可能性に満ちたものになりそうだった。

＊

仕事上の喜びに、思いがけない幸運が加わった。マリーは再び妊娠し、今回は無事出産することができた。おかげで娘を失った悲しみが和らげられたのだ。エーヴは、イレーヌの七年後、一九〇四年十二月六日に生まれた。一九〇五年の初めの数か月間、マリーは、体力が落ちていたが、すぐに仕事を再開した。午前中はアパルトマンにいて二人の娘の面倒を見る。一人娘として溺愛され、すでに七年前から皆の関心を一身に集めるのに慣れているイレーヌは、彼女から両親の愛情の一部を奪うこの赤ん坊に馴染まなければならない。たとえイレーヌが、彼女の年齢ゆえに自分の方がエーヴより優れていると思っていたとしても。それでもエーヴの母親は、セーヴルでの講義を辞めなかった。そこの少女たち、むしろ女性と言ってもいい彼女たちと交流したかった。彼女たちの情熱は、自分がソルボンヌの学生であった年月を思い出させる。一心不乱に学んで、学んで、学んでいたことを。

というわけで、彼らは一年後の一九〇五年六月、天候のよい季節に、スウェーデン王オスカル二世から例の賞を授かるためにスウェーデンを訪れた。二人の受賞者は、十五万スウェーデン・クローネ、換算すると一万フランを手にした。同月にノルウェーとスウェーデンの分離が宣言されたため、式典はこのスカンディナヴィアの国の威光を示すには、なおさら好機だった。一九〇五年六月六日、発言は受賞者一人と決まっていたので、ピエール・キュリーが、ラジウムが悪の手に落ちる危険について警告を発した。

犯罪者の手に渡れば、ラジウムは非常に危険なものになりうると想像できるのです。そして、人類にとって、自然の秘密を知ることがよいことなのだろうか、そして人類はそれを利用するほど成熟しているのだろうか、あるいは、この知識が人類にとって有害になることはないだろうかと、ここでわれわれは自問しうるのです。ノーベルの発見こそその際立った例であります。強力な爆薬は、人間が目を見張るような仕事をすることを可能にしました。と同時に、人々を戦争へと駆り立てる大犯罪者の手に渡れば、破壊の道具になるのです。私は、ノーベルと同様、人類はそこから悪よりも善を引き出すと信じる者の一人です。[*31]

研究を続ける中で、ピエールとマリーはある一点に関してまったく気づいていなかった。それはラジウムが彼らの健康に及ぼす影響と、自分たちが冒している危険についてだ。実際、他の研究者たちもその危険性についてあまり重要視していない。しかし、シミや火傷が現れていた。ピエール・キュリーはそのことを、彼らとノーベル物理学賞を共同受賞したアンリ・ベクレルとともに執筆している科学アカデミーの『報告書』に、淡々と報告している。「全般的な傾向として、手の表皮が角質片となって剝離する……。箱やカプセルをつかんだ指先は（……）固くなり、時に強い痛みを伴う。われわれ二人のうちの一人の指先の炎症は二週間続き、最後は皮膚が剝がれ落ちた。しかし痛みは二か月経った後もなお、なくならなかった[*32]」。

自分の手に火傷の痕ができているのを見つけた時、マリーは微笑んで、ラジウムによるただの水ぶくれに過ぎない、と考えた。しかし、少しずつ、彼女の周りの物が放射能を帯びていった。それでも彼女は研究を続け、すでに何人かの科学者が、その治療効果を予想していた。アンリ・ジデルは記している。ピエールとマリーは、何人もの医師や生物学者と親しくしていた、と。「キュリー夫妻の直感が、特別に豊かな結果を生むということがわかるだろう。われわれは、皮膚疾患のような赤い発疹は放射線の照射によって治癒すると、すぐに気づくことになる[*33]」。つまり、新しい用途を見つけたり、人類の命を救ったりすることが期待されていたのだ。このような挑戦を前にして、危険など何ほどのものだろう。

第2章　科学と愛情——希望と試練

雨、また雨。急に降り出したこの雨は止みそうにない。マリーは、気づかわし気に、ケレルマン大通りのアパルトマンの鍵穴に鍵を滑り込ませた。今朝はピエールに対していらだってしまった。とても疲れていたし、イレーヌとエーヴの世話もしなければならなかった。彼女は夫にあんなふうに答えたことを後悔していた。彼を愛しているし、彼と一緒にいてとても満足している。彼は私生活でも仕事の上でも申し分のないパートナーではないか？　多くの女性が憧れるような幸運に、自分は恵まれているのではないか？　すなわち、研究と発見を共有できるという幸福。自分自身の科学研究に対して人生の伴侶から尊敬される幸福に。彼女は、ワルシャワを離れ、自分の人生を彼の人生に結び付けたことは、幸せな選択だったと改めて思った。今すぐに彼を抱きしめたい、そして今朝の口論を忘れたい。彼の腕の中にいたかった。愛し愛されること。ただ単に。

しかし、ピエールはまだ帰っていなかった。彼女には彼の姿が見えなかった。自分たちの家には、別の人たちがいた。父親のウジェーヌ・キュリー医師とピエールの同僚が二人。彼らの顔はこわばっている。まったく笑わない。こんな時間に、ここで何をしているのか？　彼らはゆっくりとマリーの方を向いたが、誰も視線を合わせようとしない。彼らはうつむいている。警察署から最初に連絡を受けた理学部長ポール・アペルが、彼女の方に進み出る。彼は彼女に事故の話をした、馬や車輪のことを。

おそらくピエールは、グランゾギュスタン河岸とドフィーヌ通りが交差する辺りを渡る時、注意していなかったのだろう。彼は、仲間たちと楽しく議論しながら昼食を取った帰りだった。雨で滑りやすくなっている地面のことは頭になかった。そして、彼の足が石畳の上を滑った。傘のせいで馬車が見えない。馬車はスピードを緩めることも停まることもできなかった。ピエールは転んで、頭を馬の蹄《ひづめ》に、次いで馬車の後輪にひかれた。彼が舗道に倒れている横で、野次馬たちは怒鳴り、御者に殴りかかりそうだった。ピエールは四十六歳だった。哀れな御者は、警察署で怯え、泣いていた。

マリーは自分が聞いたことを信じようとしなかった。「ピエールが死んだ？　本当に死んでしまったの？」。彼女の声は、もはやつぶやきでしかなかった。もう息もできない。彼女の息は、今朝彼女が、いらだった声で別れたあの人とともに消えてしまった。そしてその人に、彼女がどれほど彼を愛しているか、もう伝えることはできない。夜になって亡骸《なきがら》が自宅に運び込まれた。その間娘たちは、友人で近所に住んでいる科学者たち、物理学者のジャン・ペランとその妻に預けられていた。そのジャン・ペランは、一九二六年にノーベル物理学賞を受賞することになる。ウジェーヌ・キュリー医師の傍らで、マリーは血で汚れた夫の顔をなでていた。その夜、彼女はノートを手に取ると、彼と会話する形の日記を書き始めた。実際、もう何年も前から続いており、彼らをこれほどたくさんの発見と分かち合った幸福へと導いた会話を、どうして途中で止めることができただろう？　長く苦しい一年間、彼女はこの日記をつけ続ける。自分の言葉にもう答えてはくれない人と親密な関係を保ち続けるために。ピエールに向かって書いている限り、彼は完全には死なないかもしれない。彼にはまだ少し命がある、と彼女は信じようとした。とにかくこの日記は、マリーにとって生きるために必要な救命ブイだった。実際彼女は、自分と二人の娘の命を守っていかなければならなかった。

葬列は木々に囲まれ静寂に包まれたソーの墓地へと、ゆっくり向かっていった。ピエールはその墓地で、母親の隣に眠ることになっていた。公の葬儀も行われないし、談話の発表もないと、マリーははっきり言っていた。しかし、ピエールが亡くなったというニュースは、炎と恐怖のうちに街の一部を破壊したサンフランシスコ地震のニュースとともに、新聞の一面に載った。お悔やみの言葉は世界中から届いたが、マリーはごく親しい人に囲まれていたかった。もちろん、そうはいかなかった。それほど、大勢の野次馬や何でも知りたがる人、それに科学者たちが墓地に通じる小道に押し寄せたのだ。その中に、一人の公人の姿があった。フランス社会党と『ユマニテ』紙の共同創設者アリスティド・ブリアンは、六度首相になり、後にノーベル平和賞を受賞する。

マリーはウジェーヌ・キュリー医師に支えられていた。その間、ワルシャワからやって来た姉ブローニャと兄ユゼフは、二人とも、マリーが倒れてしまわないかと、その足取りの一歩一歩を見守っていた。棺が墓穴に下ろされた時にも、彼女は義兄ジャックのそばにいて、最後までそこに留まろうとした。喪服を着たマリーは、背筋を伸ばし、すっくと立っていた。彼女は簡素な葬儀を望んでいた。しかし記者たちは、木々や墓石の後ろにうまく身を隠していた。その場は、フラッシュで目も開けられない。親密な雰囲気は壊れてしまった。マリーには抵抗する力がなかった。

マリーは、今回のことを自分自身でイレーヌに伝えたかった。墓地での葬儀の間、子供の面倒を見に来ていたペラン夫妻は、夫婦の間で声を潜めて話すことしかできなかった。この上の子に家族を襲った不幸がわからないように。父親が墓地で眠っていることさえわからぬように。埋葬の翌日、ブローニャとウジェーヌ・キュリー医師の前で、マリーはイレーヌを優しく抱き、涙をこらえていた。イレーヌは、わけもわからぬまま、母の言うことを聞いていた。この子は本当に死の意味を理解しているのか？　彼女は、どうしてよいかわからない様子で、黒いドレスに身を包んだ母を見た。マリーはこの黒い色を、それから三十年近く後、自分自身が死ぬ時まで身に着け続けるだろう。彼女はイレーヌを自分のベッドで眠らせ、優しく抱いていた。彼女自身は、結核に感染する恐れのため、自分の母を抱きしめることはできなかった。夜のしじまの中で、彼女自身の子供たちも、自分と同じようにとても幼いうちに、あまりにも幼くして片親のいない子になってしまったのだと思った。居間では、一歳四か月でこの悲劇の意味がわからない幼いエーヴが、遊びたがって笑っていた。彼女は、父親の思い出を少しも持てないということがわからない。それは彼女を悩ませ続けることになるだろう。今はイレーヌの悲しみを和らげなければ、とマリーは思ったが、彼女自身の悲しみを和らげるのはほとんど不可能だった。そこでマリーはピエールに、今は亡き愛する人に向かって書いた。書くことは、悲しみという傷を和らげる薬だから。自分の机に向かい、細いペン先を傾け、小さいがわかりやすい文字で、彼女は彼に、まるで彼がこの部屋に、彼女の隣にいるかのように、あるいは旅行に出かけているかのように、彼らの長女のことを語った。イレーヌは真面目だから、間違いなくお父さんの研究のパートナーになれたはず、と語りかけた。

ケレルマン大通りは夜になった。彼女の人生の伴侶は墓地に連れて行かれたところだった。ただ一人、彼女はたった一人で絶望に向き合っていた。この三十九歳の若き未亡人は、友人や仕事仲間に自分の苦しみを打ち明けることができなかった。周りの人を心配させたくなかったし、参らないようにしたかったし、それに自分が途方に暮れているのを見られたくなかった。子供たちは眠っていた。エーヴは、陽気で元気いっぱいで、家中を走り回って人の後を追いかけ、キスしてもらいたがったり、抱きしめてもらいたがる。いつもウジェーヌ・キュリー医師が孫娘に喜んでしていることだ。しかしここでは、夜になるとピエールがいないという事実が、まるで皮膚や心臓を貫くレーザーのように跳ね回った。今となっては、もはやたった一つの手段しか残っていなかった。書くことだ。彼女は、もういない人に向かって、彼自身の埋葬について語った。それは、たくさんの手帳の他に、彼女がずっと手元に置くことになるたった一冊の日記である。

ピエール、私のピエール、あなたはここにいる、頭に包帯を巻かれ、眠って休んでいるかわいそうな怪我人のように、穏やかに。（……）私がキスできるように、いつものように私に頭を預けて目を閉じたあなたの瞼《まぶた》にキスしたわ。（……）土曜日の朝、私たちはあなたを棺に納め、そして運ぶときは私があなたの頭を支えたのよ。私たちはあなたの冷たい額に最後のキスをした。それから、庭のツルニチニチソウを棺に入れた、そして、あなたが「とても頭のいいかわいい女学生さん」と言って好きでいてくれた、私の小さな肖像写真を。それは、幸運なことに、まだ数回しか会っていないのに、人生をともにするとあなたがためらいもなく言ったほど気に入ってくれた者の写真よ……。棺が閉じられ、私はもう、あなたに会えないの。あなたの棺が、黒い布で覆われるなんて恐ろしくて耐えられない。私は、棺を花で覆って、そのそばに座っているの。[*1]

精神的な苦痛に加えて、金銭面の心配もあった。ピエールの、マリーよりも高額な給料なしで、どうやって生活していけばよいのか？　寡婦年金では、二人の娘を不自由なく育てていくのは不可能だろう。そもそもマリーはそれを断るつもりだった！　彼女は家族が生きていくことに自分一人で責任を持ちたかった。何事についても他に頼りたくなかった。自立は経済的に自立することから始まると、後にシモーヌ・ド・ボーヴォワールが書いているが、ポーランドでのつらい年月と、その後パリに来てからの貧しさによって、おそらく彼女は、経済的自立で初めて得られる自立の大切さを知っていた。ともかく、しっかり生きていかなければならない。

ブローニャやピエールの兄のジャック・キュリーといった身近な人たちは、心配していた。そして突然、大胆な、ほとんど無謀とも言っていいアイディアを試みた。彼らはパリ大学（ソルボンヌ）に打診したのだ。自身ノーベル賞受賞者であるマリー・キュリーは、夫と同様に高名な科学者として、彼の講座を継げないものだろうか？　反対意見が沸きあがった。ソルボンヌに女だって？　ここの教授たちは、そんなふうに、自分たちが躊躇していることをあえて表にはあらわさなかったが、偏見は強かった。大物の、男性の科学者たちが、こだわったのだ。しかしパリ大学は、ピエールの死後一か月足らずの一九〇六年五月十三日、彼女を亡くなった夫の物理学の講座に指名し、彼の実験室を引き継ぐことを承諾した。結局ソルボンヌは、女性ノーベル賞受賞者がエコール通りの校舎で教鞭を執っていることを誇れるようになる。

彼女は、肉体的にもそして精神的にも、講義を受け持つことができるだろうか？　もちろんできる。マリーはすでに幾多の試練を乗り越えており、彼女が気力をなくすことなどありえない。これこそが、貫かれるような悲しみの中にありながらも、彼女が力を振り絞って立ち上がる挑戦だった。彼女は、この夏に向かって、一つの目標を掲げた。たゆまず講義の準備をすること。しかし彼女は、セーヴル女子高等師範学校で彼女に代わる人物を見つけなくてはならなかった。というのも、フランスの科学の希望であるこの女学生たち、すなわち、新しい世代の女性科学者たちを絶対に見捨てたくはなかったからだ。彼女は、穏やかだが毅然として、この名高い学校で少なくとも一年間、彼女の代わりを務めてくれるようポール・ランジュヴァンに頼んだ。家族の友人である彼は承諾した。彼女はほっとした。女学生《セヴリエンヌ》たち、彼女の精神的な娘たちは救われるだろう。一方マリーは、ソルボンヌのための準備を整えた。

一九〇六年十一月五日、エコール通りにあるソルボンヌの階段教室は人で埋め尽くされた。科学者、熱心な支持者、友人、学生、それにセーヴル女子高等師範学校からやって来た女学生、社交界に出入りする人々、上流気取りの人間、物見高い人々、それにジャーナリストたち。一張羅を着込んだ数人の女性たちは、一時間も前に、お抱えの御者に席を取らせていた。盛大な拍手が起こったが、マリーは彼らの方を見もしなければ、挨拶一つしなかった。ただ科学だけ、彼女自身とピエールが打ち込んだ科学だけが大切だった。彼女は、彼女の人生の伴侶が途中で終えたところから講義を始めた。大部分の出席者にはまったく理解できなかったが、それはどうでもいい。この一回目の講義は、パリ中の夕食の食卓で話題になるだろう。

マリーは、十年足らずの間に自分が歩いてきた道のりに思いを馳せていたのか？　田舎の人里離れたところに住む凡庸なポーランド人の家庭で働き始めた頃のことから？　いや違う。彼女は講義を終えると、すでに次回のことを、さらにはその後の講義のことを考え、そして二人の子供たちのことを考えていた。そしてポーランドの家族のことを。というのも、ブローニャが帰らなければならなかったからだ。彼女たちは、かつてないほど固く結ばれ、二人を分かつことができるのは死だけだと思えるほど、愛し合っていた。

この一九〇六年十二月六日は、何と奇妙な誕生日だったろう。やはりピエールがそばにいない夜だった。夕食のテーブルを囲むのは、ウジェーヌ・キュリー医師、イレーヌそして幼いエーヴだった。次女の二歳のお祝いである。マリーは扉を開け、娘たちにキスして抱きしめ、彼女たちや義父と夕食を取った。下の子に二本のろうそくを吹き消させ、涙を隠した。彼女は、もうこのアパルトマンに耐えられなかった。ここには、今は亡きピエールの存在が、あまりにもありありとしていた。離れなければ。亡くなった夫を思い出さないですむ新たな場所へ。もうそれはパリではないだろう、ただ一軒家で庭があればいい。娘たちのために健全な教育ができる場所。それならば、首都の汚れた空気や騒音から遠く離れたソーがいい。この首都の一本の通りが悲しみの原因だった。ソーは彼女がピエールと結婚した街であり、ピエールが眠る街でもあった。娘たちの知らない間に、もっと頻繁に彼のお墓に行けるだろう。実験室に行くための移動時間は今より長くなるが、構わない。マリーは、朝もっと早く出発し、夜もっと遅く帰って来ることになる。その代わり、子供たちは健康的な環境で過ごすことになるだろう。日中は、おじいちゃんが面倒をみてくれるだろう。そしてそれが大事なのだ、何よりも。

イレーヌは、すぐに生活の変化に順応した。そして、優しく矍鑠《かくしゃく》とした祖父ウジェーヌ・キュリーは、孫娘たちで自分の息子の不在を慰めようとした。イレーヌは、すでに九歳になり、勝気で、自分の行動を押し通したり、おじいちゃんと言い合ったり、大人たちの会話を聞いて、それを吸収し、学んでいた。すでに彼女は科学について、質問するようになっていた。キュリー医師、あなたはこれらの恐竜について知っていますか？　幼いエーヴは、彼に優しくしてもらい、彼によって男性という存在を知った。というのも今では、彼が家長だったからだ。エーヴは後に、マリーの伝記の中で祖父についての印象を、遠慮がちに語っている。

エーヴは、彼〔祖父〕と本当に仲良くなるには、まだ幼過ぎるが、長女にとってはかけがえのない友人だ。動作がゆっくりで人見知りの激しいこの子は、彼が失った息子にそっくりだ……。彼は、イレーヌに博物学や植物学の手ほどきをするだけでなく、ヴィクトル・ユゴーに対する情熱をも伝える……。現在のイレーヌ・ジョリオ＝キュリーの精神的なバランス、悲しみをひどく嫌い、現実に強く執着し、反教権主義で、政治好きなところまで、直接祖父から受け継いでいる。[*2]

こうして、マリーは、早朝に家を出て、子供たちが学校へ行く支度をする頃には、すでにパリへ向かう列車の中で仕事をしていた。一分たりとも無駄にできなかった。そしてそれは、ピエールの思い出に囚われてしまわない時間を作ることでもあった。たとえ彼が、いついかなる瞬間も存在しているとしても。週末には、娘たちを、サイクリングや長い散歩に連れ出した。風でも雨でも、天気は関係ない。暴風でさえも。子供たちは、恐れないことや自立することも学ばねばならなかった。家のそばで雷鳴がとどろいた時、ほんの少し怖そうにするのも論外だった。マリーは、空に光る稲妻と嵐の音を利用して、稲妻と雷鳴の間に時間が過ぎるほど、嵐は遠いと娘たちに説明した。このように、科学は理解を助け、安心させてくれる。

マリーは負けてはいなかった。ソルボンヌは、ノーベル賞や数々の発見にもかかわらず、より現代的で機能的な実験室を彼女に提供するという約束を守っていなかった。彼女は、辞職して、旧知のルー教授が所長を務めるパストゥール研究所に入ると言って、この名門大学を脅した。[*3]ソルボンヌの教授たちは、この脅しを深刻に受け取り、土地を提供し、癌治療のために放射線を医療に応用する生物学研究に当てられる別の建物の建設のための出資に応じた。医師で放射線学者のクロディユス・ルゴ教授がこの施設を率いることになり、マリーは、ラジウム研究所のキュリー棟の責任者になる。そこでは、放射性元素の物理化学的研究が行われる。ルゴ教授は、数年後第一次世界大戦が始まると、重傷を負った兵士の多くが輸送中に死ぬのを防ぐため、戦場で治療するという新しい方法を実践に移し、社会に対する使命を果たすだろう。ジェラルメにある彼の病院は、致死率の最も低い病院の一つとなった。多くの人命を救ったとして、一九一五年、フランス共和国大統領レモン・ポアンカレは、彼にレジオンドヌール勲章を授けるために現地に赴くだろう。クロディユス・ルゴは、戦後仕事に復帰し、一九二〇年に設立されたキュリー財団の医療部門を一九三七年まで率いることになる。マリー・キュリーは、自分と同じくらい要求が多く、同じくらい熱意のある最高の協力者たちを選べていたのだ。

＊

一九一〇年の冬は厳しかった。ソーでは、雪が降って寒い中、キュリー医師が、間もなく思春期に入ろうとしているイレーヌとおしゃべりをしていた。彼が教えた植物学や数学、生物学は、すでに彼女の中に痕跡を残していた。キュリー家の長女は科学が好きだった。彼女にはまだ、大人の自分の人生が、彼女にどんな未来をもたらすのかわからなかったが、マリーや祖父の話を、注意力を総動員して聞いていた。そして議論をした。彼女が二人にする質問すべてをピエールの父は楽しんだ。彼はそれに答えようとしたが、時々、休んだり横になったりしなければならなくなった。七十三歳になって、ますます疲れを感じるようになった。徐々に起き上がる力がなくなっていった。マリーは彼のことを心配して見ていた。寛大で、教養豊かで、溢れるほどのユーモアのセンスがあり、快活なこの男性は、マリーのかけがえのない友となり、悲嘆に暮れている彼女を救い、また、イレーヌとエーヴの父親代わりになっていた。マリーは彼女が与えることのできるありったけの愛情で彼の看病をしたが、ウジェーヌ・キュリー医師は、キュリー家の三人の女性と、彼のもう一人の息子ジャックに囲まれて、肺うっ血で亡くなった。一九一〇年の二月は悲しみの月だった。こうして老人は、娘たちを育てる役をマリー一人に残していった。イレーヌは打ちひしがれていた。当時十二歳だった彼女は、遊び相手に見放されたと感じていた。その人は、文化や、科学、世界の美しさ、政治、読書、そして非宗教的な考え方に目を開かせてくれるはずだった。耐え難い衝撃だった。五歳のエーヴの方は、悲しかったが、祖父の死のショックを推し測れなかった。今では、子供たちが学校から帰ってきても、大人はもういなかった。マリーとおしゃべりしたり議論したり、そして、遠慮のいらない温かい雰囲気で、彼女を力づける大人はもういなかった。マリーにとっては、新たなつらい別れだった。彼女は、凍えるほどの寒さの中、またしてもキュリー家の男性をソーの墓地まで送らねばならなかった。この一九一〇年二月の終わり、イル＝ド＝フランスには風が吹き荒んだ。マリーはがたがた震えていた。そしてここではまだ、ピエールがマリーに呼びかけてきた。いったいそれ以外のことがありうるだろうか？　彼女はピエールの棺をもう一度引き上げ、墓穴から出すように頼んだ。そして、キュリー医師の棺が先に下ろされた。ピエールの棺は、彼の父の棺の上に置かれた。墓の底にはより年老いた方を。そうすれば、いつか彼と再び一緒になる時に、ピエールの棺が真っ先に見えるだろう。ピエールの身体が土の中に下ろされていく時、マリーは、寒さで凍えている子供たちの方を向いていた。彼女たちにはマリーが必要だった。同じように、研究室や科学研究も彼女を必要としていた。参ってはいられなかった。戦うのだ、もっともっと。立ち続ければならないこと。

どうしたら、しかたないことだと受け入れ、別れのつらさを和らげ、悲しみを鎮めることができるのか？　仕事によってだ。子育てにも打ち込むのだ。マリーは子供たちにバランスのよい教育を受けさせたかった。健全な精神は健全な肉体に宿る。しかし、フランスの中等教育制度は、体操やスポーツにほとんど時間を充てていなかった。マリーには要望があった。娘たちには野外活動をさせないと。彼女たちの子供時代は、時にはへとへとになるほどの長い散歩が繰り返されることになる。ソーの家の庭には、小さな門が据え付けられ、そこでイレーヌとエーヴは、つるつるしたロープや吊り輪の練習をした。彼女たちは体操のクラスで最も優秀な成績を収めるだろう。夏には、自転車で遠出もしなければならなかった。野外を何十キロも走り抜くのだ。しかも、疲れたなどと言ってはいられなかった。こうして彼女たちは、母が望んだように、「勇敢になる」だろう。恐れないこと。愛情に包まれてはいたものの、母の死とロシアによる占領とで厳しい子供時代を送ったマリーにとって、恐怖は克服しなければならないものだった。唯一大切なのは平静でいること。暗闇の中でも雷がとどろいていても、彼女たちは、怖がってはいけなかった。マリーはかつて、そうした恐怖を味わった。自分の子供たちが、同じトラウマに苦しむことは避けたかった。

ピエールがいなくなったこの四年の間、彼女は彼の名前を口にすることができなかったし、娘たちに父親のことを話すこともできなかった。絶対に無理だった。おそらく、あんなにも愛したその名前の後ろには、あまりにも多くの苦痛が隠され、何とか封じ込められていた。もしマリーが、その名を口に出したら、泣きくずれてしまったのではないか？　子供たちはそれを見て不安になるだろう。少なくともイレーヌは、母親が生前の父に話しかけるのを聞いていた。ピエール、それは、キュリー夫妻の愛情の象徴であるイレーヌの耳に残っている名前だった。しかしエーヴは、覚えていることができるだろうか？　言葉にされないということが、片親のない二人の子供に重くのしかかっていくのだが、エーヴは大人になってからそのことに触れるだろう。

そう決めたことは、何よりも物理的な困難さを伴うものだ。その人生の最後の時まで、マリーは、「ピエール」とか「ピエール・キュリー」という音節を発音しようとするのに、非常に苦労することになる。（……）そして彼女の会話は、あちこちにある思い出を避けて通ろうとして、信じられないほどの策を弄することとなる（……）。彼女は、この沈黙が娘たちにとって悪いことだとは思っていない……。彼女たちを悲劇的な雰囲気に突き落とすくらいならむしろ、彼女が彼女たちからそれを取り除き、彼女自身、尊くはあっても心を揺さぶるような感情を持つことを自らに禁ずるようになる。[*4]

おそらく、こうしたことで一番苦しむのはエーヴだろう。この下の娘は、父親の記憶がないので、それについて話をすることができない影のような、沈黙と不在の中で、自分を作り上げなければならなかった。

＊

「ああ、またサフラジェット〔十九世紀末から二十世紀初頭にかけて台頭したイギリスの過激な婦人参政権運動家〕のことよ！」

　十三歳になったイレーヌは、新聞の社会面の出来事より科学の方が身近だと感じていた。彼女は新聞でイギリスのサフラジェットたちの抗議活動を知った。彼女たちは、新聞の一面を飾り、ショーウィンドーのガラスを割り、国会議員を脅しつけ、大勢のイギリス人たちから罵声を浴びながら、寒かろうが、霧だろうが、嵐だろうが、デモを企てていた。声が上がっても、男性ばかりの政府はフェミニストたちの要求を気にもとめなかった。一九一〇年十一月十八日、イギリスの国会前に大勢のフェミニストが集まった。警官たちが彼女たちに荒々しく襲いかかった。多くのサフラジェットが警官に殴られ怪我をし、彼女たちのうちの二人が殺され、約百名が逮捕され、裁判にかけられ、投獄された。弾圧はますます厳しくなっていくだろう。当時内務大臣だったウィンストン・チャーチルは、彼女たちの最悪の敵となった。彼は、ハンガーストライキをしているサフラジェットに、無理やり食べ物を与えるという、窒息や怪我や、拷問の恐れのある命令を出した。「その後、彼女たちは、準備なしではもう決してデモをしなくなった」とエリザベス・クロウフォードは言う。[*5] 彼女たちは、イーディス・マーガレット・ガルードの指導の下、柔術を学び始めた。身長百五十センチのこのフェミニスト活動家は、ロンドンで夫とともに武道の学校を開いていたが、サフラジェットの、より正確には、彼女たちの団体である女性政治社会連合[*6]のひいきの柔術の指導者となった。[*7] 彼女は女性初の武術指導者の一人であった。これらの女性活動家たちもまた、婦人選挙権獲得のための彼女たちの活動を茶化す新聞の影響で敵意を抱いた男性に、路上で襲われる被害者だった。彼女たちは、街中で「サフラジェット狩り」の標的になり、至る所で危険な目にあった。暴力は至る所に存在し、彼女たちは、かつてないほど自分自身で身を守らなければならなかった。それでも彼女たちは諦めるつもりはなかった。その逆だった。「アマゾン」と異名を取る正真正銘のボディガード、警備隊を作った。

若いイレーヌは、こうした衝突で、女性たちがひどい目に遭い、中には監獄で拷問の犠牲になっていると聞いていた。しかし、未成年——彼女は十三歳になったばかりだ——では、彼女たちの勇気を推し測れなかった。彼女はマリーに書いている。「毎日、ほとんど毎日、サフラジェットたちによってイギリスの大臣が殺されそうになっていることを知りました。でも私には、それが彼女たちに投票できるだけの能力があると証明するための賢いやり方だとは思えません」[*8]。イレーヌはまだ、彼女たちの中に、揺るぎない信念を持った科学者がいて、やがて彼女たちが自分と出会うことになるとは知らなかった。彼女たちの一人が、いつの日かイレーヌたちを励まし支えてくれるのだ。その後、一九一八年に、イギリス議会は、依然としていくつかの条件付きではあるものの、三十歳以上のイギリス人女性八百万人の選挙権を認める人民代表法を採択する。二十一歳以上のすべてのイギリス人女性が投票できるようになるには、一九二八年を待たねばならない。キュリー家の女性たちは、男女平等のための女性たちの闘争を間近で見守っていくことになる。

＊

今や家は空っぽのようだった。イレーヌはティーンエイジャーとなり、エーヴも成長した。女性がまだ身体を動かすのには不向きな裾の長いドレスを着て、スポーツや体操は、キュリー家が属していないような非常に裕福な階層の人々のみができた二十世紀の初めに、マリーは教育に関してまれな信条を持っていた。マリーは、時代の先端を行く女性らしく、一時間の勉強の後には一時間の運動をするべきだと考えていた。すぐ、庭にブランコ、吊り輪、ロープを据え付けた。マリーは優れているということにこだわった。子供たちはそれがわかっていた。そして彼女たちは、母親を喜ばせたくてしかたなかった。エーヴが後に、姉の方が忍耐強く、母から鉄の意志を受け継いでいたと、打ち明けることになるにせよ、彼女たちは二人とも努力や競争が好きになった……。しばらくして二人は、ソーの近所の体育館で体操教室の賞を取った。そして、科学的なものの考え方を身に付ける上で、彼女たちは、誰かの意見に従ったり、引っ込み思案になったりしてはいけなかった。

このような教育方針は、ロシアによって味わわされた辛酸、屈辱感や国外追放といったものに立ち向かってきた、マリー自身の経験から来ていたのだろうか？　若い娘なら、外出し、笑い、夢を見て、学び、そして誰かを愛したいと思う時期に、彼女は、自分を律し、貧しさや孤独と戦わねばならなかったのではなかったか？　マリーは、娘たちに将来、自分と同じ試練に遭遇してほしくなかった。彼女のモットーは、あらゆる障害を乗り越えて、自分自身の力でやっていくことだった。

時折、この女性科学者は疲れるようになっていた。放射線の影響が感じられるようになってきていた。たとえ、彼女がそのことに注意を向けようとしていなくても。彼女は自転車にまたがり、田舎の道をあちらこちらと走り回った。イレーヌはどんどん速く進むようになり、やがて母親を追い抜いた。でも、それでいい。マリーは追いつこうとした。そして時には、夜、疲れ果ててぐったりして帰ってきた。数時間でも実験室のことを忘れ、自然を感じるのは、何と楽しいことか！　この上ない幸福だった。そして娘たちは、笑っていた。とても幸せそうだった。

　新しいスポーツが世に出てきているのに、どうして、やらずにいられようか？　ポーランドのブローニャ叔母さんと過ごす彼女たちがよく知っている山では、スキーという新しい挑戦も待っていた。アザラシの皮の滑り止めのついたスキー、まだリフトもないスキー場、風がうなり、顔に横殴りに吹き付けるのを感じる。そしてまばゆい雪の照り返しに目がくらむ。そうしたことにうっとりした。キュリー家の娘たちは、そのことが忘れられなかった。「ウインタースポーツについて人々がやっと話題にし始めたばかりの頃、母は私たち、妹と私を、クリスマスに、湖でスケートをするためジュラ地方の小さな村へと、連れて行きました。そして私は、十メートルの高さの斜面で、初めてスキーを身に付けたのです。実力も大したことないし、その後一九二二年までウインタースポーツから離れていましたが、おそらく私は、フランスで最も早い時期にスキーをしていた女性の一人だと自負しています」[*9]。後に、一家はクルシュヴェルの村に山小屋を買った。そこが人気のウインターリゾートになるずっと前のことだ。家族にとってのもう一つの避難所、言わば繭であった。ブルターニュ地方の海に加えて、アルプスの山だ。第一次世界大戦前には、わずかな人にしか手の届かなかった平穏だった。イレーヌとエーヴにとっては幸運だった。

　こうした教育は、周囲からかけ離れていた。エーヴとイレーヌは、好ましい選択として、十分な収入が約束されたブルジョワの夫を持つということだけに憧れていた、二十世紀初めの他の少女たちと、自分たちがどれほど違っているかわからなかった。二人の思春期は、彼女たちには何の憂いもなく過ぎていくように見えていた。周囲が大学関係者の子供たちばかりなのでなおさらだった。

エーヴにはある才能があり、母親は娘がまだごく小さい時からそれに気づいていた。音楽である。彼女は、四歳からソルフェージュを習い、数々の歌や曲をピアノで弾いていた。友人たちが目を見張るので、マリーはうれしかった。そして、もしこの下の娘が、イレーヌや自分が科学の分野でそうであるように、才能に恵まれたピアニストになったとしたら？　抜きん出ることができる職業ではないのか？　イレーヌはそのことをあまり喜んではいなかった。音楽の一音一音が彼女をいらだたせ、物理や化学の問題のような真剣な問題を静かに考える邪魔をした。その後間もなく、エーヴが六歳の時に、ポーランド人のピアニストで作曲家のイグナツィ・パデレフスキが彼女の演奏を聴きに来て、マリーの前でこの少女の「たぐいまれな」素質を称賛し、彼女をとても喜ばせた。もしかしたら名演奏家に？　それはまだわからないけれど、期待はできる。マリーは夢を描き、微笑みを取り戻した。彼女にはそれが必要だった。

＊

この一九一一年一月、マリーは自分の実験室へと足早に向かっていた。難しい決断をしなければならなかった。彼女は、典型的な男性の場である科学アカデミーの会員に立候補するだろうか？　何と言っても彼女は、ノーベル物理学賞という、世界で最も権威ある賞の受賞者だった。これほど有名な女性なら、この格式の高い会で女性初の会員になれるのではないだろうか？　彼女の亡くなった夫の同僚の中には、彼女がすでに、スウェーデンやオランダ、さらにはサンクト・ペテルブルクを含む外国の科学アカデミーの会員であると、改めて指摘する者もいた。ロシアのアカデミー会員たちは、彼女がポーランド出身であることさえ問題にしていなかった。なのに、フランスは何を待っているのだろう？

彼女に対抗して、フランス人男性でカトリック教徒のもう一人の候補者が、支持されていた。ノーベル委員会が、フランス人物理学者エドゥアール・ブランリーの業績を認めず、イタリア人発明家グリエルモ・マルコーニだけに、一九〇九年のノーベル物理学賞を授与するという罪を犯したために、それは一層熱烈だった。ともかくブランリーは、ラジオの基礎となる電気伝導と、無線電波による遠隔操作の原理を発見した。フランスの傑出した科学者たちが改めたかった不公正だった。そのうえ突然、マスコミが口を挟んできた。特に、この「外国女」を応援し、そうしてフランス人カトリック教徒の立候補を邪魔するドレフュス支持者たちによって仕組まれた「陰謀」を糾弾する、レオン・ドーデの『アクション・フランセーズ〔一八九九年、反ドレフュス派の先鋭分子によって結成された国粋主義的政治団体の同名の機関紙〕』紙に掲載された悪意に満ちた発言があった。一九一一年一月二十四日、この女性科学者に敵意を示す人々が詰めかけた。それでも、第一回投票では、ブランリーは二十九対二十八と、わずか一票しか彼女を上回らなかった。そして第二回投票で、彼は三十票を獲得し、選出された。したがって、マリーにとっては名誉ある敗北だったが、それでも彼女は、侮辱されたように感じた。しかし、おそらく次に会員の椅子が空いた時には、彼女が選ばれるのだろうか？　たぶん、すべてはほんのささいなことで決定されるのだ……。すでに思春期に差し掛かっていたイレーヌは、母親の腕の中で丸くなり、彼女を励ましていたが、この日のことは決して忘れないだろう。イレーヌは黙って観察していた。いつの日か彼女自身が、この会員たちを前に立候補することはないと、誰にわかるだろう？

＊

ある晴れた夕べ、科学者の友人たちとのカフェでの夕食会に参加したマリーに向かってドアを開いたマルグリット・ボレル、ペンネーム、カミーユ・マルボは、ショックを受けた。夫を亡くしてすでに四年になるこの女性科学者は、黒いドレスを着ていなかったのだ！　そのうえ彼女は、楽しそうに顔を輝かせて微笑んでいた。つい先日の科学アカデミーでの選挙の敗北を忘れてしまったように見えるのは、いったいどうしたことなのか？　瞬く間に、科学者たちの間で噂が広がった。マリーは、彼女が「天才」とまで言っている物理学者ポール・ランジュヴァンの名前を口にすると、真っ赤になった。思いも寄らない恋が彼女を襲ったのだった。彼が、自分の結婚生活は不幸なのだと言った時、マリーは彼の言葉を信じてしまった。マリーは、ピエールとの良好で敬意に満ちた関係を今でも覚えていたので、ポール・ランジュヴァンが、亡くなった夫に似ていると思っていたし、たちまちこの科学者を理想化した。そこで彼女は、十三区のバンキエ通りに彼とアパルトマンを借りた。そこは、ランジュヴァンの家族が住む場所とは別の地区にあり、それぞれの実験室からもそんなに遠くないという点で都合がよかった。それにしても、ポール・ランジュヴァンが彼女に言うことすべてを、マリーは真に受けた。結局、彼女が人生を賭けて愛した人ピエール・キュリーは、彼女が彼に寄せていた信頼に値しなかったのか？　偉大な科学者も、彼を愛する女性にとっては、単なる騎士《ナイト》でしかないのかもしれない。しかし、ランジュヴァン夫人の方は、夫の数々の過ちを知っていた。激怒した彼女は凶暴になり、マリーに悪口雑言を浴びせかけて彼女を苦しめた。恐れおののいた彼女は、もうどうやって暮らせばいいかわからなくなり、その家を離れざるをえなくなった。物理学者ジャン・ペランが仲裁に入り、ポールの妻と話し合い、なだめた。ポール・ランジュヴァンは、世間がマリーを指して呼ぶ「ポーランド女」と二度と逢わないと約束した。しかし、ジャンヌ・ランジュヴァンは、この恋人たちがブリュッセルで同じ国際放射線学電気学会議に出席することを知った。彼女はこのことを裏切りだと感じた。開戦が告げられた。それにそもそも彼女は間違いっていなかった。ポールとマリーは、ジャンヌが二人を見張らせていないと思い込んで、いまだにバンキエ通りで逢っていたのだ。

マリーが、まだ大勢のフランス人男性の色恋沙汰にうとかったとしても、ポール・ランジュヴァンの図々しさには唖然とした。そしてマリーは、二人のアパルトマンの鍵が壊され、二人がやり取りしたラヴレターが盗まれたと知って泣いた時も、この先何が自分を待ち受けているか思いも寄らなかった。それもそのはず、著名で影響力のある知識人ポール・ランジュヴァンが、家庭でいらだち、腹を立て、この一九一一年の夏、妻を殴り、二人の息子を連れて夫婦の住まいを出ていくことになったのだ。英仏海峡の向こう側、イギリスへ向けての出発だった。しかし、十月にベルギーで行われた新規のシンポジウムの写真がメディアに取り上げられると、ランジュヴァン夫人は限界に達した。今度は、攻撃に転じるだろう。周りの女性たちが彼女を支援した。まず初めは、実の母親が動いた。彼女は、マスコミの世界で親類縁者のコネを利用した。そして、ジャーナリストたちはスキャンダラスな話に熱狂した。作戦はすぐに受け入れられ、フランス中の茶の間で話題になった。いずれにせよ、世論では、悪いのはいつも不倫をした女性だった。十一月四日、天気のいいこの日にマリーは物理学者の友人たちから一通の電報を受け取った。七十五万部を誇る日刊紙『ル・ジュルナル』が、露骨な見出しを掲げていた。「キュリー夫人とランジュヴァン教授の恋物語」。そして、この報道記事は、たちまちスキャンダルに変わった。そつなく、面談に応じて、夫をポーランド女に「盗まれた」かわいそうな娘の不幸を嘆いたのは、ジャンヌ・ランジュヴァンの母親だった。翌日、別の日刊紙にもっとひどい記事が載った。今度はジャンヌ・ランジュヴァン自身へのインタビューがついていた。大衆の間で、興奮がピークに達した。マリーは、『ル・タン〔一八六一年パリで創刊された日刊紙。第三共和政下の代表的新聞。一九四二年廃刊〕』紙で抗議した。やりたい放題させておくつもりはなかった。彼女は、このような噂を言いふらす人たちを威嚇した。

パリに戻ると、この女性科学者は、別の電報を受け取った。二度目の衝撃だった。ノーベル化学賞が、彼女に、彼女だけに授与されるのだ。かくして彼女は、このような賞を単独で受賞する初めての女性科学者であり、さらに二度受賞する唯一の女性なのだ。フランス国民が彼女を誇りに思うはずであったこの知らせは、最悪の瞬間にもたらされたのかもしれない。*10 不倫がらみのスキャンダルの大きさを前に、この受賞にはほとんど反響がなかった。しかし、最悪なことが待ち構えていた。ポール・ランジュヴァンの、ユルム通りの高等師範学校の同窓生で、反ユダヤ主義かつ極右のジャーナリスト、ギュスターヴ・テリーが、彼自身が一九〇四年に発刊し、やがて日刊紙になる週刊誌『ルーヴル』に、マリーの手紙の抜粋を発表したのだ。その中で彼女は、ポール・ランジュヴァンに、妻の扱い方、あるいはあしらい方について助言していた。今回、大衆はますます激怒した。家庭を壊すこの女は出しゃばりだ。おまけに、よそ者ではないか？　聖女のように思われていた彼女は、魔女、悪女になった。

この一撃は致命的だった。攻撃的になった群衆が、ソーのキュリーの家を取り囲んだ。口笛や叫び声が聞こえた。「出ていけ、外国女!」、「夫泥棒!」。数学者で高等師範学校の副校長であるエミール・ボレルの妻マルグリット・ボレルは、アンドレ゠ルイ・ドゥビエルヌとともに、マリー・キュリーをユルム通りに連れて行くことにした。そこの官舎ならマリーも安全だろう。パリ大学の理学部長の娘だったマルグリットは、マリーにポーランドへ出国するように勧めていた父に警告したが無駄に終わった。一方その時、国民教育大臣テオドール・スティーグはエミール・ボレルを罷免すると脅していた。それでも、エミール・ボレルは屈することなく、この大臣に堂々と宣言した。「キュリー夫人は、彼女が望む限り我が家に滞在するでしょう」。ドレフュス事件以来、連帯の絆で一つに結ばれた少人数の学者の集まりが、反撃に出て成功した。「彼女を全世界から守り、彼女を飲み込んでしまいそうな、雪崩のような辱めをせき止めた私たち五人(ボレル夫妻、ペラン夫妻、アンドレ・ドゥビエルヌ)によって、マリー・キュリーはフランスに留まったのです。しかし、もし私たちがいなければ、彼女はポーランドに帰っていたでしょうし、私たちには、将来永久に不名誉な烙印が押されたことでしょう」とカミーユ・マルボは『思い出と出会い』で回想している。こうした人たちの支えの他に、ポール・パンルヴェやレモン・ポアンカレも味方に加わった。彼は、数学者アンリ・ポアンカレのいとこで、マリーの弁護士であるだけでなく、パリ記者協会の弁護士でもあった。そこで彼は、協会の委員長から、マリー・キュリーの私生活に関する記事の掲載をやめる約束を取り付けた。この少人数のグループは強い絆で結ばれており、パリ大学のような公権力に介入する力があったため、愛国主義者の組織や共和党幹部の順応主義と敵対するようになっていった。

幼いエーヴには、なぜ自分が知らない部屋に母親と閉じ込められているのかわからなかった。新聞は、フランス人の夫婦を引き裂いたとドレフュス擁護派のポーランド女を糾弾し、この国を去るように要求していた。もはや問題は、女性科学者を認めることではなく、フランスの名誉なのだった。ポール・ランジュヴァンの方は、マリーに比べて恐れる必要はずっと少なかった。男性たちのちょっとした火遊び、こうした紳士たちのデートのためのアパルトマンにまつわる話は、パリのお歴々を微笑ませた。この物理学者にとっては大したリスクではなかったのだ。しかし、この二十世紀初めのフランスには、まだ決闘の風習が根強く残っていた。ポール・ランジュヴァンは、彼の名声を傷付けたジャーナリスト、ギュスターヴ・テリーに決闘を挑まなければならないと感じていた。十一月二十五日、パルク・デ・プランスで、やっとのことで説得した介添え人と、血が流れるかもしれないと目を皿のようにしている血に飢えた記者たちの前で、二人の男はピストルを手に対峙した。最初の弾が発砲されるその時、皆はあっけに取られた。無音。実は、ポール・ランジュヴァンは銃を下ろし、撃たなかったのだ。それゆえ、ギュスターヴ・テリーも同じようにした、ただ、少し動揺して。一滴の血も流れることなく決闘は終わった。二人の男はまったく無事だった。

まだ問題は残っていた。特に外務省は、この事件が国際レベルでフランスのイメージに与える惨憺たる影響を考えなければならなかった。一方、マリー・キュリーのノーベル賞の二度目の受賞は、反対に、フランスの科学の地位を間違いなく向上させるはずだった。フランス大使は、ストックホルムから、一か月の間に四通の公文書を、そのうち三通を一九一一年十二月七日から十四日の一週間にパリに送って外務省に警告した。一通目は、ごく内密なもので、大臣官房宛に手書きで書かれていた。実際、ランジュヴァン夫人は、夫とキュリー夫人との間の手紙を公にし、訴訟を起こした。その外交官がこの点を強調するのは必至であった。

大使によると、ストックホルムでは動揺がピークに達しており、マリーの表彰式は中止されるだろう、スウェーデン科学アカデミーは自分に、マリーは本当に来る気があるのかと尋ねている、ということだった。式典の間中、侮辱される恐れがある、と大使は書いていた。「昨夜にはついに、もし彼女が十二月十日の式典に出席し、彼女の名前が読み上げられたら、王が臨席していても、フェミニストたちの口笛が起こるだろう、という噂が駆け巡ったのです。というのも、これまで彼女たちの誇りであったキュリー夫人が、今や恥になってしまったのですから。そのうえ、十二月十一日の夜、ノーベル賞受賞者のために慣例の晩餐会を開催することになっている王は、キュリー夫人を招待しないと宣言するだろうというのです[*11]」。これらの公文書で、彼は、一人の女性が科学分野で二度目のノーベル賞を受賞するという類まれなる出来事については触れていなかった。重要なのは、ポール・ランジュヴァンと彼女の関係だった。

ストックホルムで、事態が急展開した。ポール・ランジュヴァンと妻が和解したおかげで、最終的に、マリー・キュリーに有利に状況が急変したのである。続く二通の外交文書は、今回はタイプされており、一九一一年十二月七日と十一日付で、そこには、在スウェーデンフランス大使の安堵が表れていた。スキャンダルを包み隠して回避した方法が記されていた。つまり、「マリー・キュリーのものとされた手紙は偽物である」。そういうことなら、スウェーデン人——委員会の責任者とマスコミ――は、この受賞者を侮辱したことを謝罪しなければならなかった。マリーが行く先々で大歓迎を受けている間に、事はますます大きくなる可能性もあったし、何人かの人が彼女に「受賞を辞退するように忠告するところだったということを知りました。私にこの話を打ち明ける時、あの有名な数学者はこみあげるものを抑えるのに苦労していました」[*12]と、大使は書いていた。何より、フランスのイメージは救われた。これこそ外交に課されていることだった。

プラハでは、アルベルト・アインシュタインが、友人であるマリー・キュリーの事件を新聞で追っていた。彼自身いくつもの恋愛と別れを経験し、そして、自身の私生活を尊重するようになるのだが、この二度ノーベル賞を受賞した女性の思い出を、「特別な女性」の思い出として抱き続けていた。彼は、一九一一年の秋に、ベルギーの実業家エルネスト・ソルヴェイがブリュッセルで開催したシンポジウムで、彼女と再会したばかりだった。その会議は、物理学者たちによるアインシュタインの学説に対する議論が主題だった。彼の学説は、留保ばかりか敵意もかき立てていたのだ。会議は、アンリ・ポアンカレ、ポール・ランジュヴァン、量子力学の創始者の一人でアインシュタインと対立していたマックス・プランク、ニュージーランド人物理学者アーネスト・ラザフォード、そして、この栄えあるグループの中で唯一の女性であるマリー・キュリーなど、世界中で最も傑出した物理学者たちで構成されていた。

この大会の間に、ポール・ランジュヴァンと、十二月にノーベル化学賞を受賞することになっているピエール・キュリーの未亡人が恋人関係にあるらしいという噂が広まった。アインシュタインは、ポール・ランジュヴァンにもマリー・キュリーにも友情を感じていたが、生真面目で厳格さを感じさせる、こうした彼女の性格がこのフランス人物理学者を惹き付けるとは思えなかった。彼は友人への手紙に書いている。確かに、マリー・キュリーは、「ずば抜けて優れた頭脳の持ち主だけれど、彼女がどんなに夢中になっても、誰かに脅威を与えるほど魅力的ではない」[*13]と。彼としては、自身、大西洋の両側の極めて優秀な物理学者たちに対して自分の新しい学説、相対性理論の正当性を主張していただけに、マリーが受けている非難に反応したのかもしれない。彼の伝記作者デニス・ブライアンが指摘するように、多くの物理学者にとって、彼の理論は「理解できる言葉で宇宙を」[*14]説明してはいなかった。アインシュタインは、マリー・キュリーが彼に敬意と信頼を示していたので、一層彼女に好意を持っていた。彼は、当時大学教授の地位にあったチェコ地方の中心都市プラハから、心のこもった手紙を送った。

親愛なるキュリー夫人、敬愛するキュリー夫人

あなたに対して、(もちろん、科学的に)真面目なことが何も書かれていないからといって、私をばかにしないでください。それにしても、私は、あなたに対する世間の下劣でくだらないやり方に非常に怒りを感じているので、ぜひとも私がどう思っているかを、あなたにお知らせしたいのです。私は、もっともらしい言葉や、おもねるようなお世辞で取り繕おうが、あるいは、あなたを通してセンセーショナルなものへの渇望を満足させようが、こうしたろくでもない者たちを、あなたはいつも軽蔑なさっていると確信しています! あなたにお伝えしなければならないのは、私が、あなたの聡明さ、振る舞い、誠実さに感服したということでして、ブ

リュッセルでお目にかかれて光栄に存じております。あなたのような人、そして同様にポール・ランジュヴァンのような人が、つまり、一緒にいて名誉に思える本物の人物が、私たちの中にいることを、このろくでもない者たち以外のすべての人間は、以前もそして今も、幸せに思っています。もし、ろくでなしどもがうるさく攻撃し続けたなら、その時はただ単に、そのような愚にもつかぬものを読まないことです。そして、それはろくでもない者たちに任せておきなさい。そういう連中のためにに書かれたものなのですから。

あなたと、ランジュヴァンと、ペランに敬意と友情を込めて。あなたに心を込めて。*15

たぶん、マリー・キュリーは、ピエール・キュリーの代わりに、亡くなった夫との間で経験したさまざまな意見交換や、知的な分野での暗黙の了解に相応する楽しくいつまでも変わらぬ関係を、ともに築けるかもしれない科学者の存在を、ポール・ランジュヴァンの中に見つけたと思ったのだ。実際には、二人の男性はまったく異なる性格であった。ポール・ランジュヴァンは、社会的地位や世間体やブルジョワとしての快適な生活を何一つ失うことなく、複数の愛人たちとたわむれたいと思っている、裕福な階級出身の多くのフランス人男性に似ていた。マリー・キュリーは、おそらく、この男を理想化してしまったのだろう。離婚する人がほとんどいない時代に。

一方エーヴは、まだ七歳だった。何が問題となっているのか理解するには幼過ぎるが、自分たちの生活がめちゃくちゃになっていると理解するには十分な歳だった。どうしたら心に傷を負わずにいられただろうか？　後に、母に捧げた伝記の中で、彼女はこの恋愛事件を決してはっきりとは語らず、ほのめかしているだけだ。しかし彼女の言葉からは、彼女がそれらを書きながら感じている怒りが、今でもはっきりと伝わってくる。

突然の疾風となって、悪意が彼女に襲いかかり打ちのめそうとする。重圧のかかる仕事で消耗し、これほどまでに衰弱した四十四歳のこの女性に対して、パリでは陰険な反対運動の嵐が吹き荒れている。マリーは男性の職業に就いたので、男性の中から、友人や相談相手を選んだ。彼女は、親しい人たち、特にその中の一人に強い影響を及ぼした。それ以上ではない。それ以上ではない！　職務に身を捧げた一人の女性の学者が、（……）家庭を壊し、あまりにも輝かしい自身の名を汚したと糾弾されている（……）。彼らの中には、後に、涙を流して後悔の言葉を口にし、彼女に許しを請いにやって来た者もいた……。しかし、過ちは犯された。マリーは自殺寸前、あるいは狂気の淵まで追いやられて、体力もなくなり、重病で倒れてしまっていた。*16

スキャンダルに関するこの一節には、ポール・ランジュヴァンの名前は出てこない。しかしながら、登場しないこの人物が行間に存在している。

エーヴは、大人になった後、苦悩に満ちたこれらの文章を書けるようになった。しかし、それを身近な人にも決して話すことはなく、この話題はタブーであり続ける。「彼女はあの事件のことを話しませんでした。それは語られない事柄に属していました。だから、私もそれについて話すつもりはありません」と、エーヴの義理の姪で、彼女が打ち明け話をできる相手であり、親友でもあったアンヌ・ジョリオは思い出を語っている。一方、エレーヌ・ランジュヴァンは、祖母の事件について「結局、マリー・キュリーは、それほどランジュヴァンを愛してはいなかったのではないでしょうか。というのも、二人はその後友人になるのですから」[*17]と指摘している。

マリーはあらゆる反対を押し切って、もうすぐ十四歳になるイレーヌと姉のブローニャとともに、ストックホルムを訪れた。このようにしてマリーは、スウェーデン政府当局と国際機関に、自分が子育てをする母親でもあることを示した。長女にとっては、イブニングドレス姿の女性やタキシードを着た男性を見ることができる好奇心をそそられる世界だった。パリやラルクエスト（ブルターニュ地方コート・ダルモール県にあるイギリス海峡に面した岬）、それに、ポーランドともまったく違う雰囲気だった。それが何だっていうの。イレーヌはじっと見つめていた。いずれにしても、父親はもうここにはいなかった。彼女なりに、父親の代わりをしていた。彼女は不安な気持ちで、マリーが一人壇上に上るのを見つめていた。自身の科学的発見の正当性をはっきり示そうとする、厳しい眼差しだった。そして、一九〇四年には、ピエールが彼ら二人を代表して発言したが、今回は、たった一人の受賞者として、もしまだ必要だと言うなら、この賞が疑う余地なく、彼女自身の研究に対して、彼女一人に与えられたということを、マリーは世界に向かってきちんと証明するつもりだった。しかし、彼女の研究の価値にあえて疑念を表明した者はいなかったのか？　彼女はスピーチの中で、念を入れ、慎重に言葉を選んで、この「物質は私によって放射性物質と名付けられ、放射能はその物質の原子に固有であるということとは私によって立てられた仮説である」と強調した。マリーには、集中力が途切れるということはなかったが、式が終わった時にはほっとした。問題は起こらなかった。彼女は、フランス大使によると、数日前には彼女を招待することを自身拒んでいたという国王主催の晩餐会に出かけることができた。彼女は慣例に従って、まさに王のほとんど正面にいた……。翌日、二度のノーベル賞に輝いたこの女性は、大勢の聴衆の前で、自身の発見と、彼女自身、敬意を表したいと思っているピエールによる発見について、非常に専門的なもう一つの講演を行った。マリーは、安心してパリに帰ることができる。彼女は、持ち前の能力と闘争心で、スウェーデンとフランスの権力を持つ男性たちをねじ伏せたのだ。かくして彼女は、他の女性たちにノーベル賞への道を開いた。少なくとも彼女はそう信じていた。それは、それほど容易なことではないだろう。今日まで、科学分野での女性のノーベル賞受賞者はほとんどいないままなのだ。

フランスに戻ると、マリーはスキャンダルの余波を受け、うつ状態に陥ってしまった。屈辱に彼女の身体はもたなかった。ソーに住み続けることはできなかった。彼女はそこで、憎き外人女だとして通行人たちに襲われたのだ。それに実験室からも遠く、移動にあまりにも時間がかかった。彼女は、サン゠ルイ島にアパルトマンを借りることにしたが、そこに住む暇はなかった。凄まじい痛みの中、ブロメ通りのクリニックで腎臓の緊急手術を受けなければならなかったのだ。しかし医師たちは、この身体の状態では外科手術を行うことはできません、まずは体力を回復しなければ、と言った。娘たちには、マリーが助かるかどうかわからなかった。イレーヌは不安で茫然としていたが、事の重大さがわかっていた。マリーの熱は下がらず、痛みも治まらなかった。この女性科学者は、聖マリア病院のシスターたちのもとで床に就いた。彼女たちは一九一二年一月まで、出しゃばらず、献身的に看病した。二度のノーベル賞受賞者にしては、寂しい年頭だった。彼女は、自分の実験室に戻り、子供たちとクリスマスを祝おうと思っていたろう。三月になってようやく、手術ができることになった。マリーは体調がさらに悪化したのを感じ、研究に関する事柄について遺書を書いたが、これに関しては、まだ若過ぎるイレーヌには託さず、ピエール・キュリーの友人に預けた。[*18] 彼女は、痩せ、疲れ果てており、ソルボンヌで再び教えることはかなわなかった。約束を果たすつもりだった彼女にとって、何という落胆だったことか！　こうしたつらい状態は、子供の頃、彼女に近づいたりキスしたりできなかった自身の母親の容態を思い出させた。今度は自分の番なのだ。そして、もし自分が母と同じくらい若くして死んでしまったら？　いや、実験室も子供たちも自分を必要としているのに、手放すなど考えられなかった。休息に次ぐ休息、転地に次ぐ転地の繰り返しで、一九一二年の前半は本当につらく思えたが、マリーは少しずつ体力を取り戻していった。古風な魅力があり、大富豪や古い家柄の貴族たちが多く住むサン゠ルイ島の、ベチュース河岸三十六番地の三階に移れるほどに。この豪奢な建物のアパルトマンの各戸は、骨董家具と芸術作品で飾られていた。キュリー家のアパルトマンとは何と対照的だろう！　マリーは装飾品には興味はなく、ただこの場所は毎朝、トゥルネル橋を渡ってセーヌ川を越え、実験室に向かうのには都合がよかった。いずれにせよ、初めの半年間、彼女はほとんどそこにいない。腎臓の悪い人々に効果があると言われているさわやかな気候の、オート゠サヴォア県のトノン゠レ゠バンにある施設に避難することになるのだ。ランジュヴァン事件の屈辱の記憶は、相変わらず癒えてはいなかった。マリーは用心して偽名で予約した。母親から遠く離れた娘たちは、寂しい思いをしていた。

＊

ポール・ランジュヴァンへの手紙に関するスキャンダルの後、初めての春が来た。夏も近い。マリーとキュリー家の娘たちは、三人で、また一緒に過ごせるといいだろう。愛情を確かめ合い、遊び、走り、サイクリングをし、何時間もぶっ続けで泳ぎ、他の学者たちと一緒に楽しみ、ダンスをするのだ。しかし夜には、子供たちは学校の宿題もしなければならない。イレーヌはティーンエイジャーであり、他の分野のさまざまな知識を学び、発見し、理解するようになっていた。たとえ、母親を喜ばすためだけだとしても、イレーヌは旅行先から母親に手紙を出した。彼女がメ〔キュリーの娘たちは愛情を込めて母親をメ、父親をペと呼んでいる。以下ともに傍点を付す〕という愛称で呼んでいるマリーが、注意深く読んでくれると知っていたから。

> ねえ、大好きなメ、私に必要なことの一つは読むことなの。本があれば、むさぼり読んでいます。本があるのに中身を知らないことが、どんなにつらいか想像してみてください。というわけで、私は、果敢にも同時に、『ミンナ・フォン・バルンヘルム』とシェークスピアの物語を二、三（子供用に編集されたもの）、読み始めました。それから『オンディーヌ』の最後の方と、『デイヴィッド・コパフィールド』の始め（英語でね。イザベルが貸してくれたの）、『老水夫考』（英語のレッスンのために私が買ったのを覚えているでしょう）、エーヴのドイツ語の本の中の短いお話、最後に、アンドレが貸してくれたベルリッツの本の中の短い話をいくつか。全部で七種類

もの読書をしていることになります（……）。私がこの英語とドイツ語の本の大混乱から見事抜け出せるように祈っていてね……[19]

もちろん、マリーはとても喜んだ。「あなたがいろいろな本を読んでいることを書いてくれた手紙は、とても面白かったわ。それに、本当にうれしくもありました。というのも、こんな状況でも、あなたの語学の勉強が進んでいるのは間違いないからよ」[20]。しかし、この女性学者は腎臓病に苦しみ、回復する見込みのないまま治療を受けていた。彼女は、ある場所で夏休みを過ごしに、娘たちと出かけるために、パリに戻るつもりだった。そしてそこには、イレーヌとエーヴに影響を及ぼすことになる一人の女性が加わっていた。英仏海峡を渡り、彼女の名前と評判を傷付けたフランスのジャーナリストたちから遠く離れ、彼女が好意的な印象を持っている女性科学者のもとに身を隠すのは、実のところ、喜びだった。それでも用心のため、彼女は、旧姓を使った。

かけがえのない人物なのだ、このハータ・エアトンは！　彼女は、一八五四年生まれで、父方がポーランド系ユダヤ人の家系であり、九歳の時にいとこたちと住むためにロンドンにやって来た。彼らの傍らで、彼女は数学の基礎を学び始めた[21]。ケンブリッジ大学で学位取得試験を受けようとするが、女性には認められていなかったため、修了証書を受け取ることはできなかった。彼女は一年後に、ロンドン大学で理学士の学士号を取得することになる。しかしそれより以前に、彼女は自身の創造力で、すでに血圧計を作っていた。ハータ・エアトンは、まず家庭教師として働き、数学の工学の分野への応用を研究しながら、ノッティング・ヒルの中等学校で数学を教えた。彼女は、一八八四年、三十歳の時から、発明に取り組み、二十六の特許を取得することになる。電気学の夜間講義に通った後に、アーク放電に関する研究を始めた。そして、電気学会で研究成果の発表を認められた初めての女性となった。

一九〇〇年以前でさえ、彼女の業績は国際的に認められていた。それらの発見はとても重要だったので、会員に男性しか認めていなかったイギリス科学向上学会の会員たちは、女性科学者たちのために委員会を設けることを決めた。一九〇〇年、パリ万国博覧会と同時期に、この若きイギリス人女性科学者は、同じく首都で開催されていた国際電気学会に参加した。観客が「電気の妖精」に魅了された歴史的瞬間だった。この成功と、彼女と同じ、ただし全員が男性の科学者から認められたおかげで、ハータ・エアトンは、大英帝国のフランスアカデミーとも言える、権威ある王立学会の会員に認められる。しかし会員の中には、口実を見つけて彼女の入会を拒む者がいた。既婚女性にはこのような栄誉を得る資格がない！　この成り行きは、一九〇〇年代初め、フランスで同じように女性が拒否されていたことを思い出させる。しかし彼女は諦めなかった。何と言っても彼女はフェミニストではなかったか？　自身の科学の発見について慎み深く口を閉ざしているつもりはなかった。実際に才能があり、自身の進んだ研究を分かち合うことを恐れていなかった。その頃、彼女は偉業を成し遂げていた。一九〇四年、ピエールとマリーのノーベル物理学賞受賞の数か月後、彼女は、ロンドンで王立学会の会員たちの前で、自分の発見に関する論文を発表した初めての女性となった。それは、「波紋の発生と成長[*22]」についてだった。そして二年後、一九〇六年には、その物理科学における発見に対して、イギリスの科学界で最も権威のあるメダル、王立学会が授与するヒューズ・メダルを受賞した。[*23][*24][*25] そして彼女は、一九四九年に至るまで、つまり四十三年間にわたり、新しく迎えられた唯一の女性会員となるのだ！

彼女がフェミニズム運動に深くかかわっていたことは、その並外れた科学分野での業績と同じくらい有名だった。実際彼女は、成人に達する前からイギリスの女性の権利獲得のための戦いに身を投じていた。ティーンエイジャーの頃から、デモに参加していた。一九一〇年十一月十八日、彼女はサフラジェットの一人エメリン・パンクハーストとダウニング街十番地の首相官邸を訪ねた。その日、新首相が女性の投票権を認めるための運動に理解を示すだろうと期待した三百人のサフラジェットが、ロンドンの市街を国会議事堂まで行進した。その時彼女たちに、歩道から怒鳴り声や口笛や野次が浴びせかけられただけでなく、警官が見逃した通行人やごろつきたちが彼女たちに飛びかかり、しばしば性的暴行を働こうとし、こぶしや杖で殴る一方、警官たちは彼女たちを警棒で激しく殴った。悲惨な光景だった。こうした敵対的雰囲気の中、首相は彼女たちに会うのを拒否した。ハータ・エアトン、エメリン・パンクハースト他何人かが、首相の個人秘書官と激しく言い合った。このデモでは、警官の暴力によって二名のサフラジェットが亡くなった。当時の内務大臣ウィンストン・チャーチルは、襲撃者の何人かは警察によって特定されていたにもかかわらず、裁判にかけるのを拒んだ。彼は彼らを守るつもりなのだ。大英帝国の歴史の中で、ブラック・フライデーと形容されるその忌まわしい日から、フェミニストたちは戦術を変えた。これからは、知られずに逃げる時間を稼ぐために、窓に投げる石の出番だ。

こうした襲撃はフランスの新聞や雑誌でも伝えられ、マリーはイギリスの友人で、そのうえ優れた科学者でもある、自分より年上の、言わば科学の世界での姉の勇気に敬意と共感を覚えた。そして、ハータ・エアトンがエメリン・パンクハーストを自宅に泊めていることを知った。エメリンは、刑務所でハンガーストライキをして憔悴し、他のサフラジェット同様、お腹に開けた穴から、耐え難い痛みの中、無理やり食物を与えられた。今日なら拷問と言われる行為だろう。

数年後の一九一三年、エメリン・パンクハーストがハータ・エアトンの家を出たところで逮捕された。この時エメリンは、フェミニストのエミリー・デイヴィソンの葬儀に行くところだった。四十歳のエミリーは、一九一三年六月、有名な競馬エプソム・ダービーで、王の厩舎のチームカラーをつけた馬の蹄の下に飛び込んだ。何千人もの観衆の前で、彼女は、一頭の馬に倒され、その怪我から四日後に亡くなった。この事故の写真は世界中を駆け巡った。彼女の葬列には、二千人のサフラジェットが付き従ったが、その大多数がチャーチルの命によって逮捕されることになる。そしてこの悲劇は、投票権を獲得するための女性の戦いを世界に認識させることになった。そして、エミリー・デイヴィソンが、四年間に九度も、それも女性の立場の主張という同じ理由で投獄されたことで、世論は一層彼女たちの勇気に注目し始めた。女性の投票する権利に対する弾圧が頂点に達しつつある一方で、ハータ・エアトンの科学的研究は進展しており、それはマリー・キュリーの研究と同様に、第一次世界大戦中に役立つことになる。

この苦難と暴力に満ちた経緯に、マリーは強く心を打たれ、この女性の粘り強さを改めて認識した。彼女はランジュヴァン事件の悪夢の後で、ハータと休暇を過ごすために、名前を隠して、フランスを出ようとしていた。そう思うと、何とうれしく、何という解放感だろう！　ドーバーへ向かう船上で、マリーは一人、「イギリスのリビエラ」と言われる保養地デヴォンシャーで、このイギリス人科学者と再会するのを待ち焦がれていた。向こうでは、新鮮な空気と海の香りを吸い込み、デッキチェアに座って、心置きなくおしゃべりをした。マリーは、ハータの娘で、すでに二十五歳に成長した若いバーバラと再会して喜んだ。この若い女性は、一九〇九年に科学の研究を断念し、かの女性政治社会連合でフルタイムの幹事として働き[*26]、その後何度も参照された、投票権獲得のための当局への攻撃文書を発行した。「民主主義の嘆願書」である[*27]。彼女もまた、チャーチルの指揮する警察に逮捕され虐待された。おそらくバーバラは、若いイレーヌに自分たちの運動について話したのではないだろうか。イレーヌは、サフラジェットの闘争に関心を持ち、さらに前年の十二月、ポール・ランジュヴァンへの手紙に関するスキャンダルの間、ハータ・エアトンが母親を励ましてくれたことを知っていた。

七月をポーランドの叔母ブローニャのところで過ごしたマリーの娘たちは、イギリスで母と合流した。八歳のエーヴは、二か月間英語を聞き、言葉とアクセントを吸収するには最もよい学習の場にいた。彼女はまだ知らなかったが、後にアングロサクソンの文化を理解できるようになるのは、この滞在のおかげだった。十五歳のイレーヌは、英語で自分の考えを話し、キップリング〔一八六五—一九三六。イギリスの小説家、詩人〕の言語でハータやバーバラと数学や物理について議論した。マリーやイレーヌはキップリングの作品が大好きだった。このようにして少女たちは——この時代にしてはめったにない幸運——、フランス、ポーランド、イギリスという三つの文化の中に身を置いていた。この三つの世界において、彼女たちは、自分たちの人生やキャリアを築き、社会問題に対して貢献していくことになる。マリーは友人であるハータのもとで、自分を取り戻していくが、体力の方は思うように回復しなかった。いまだに疲れが取れず、彼女は、秋に予定していた旅行を中止した。二度目のノーベル賞受賞によって放射能が世界的に認識された直後であり、科学者たちの知的な競争心がかき立てられる年になるはずだったその時期に、科学に関するすべての討論、特に放射能についての議論に参加できるような体調でないというのは、なおさらつらいことだった。[*28] それに加えて、彼女が女性だという理由で、フランス人外国人を問わず、男性科学者からの反感があった。マリーは、来る年も来る年も、自分を擁護し、自分の研究や発見の正当性を立証しなければならなかった。

彼女は、少しずつ体力を回復していった。この一九一三年の夏には、散策を再開しようとしていたし、登山用のリュックサックを携えて、娘たちを連れて湖とカラマツの森に囲まれたスイスの山岳地帯、エンガディン地方で長距離の山歩きをすると心に決めた。まだノーベル賞を受賞する前のアルベルト・アインシュタインが、妻ミレヴァと息子二人とともに、マリー・キュリー、イレーヌ、エーヴに合流した。この物理学者は、湖のほとりを散歩している時、切り立った道やクレバスにほとんど注意を払わず、危うく落ちるかもしれないのに、考えにふけった様子で歩いていた。そう、落下である、物理学的観点からの。事実それが、この険しい道での彼の気がかりであり、彼の頭から離れないことだった。「そうなのです、私が理解しなければならないのは、エレベーターが真空を落ちていく時に、乗っている人に正確に何が起こるかということです」と、彼はマリーの腕をつかみ、彼女の目を覗き込みながら叫んだ。[*29] ティーンエイジャーのイレーヌと九歳のエーヴら、三人の子供たちは、大笑いした。彼女たちの母の友人は、まるで命が懸かっているかのように、とても気がかりな様子だった。そして実際それは、引力の問題という重要な問題だった。しかし、アインシュタインは、女性の能力については、生物学的理由から、男性と同程度の知的能力であるのかと疑問を抱いていた！　彼の数々の発見は、同じく物理学者である最初の妻ミレヴァ・マリッチ・アインシュタインとの科学に関するやり取りに多くを負っているというのに、信じ難いことだ。後に、相対性理論の父なのか母なのかについてや、この理論を作り上げていく際の彼の妻の果たした役割については、疑問さえ提出されている。アインシュタインによると、ミレヴァは除かれ、マリー・キュリーだけが知能の面でも学問的な面でも例外なのであった。物理学会での写真がそれを証明していた。マリー・キュリーは、男性のグループの中で唯一の女性として、確かにそこに映っていた。

＊

「だめだわ、娘たちにこんなひどいフランスの学校なんて」とマリーは思った。確かにフランスの中等教育は堅実ではあるが、潤いがなかった。そして男子校での教育は、より抑圧的だった。女性の生活範囲は家族や親しい人に限られていて、自立、すなわち、職業やキャリアによる経済的な自立への手がかりさえ与えてくれなかった。間もなく、友人のサフラジェット、ハータ・エアトンの国イギリスでは、女性作家ヴァージニア・ウルフが、同様の主題を扱った『自分ひとりの部屋』を書くことになる。女性は、経済的に自立できない限り、つまり、世界中の大多数の女性は、しかるべき賃金の仕事に就いていない限り、自立することができない。

また別の不安がマリーを突き動かした。それは、彼女の娘たちが知的、肉体的に、調和の取れた教育を受ければならないということだ。そして、優れた教育を受けなければならないということだ。実際、二度のノーベル賞受賞者である彼女には、何が期待できたのか？　それは、最良のもの、である。たとえそれが時として、求めるレベルが高過ぎるように見えても。彼女の子供たちはフランス共和国の学校には行かない。共和国が彼女たちのもとに来るのだ。そして、彼女らを教えるのは小学校や中学校の先生ではなく、古代ギリシアや古代ローマの家庭の少年たちのためのような、家庭教師の役割をするマリーの友人や同僚の大学教授たちだった。よく考えてみると、ピエール・キュリーと兄のジャックもこんなふうに育てられた。すぐに、このインテリたちの子供約十人が、叫んだり笑ったりしながら、ジャン・ペランの化学実験室の方へ走っていくようになった。次は、一日中数学の勉強をするために、フォントネー＝オー＝ローズのポール・ランジュヴァンのところへ行く時間だった。週の三日目はパリに戻って、物理化学学校の今は使われていない一室で、マリーから物理の授業を受けた。最後には、他の同僚も彼らに加わって、文学や歴史に関する自分たちの知識を教えたり、英語を学ばせたりした。エーヴは後に、確かにこの授業はとても魅力的だったかもしれないが、大人たちにとっては骨の折れるものだったと、書いている。マリーとその仲間たちは、熱中し何でも知りたがって、絶えず説明をせがむ子供たちの集団に疲れ果ててしまった。一年が、そして二年が過ぎた。この極めて優秀な学者たちは、自身の研究に、もはや十分な時間やエネルギーをかけられなくなっていた。イレーヌとエーヴにとって、中等教育を受ける時だった。それは、伝統的ではあってても私立で宗教とは関係のないところで。マリーは若い頃に信仰を失っていたので、娘たちに宗教を押し付けるつもりはなかった。もし子供たちがそうしたいなら、自分自身でいつでも信仰とともにある生活を作り上げることができるだろうと、彼女は思っていた。その時は彼女たちを邪魔するつもりはなかった。彼女たちの選択を尊重するつもりだった。さしあたって、いつものように優れたものを求めてマリーは、娘たちをパリのコンデ通り十番地にある、コレージュ・セヴィニエに入れることに決めた。リュクサンブール公園の近くにある、初めての女子のための中等教育施設で、優れた教育法で運営されていると評判だった。カリキュラムは、最も優秀なリセの、男子のためのカリキュラムとほとんど変わらなかった。彼女たちはここで、勉強することの美徳を学ぶ。そして、当初こそエーヴは、闘志溢れるイレーヌほど精力的ではなかったが、後に二人の姉妹は、もはや誰も止められない、根気強く妥協をしない勉強家になっていく。

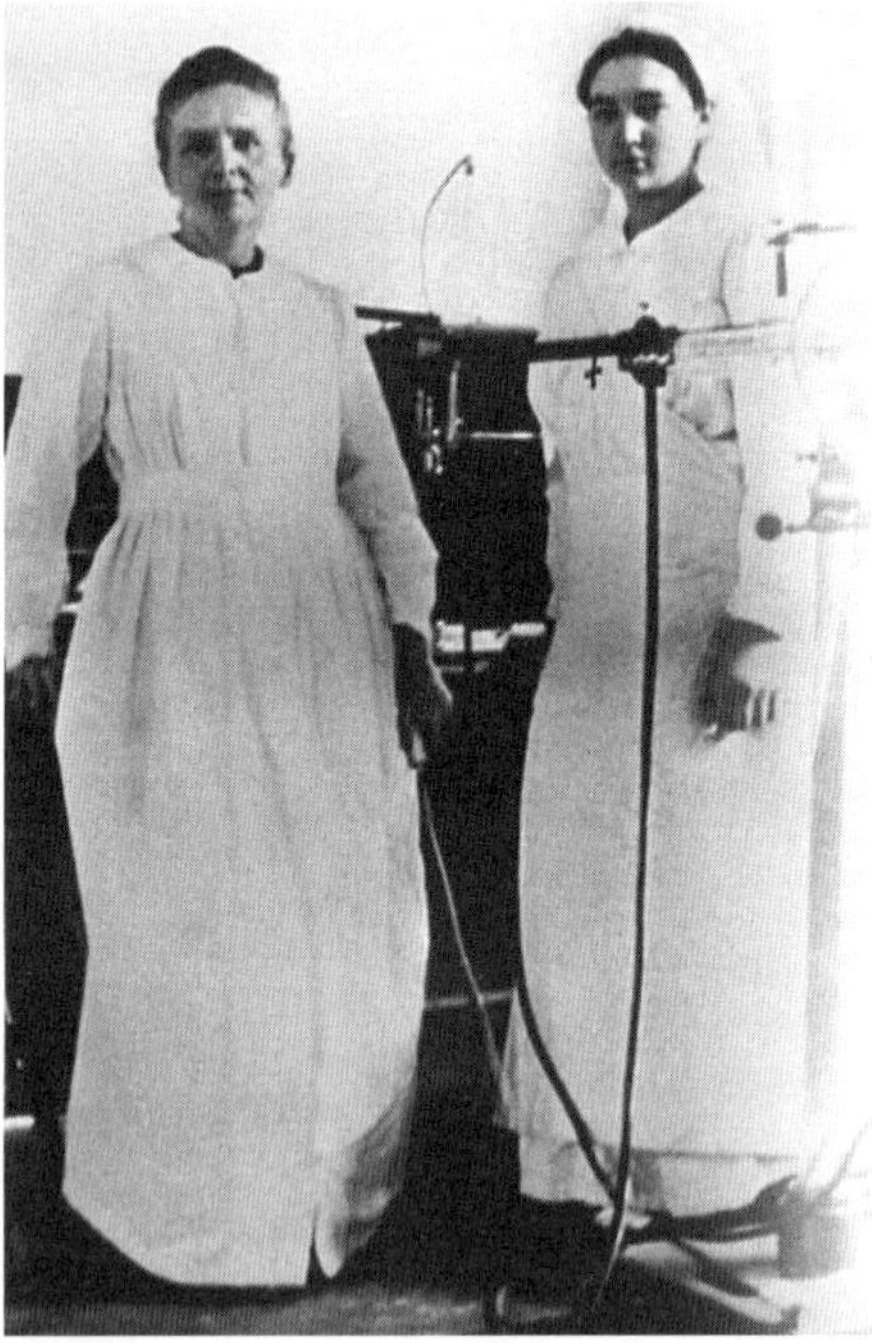

第一次世界大戦中、マリーとイレーヌは、戦場で負傷した兵士たちを救護するため、放射線治療機材を持って移動していた。

第3章　第一次世界大戦――前線のマリーとイレーヌ

マリーはほっとしていた。イレーヌとエーヴは、海や戸外の空気を満喫し、科学者である家族ぐるみの友人たちに囲まれて幸せだった。パリでは、マリーの研究所の建物が整えられた。ようやくだ。それでも彼女は安心できなかった。この年の六月末、サラエヴォで、オーストリアのフランツ＝フェルディナント大公が、セルビアの国粋主義者によって暗殺され、人々の心に強い印象を残した。マリーはイレーヌに手紙を書いた。「もちろん、政治情勢は心配です。皆、一触即発の状態だと思っているのに、最後にはそういったことに慣れっこになってしまうのです。誰にもどうなるのか予想できません」[*1]。ヨーロッパがまさしく崖っぷちにあった七月三十一日の夜、世界大戦を回避しようと何年も前から活動している社会党の平和主義運動家ジャン・ジョレスは、自身が創刊した『ユマニテ』紙本社の近く、モンマルトル通りのカフェで夕食を取っていた。彼は食事の最中にばったり倒れた。国粋主義者に暗殺されたのだ。その後、すべての政党が団結し、ドイツに神聖連合で対抗するだろう。戦争だった。

八月二日、ドイツ軍がフランスの領土に侵攻した。マリーは、自分ではどうしようもないことが頭に浮かんだ。すなわち、彼女がブルターニュで娘たちと合流することは不可能だった。パリで、この研究所を守らなければならなかったし、そして何よりも、人の役に立たなければならなかった。その時彼女は、ロシアとドイツに分割占領されている故国ポーランドのことを考えたか？　幼い少女であった頃、彼女は、占領下にある国がどんなに耐え難いものであるかを思い知った。だから降伏するなんて考えられない。彼女はフランスを守るだろう。そして、ブルターニュからの知らせは、先行きの明るいものではなかった。ジャン・ペランが前線に招集された。マリーは、彼に別れの挨拶を言いに行けないだろう。彼女の二人の娘たちが、軍歌の流れる中、パンポル〔ブルターニュ地方の湾岸都市〕で彼の乗る列車の前で彼を抱きしめるだろう。しかしイレーヌはマリーに手紙で、見送りは悲しくはなかった、そもそも戦争はすぐ終わるだろうと皆が言っていると書いた。

　マリーの方は、そう思っていなかった。科学の進歩が大量殺人に利用されるかもしれない。今では、アルフレッド・ノーベルは亡くなっているとしても、他の武器商人が彼の後に続いていた。ピエールが、さまざまな発見が犯罪目的に使用されるのではないかと不安になり、ノーベル賞受賞時に行った演説を、彼女は思い出した。この戦争では、より殺傷能力の高い新兵器が使われるだろう、そう彼女は思っていた。それでも彼女は子供たちを不安にはさせたくなかった。たとえ、今では十七歳のイレーヌが、科学に夢中で、母と彼女の最新の研究について意見を交わしているとしても。一方でマリーは、友人のハータ・エアトンに手紙を書いた。「国家の利益を第一に考え、科学のことを後回しにする」決心をしたと彼女に知らせた。娘たちへの手紙で、マリーは、長い間離れて暮らすことになるし、おそらく連絡を取り合うのも難しくなるだろうと予告した。八月三日、彼女が予想していた通り、ドイツがフランスに対して宣戦布告した。八月四日、今度はイギリスがドイツに宣戦布告した。八月六日、彼女はポーランドのことを考えないではいられなかった。「小国ながら勇敢なベルギーは、無抵抗でドイツ軍に侵攻されるがままになることを拒否しました（……）ポーランドはドイツ人に占領されています。彼らが去った後どうなるでしょう？　親戚たちのことは、何もわかりません」[*2]。やがて、夏の終わりになると、マリーはパリから動けなくなり、娘たちに手紙を書いた。「あなたたちのことをとても抱きしめたくて、泣きそうになります」。マリーの研究所では、男性スタッフが動員されて前線に送られ、誰もいなくなった。

こうした不安の内にも、雲の切れ間から光が差し込むような出来事があった。イレーヌがバカロレアに合格したのだ。しかしこの成功のために、この少女はかえって、さらに怒りっぽくなり、焦燥感に苛まれていた。彼女は、パリに戻って、母親と一緒にいたかった。まだ十歳で、科学についての意見交換や、知的な会話がまったくできない女の子のそばで、姉らしく振る舞い、母親の代わりをすることに嫌気がさしていた。しかしマリーは許さなかった。「着いて数週間もあれば、役に立つことができるなどと思わないで。私たちは考え、試行錯誤を繰り返し、準備をしているのです。それに私は、あなたの相手をしてあげられないでしょう」。要求することに慣れているイレーヌは、怒って意固地になり、執拗に食い下がった。それでもマリーは譲らなかった。さらに悪いことに、イレーヌがもう聞きたくもない仕事をふりあてた。「妹のことはあなたに任せます。あの子は不安をいっぱい並べた葉書を私に書いてきました。彼女の勉強を見てあげること、そして、私がいない間、彼女の母親になってあげてください」[3]。母親に！ しかし、彼女は、二か月前からエーヴの世話しかしていなかった！ こんなこと言うべきじゃないわ。イレーヌは頭にきた。「エーヴが一緒に遊んでいた十二歳のばかな男の子が、彼女に戦争が始まったなんて言ったものだから、エーヴが泣き出してしまいました……」[4]。

ラジウムは国防に利用できるため、「非常に価値のある国家的資産」であると明言された。ドイツ軍は、すごいスピードで進軍してきた。あまりのスピードに驚き、政府はボルドーに退避した。もはやパリでラジウムを保管するのは無理だった。首都は占領される恐れがあったのだ。マリーは、安全のためにやむを得ず、娘たちには一言も告げないまま、ある政府高官と列車に乗り、座席を見つけた。ラジウムはとても重かった。彼女は、同じくボルドーへ向かう乗客たちの向かいに、静かに座っていた。国際的な知名度や二度のノーベル賞受賞にもかかわらず、彼女の顔は知られていなかった。好都合だった。彼女は窓の方に身体を寄せ、パリから避難して行く路上の車を見つめていた。満員の列車の中で何時間も過ごした後、やっとボルドーに着いた。しかしひどく混雑していて、タクシーもホテルの部屋も見つからなかった。この非常に貴重なラジウムを抱えて、一晩中外で過ごさなければならないのか？ 突然、一九三六年に国有化される前の、私有鉄道会社ＰＬＭの社員が、彼女に気づいた。ノーベル賞を受賞したことは、彼女が隠し持ってきた国の宝を救うのに無駄ではなかったことになる。彼はある住民の家まで、マリーを案内した。その人たちが彼女に部屋を貸してくれた。彼女は倒れ込んだ。疲れ切ってはいるが、それでもほっとしていた。翌日、開店を待って、銀行の貸金庫にこの貴重なラジウムを預けた。それから、来た時と同じく、急いで列車に乗り込んだ。荷物がなくなり、気持ちも楽だった。相変わらず危機に瀕しているパリに向かって。

マリーはこの旅行について、人には語らなかった。彼女はモンテーニュ〔ルネサンス期のフランスを代表する人文主義者。ボルドーに近いドルドーニュ県で生まれている〕の街から戻るとすぐに、イレーヌに大人になってほしいと願っているような手紙を書いた。というのも、戦争を何事もなくやり過ごせる人などいないのだ。「私のかわいい子、今フランスのために働くことができないとしても、フランスの未来のために働きなさい。悲しいことですが、この戦争が終わった時には、大勢の人がいなくなっているでしょう。その人たちの代わりになることが大切です。あなたができる最大限、物理と数学をやりなさい」[*5]。

しかしマリーの方は、どのようにして人の役に立てばいいのだろう？ 彼女は急いで周囲の人々、医者たちに尋ねた。病院は国中にあり、彼女が出向いていかなければならないのは明らかだった。病院には放射線設備がほとんどなかった。彼女は一人の医師に出会い、彼に劣悪な衛生状態の中で治療が行われていると教えられた。怪我人はひどい状況で、後方へ退避させられていた。家畜運搬用貨車の汚れたわらの上ということもしばしばだった。マリー＝ノエル・アンベールは書いている。「怪我人は、何日間もまったく治療を受けられなかった。水も、食物も、毛布も不足していた。前線の医者の八〇パーセントは手術ができなかった。それに彼らには、もはや消毒薬も手袋も機器もなかった」[*6]。何千人という兵士が、救いの手を差し伸べられることなく死んだ。今度の戦争では、砲弾や機関銃がまき散らす破片が骨や組織に突き刺さり、今までにない傷が見られた。顎を砕かれてしまった者が、すでに大勢いた。そして、凄まじい苦痛に見舞われながら、傷で顔が変形してしまったり、障害者となったり、脚を折る者もたくさん出てくるだろう。しかも、手遅れになる前に手術ができない者が大勢出るだろう。それゆえ、行動しなければならなかったし、戦場へと赴くのに軍部の許可を待ってはいられなかった。アントワーヌ・ベクレル博士は、マリー同様、患者を救うことができるあらゆる発見や、実践に強い関心を寄せている医師だった。彼女と同様、彼もまた素早く行動した。第一次世界大戦が始まる二十年前の一八九五年以来、有名なドイツ人物理学者ヴィルヘルム・コンラート・レントゲンによって、その年に発見されたX線に関心を抱いていた。レントゲンは、一九〇一年にノーベル物理学賞を受賞するだろう。またベクレル博士は、ウダンとバルテレミによる初めてのX線透視の実演にも関心を持っていた。一八九六年十月、ベクレル博士は、肺結核のX線検査を患者に対して初めて行っていた。彼はこのX線の発見に大いに希望を抱いていた。もしこの検査をさまざまな病気や怪我、骨折や事故に用いるなら、何倍も効率よく患者を治療することができるだろう。彼は自分の使命を見つけた。彼は、フランスそして海外で、放射線学の第一人者となっていく。アントワーヌ・ベクレルはフランスで初めて、この分野の専門教育課程を作り、パリのトゥノン病院、次いで初めて放射線治療が実施されたパリのサンタントワーヌ病院のその部局を率いていた。

つまりマリーが話し合ったのは、著名で闘争心の旺盛な、そして有能な人物だった。彼女は自分の挑戦を通して、自分を取り戻していった。この医師がマリーに放射線を医療に応用することを教えるだろう。マリーの研究はX線にかかわるものではなかったが、彼女は、ソルボンヌでの数回の講義をX線に割いていた、とエーヴ・キュリーは書いている。「彼女は自身の科学的知識から即座に連想して、凄まじい殺戮の結果、何が必要になるかを予測した。緊急に放射線治療所を作らなければならない」[*7]。彼女は、医療部隊を作ろうとボランティアを募ったが、それだけでは十分でなかった。マリーは、救急車の中で救護処置ができるようにしたかった。不可能だ。これらの車には電気設備がなかったので、機器を接続することができなかった[*8]。

今行動の許可を得るには、どんな方法を見つければ、いや捻り出せばいいのか？　彼女はフランス婦人協会の放射線治療部門の技術責任者に任命してもらった……。協会の婦人たちは有名なノーベル賞受賞者を迎え、喜んだ。このような肩書は、看護婦を除いて身近に女性と接する機会のほとんどない軍人たちを安心させるに違いなかった。マリーは、彼らを教育するために、ジャン・ペランや数学者のエミール・ボレルを含めた数人の男性を誘った。もっとも、これらの男性たちは、もっと名誉ある仕事を常としていた。かくしてユルム通りの高等師範学校の副校長は、教師役のマリーとともに、放射線学校のベンチに腰かけていた。三年前ポール・ランジュヴァンとの手紙のスキャンダルの時、他ならぬこのマリーを、ユルム通りにかくまったのは、彼とその妻で女流文筆家であるカミーユ・マルボだった。つまり、彼らは科学で結び付いた大きな家族の中で、キュリー家の人々の忠実な支持者であり続けた。そのうえエミール・ボレルは、戦闘が始まるや自ら志願して入隊した。彼は大統領審議会長官という戦略的任務に就くために、前線からパリに呼び戻されていた。

今やマリーは、戦場へ、負傷者のすぐ近くへ赴こうとしていた。しかしどうやって？　彼女には乗り物が必要だった。彼女は、移動救急放射線治療部隊を作るために、ラジウム研究所のパストゥール棟所長クロディユス・ルゴとアントワーヌ・ベクレルに頼った。軽量の小型トラックを何台も準備する予算を、どうやって獲得すればいいのか？　アメリカからの資金が使えることになる。しかし、放射線治療の機材を見つけるのは難しいだろう。それに彼女は戦場のすぐ近くまで行きたいと思っていた。そして状況は悪化していた。一九一四年九月五日、マルヌの戦いが始まった。八月、ドイツ軍はフランス兵およびイギリス兵に対し勝利を重ね、両国の兵隊はパリ方面へと撤退を余儀なくされていた。ジョフル陸軍最高司令官はまだ勝利に向かって反撃できると考えており、援軍を要請していた。当時パリ軍事総監であったガリエニ将軍[*9]は、ウルク川の戦いの時、部隊を支援する兵士をできるだけ早く送り込むために、パリのタクシーを徴用することを決定した。そしてようやくドイツ軍の攻撃が食い止められた。フランス軍の軽砲が、驚異の精度でドイツ軍の勢いをそいだ時、マリーは一つの決心をした。それは、戦争が続いているのだから、娘たちとは合流しない、というものだった。胸が張り裂けそうなことではあるが、同時に異論を挟む余地のないことでもあった。彼女にはキュリー研究室を守る義務があった。もしドイツ軍がパリを占領したなら、彼女がいない間に研究室を破壊するだろう。もしかしたら、彼女がいても同じことなのかもしれないが、それでもマリーは、それでドイツ人が躊躇することを期待した……。いずれにせよ、彼女は敵にプレゼントを贈るつもりはない。ワルシャワでロシア占領軍を前に経験した屈辱は、子供の時の自分だけで十分だった。

一時的にパリが救われるとしても、戦争は長引くだろうとマリーは思った。多くの部隊が戦場に送られており、将軍たちはドイツ軍の侵略をしのぐためにおびただしい数の死者を覚悟していた。そろそろイレーヌとエーヴに、パリに戻って家族のアパルトマンで一緒に暮らしてもいいと言う時だった。やっとだ。長女が母親を助けている間、エーヴは泣いてばかりいた。もう夫はいないが、この娘《こ》がそばにいる。戦争中、どうすれば、一人のティーンエイジャーの女の子が人の役に立てるだろう？　戦場で役に立つのは彼女の数学や物理の成績ではない。「看護婦免許を取りなさい」。イレーヌは熱心に取り組んだ。大人として、というか、大人と同様に扱われていると感じて。そして免許を取得した。彼女は、その強靭な意志を失ってはいなかった。しかし他にも娘を試してみなければならないことがあった。彼女は、この若さで、血を見ることや、四肢をもぎ取られたり、あるいは、盲目になったり、顔が傷付いて醜くなったりといった障害を負って、苦しんでいる男たちを見ることに耐えられるだろうか？　マリーは躊躇しなかった。自動車での旅に自分と一緒にイレーヌを連れて行く前に、苦しむ兵士たちを前に彼女がどう反応するかをしっかり見極めなければならなかった。

　マリーが手配した車には、戦地を走り回るために、当局の承認と通行許可証が必要だった。彼女は、それらを取得するために今度は赤十字を訪ねた。うまくいかない。彼女は諦めず、しつこく粘ってなおも要求した。軍事大臣官房に手紙を書くが、またしても失敗に終わる。何度も頼み込んで、彼女は、ようやくヴェルダン〔ロレーヌ地方ムーズ県の都市。第一次世界大戦の激戦地〕に行く許可を得た。そこで、何台も車を準備しなければならなかった。マリーはひっきりなしに要求し、声を荒らげ、それを確約させた。彼女は命を救いたいと願っていて、その方法もわかっていた。そこで彼女は役人たちに要求する傍ら、他方では人の役に立ちたいと思っている上流階級のご婦人方に声をかけた。名士たちから熱心に資金を集めた。ガネ侯爵夫人やミュラ大公夫人のように気前のいい婦人たちが自分たちのリムジンを貸してくれたので、マリーはそれを直ちに放射線治療車に改造した。「車は戦争が終わったらお返しします」と本気でマリーは約束した。「使用できなくなっていなければ、きっとお返ししますから！」[*10]。特権階級に対して自動車の保有総数は制限されていたが、夫人たちはこの言葉を聞いて微笑んだ。彼女たちは、すぐにでも新しいリムジンを注文するしかないと心得ていた……。

　彼女たちは、非常に恵まれた階層に属していたが、中には自ら負傷者の救護に当たり、人の役に立とうとする人たちもいた。彼女たちに強烈な生きがいを与える活動であり、その内の何人かは戦後それを思い出すことになる。マリーは、社会の難局や戦争が、使命感や思いも寄らない助け合いの精神を呼び覚ますことをよく知っていた。そしてそうしたことのために、男性女性に限らず多くの人々が、真価を発揮することができるようになるということを。それ以外の階級でも女性たちが立ち上がり、軍に志願した男性に代わり、軍需工場を含む工場で働いた。すでに一九一四年以前に、フランス人女性は文化やショービジネスの世界では重要な地位を勝ち取りつつあった。「女神」と言われた女優サラ・ベルナール〔一八四四－一九二三。十九世紀後半から二十世紀初頭に活躍したフランスの舞台女優。歴史上初めての国際的大スターと言われている〕は国際的にも有名だった。医科大学は女性に門戸を開き始めたところだった。一八九六年にニコル・ジラール＝マンガンが医学の勉強を始めた時、女子学生が在籍していることへの抗議から、彼女の写真が燃やされた。九十六人の大学教授や医師が、医学部の女子学生がインターンを希望できないようにする陳情書に署名するだろう。ニコルは、彼女を男性と取り違えた役所のミスによって、第一次世界大戦中に前線に送られた唯一の女性医師となる。しかも役所は、後に彼女に看護婦の給与しか支払わない。マリー・キュリーは別にして、女性たちは、科学の勉強をするのに数々の困難に立ち向かっていた。わずか三万五千人の女性しか中等教育を受けていなかった。しかしその一方でセーヴル女子高等師範学校では、選抜試験に合格した女子たちに可能な限り最高の教育を授けようとしていた。ただ彼女たちは、政権の座にある男性たちや大学関係者を含めた男性たちから、しばしば「ブルーストッキング〔もともとは知的で文学趣味のある女性を指していたが、転じて軽蔑的にそれを鼻にかけた女性を指すようになった〕」と呼ばれた。

第一次世界大戦での殺戮を知り、何千人もの女性たちが看護婦になるために志願した。大勢の重傷者の治療を行うには人材の育成を急がねばならなかった。農婦たちはというと、夫の代わりに畑に出、一般市民や兵士を養っていた。彼女たちは、わずかな人たちの助けしかない中、農作業を行い、子供の世話もしなければならなかったので、疲労困憊寸前だった。多くの場合、農耕馬は前線へ徴用されていたので、農婦たちの中には、他の二、三人の女性と、それも時として年老いた女性たちと、自ら犂《すき》を引き、畝《うね》を作る者もいた……。

マリーは子供の時以来、安い賃金で働く人々の日々の生活を実感し続けていたので、これらの農婦たちや工場で働く女性たちが、毎日へとへとになるほど働いていることに加えて、夫がいなくなって胸が締め付けられるほど不安な気持ちでいることに無関心ではいられなかった。多くの場合、彼女たちの夫は塹壕の最前線に送られる一兵卒だった。あっという間に、彼女たちの多くは未亡人となった。死者や負傷者が増えるにつれ、一九一六年以降、仕事において女性に頼ることが、公然と最優先されるだろう。

さしあたってマリーは、資産家たちから提供された二十台の車を手に入れることができた。彼女は、そのうちの一台を、戦場を走り回るために自分専用にした。運転手は、風が吹こうが雨が降ろうが常に、いつもの黒っぽい服を着た彼女の隣に座り、細い道を急いで行かなくてはならなかった。

時にはでこぼこ道を時速五十キロ以上で突っ走っていく。狂気の沙汰だ！　粗暴運転を理由に車を止められたとしてもしかたない。怪我人は待ってはくれないのだった。彼女は、軍人から「プティット・キュリー」というあだ名で呼ばれている、これらの灰色に塗られた放射線治療車の車体に、赤十字とフランスの国旗を掲げさせた。

彼女はアミアンへ、イープルへ、ヴェルダンへと駆けつけた。やっとのことで病院にたどり着く。何年も後にエーヴは語っている。「さあ、仕事だ！　彼女はいくつもの器具を取り出し、数々の部品を組み立てていく。そして車内の発電機と機器を繋ぐケーブルを伸ばす（……）。マリーは電流の量を調べる（……）。彼女は黒いカーテンで、あるいは病院にある普通の毛布ででも窓を覆って暗くした」[*11]。今や担架に乗せられた負傷者が途切れることなくやって来た。そしてこの暗闇の中に、砲弾の破片や弾丸のかけらが次第に現れてきた。外科医が手術をした。マリーは、メスが動き、損傷部分を正確に切っていくのを確認していた。こうした医療行為の間、マリーは帽子も被らず白衣を羽織っているだけだったと、エーヴは言っている。百人、時にはそれ以上の処置の間、彼女はその暗い部屋を離れなかった。そしてそれが終わると自分の持ってきた機材を片付け、フォードに乗って、パリに戻る前に、また別の病院に寄った。もし運転手がいなければ、自分で運転した。疲れていようが、何時間も延々と走ろうが、食事も取らなかろうが、気にしない。彼女はハンドルを握り、ブレーキも踏まずに突っ走った。彼女は道中至る所で絵葉書を買い、その白黒写真の裏に数行の走り書きをして、娘たちに送った。そこには楽しいことは何も書かれておらず、ダンケルクの爆撃やフリュージュやポープリンゲで大砲の音を聞いたことがにおわされていた。これらの地名には陰鬱な響きがあった。

つらい夏もようやく終わり、家ではイレーヌが待ち切れず、じりじりしていた。大学での勉強は待ってくれるだろう。それより彼女は負傷者を助けたかった。マリーは、服は汚れ、靴は泥だらけとなり、疲れ切って移動先から帰って来たが、二人の娘たちを見ると心が和んだ。二人とも大きくなり、成長した。イレーヌは、一人前の女性のようであり、鋭い眼差しをし、頑固で気難しく、卵形の顔からこちらにじっと目を向け、単刀直入に答えるように求めた。「私を一緒に連れて行って。役に立ちたいの」。マリーはろくに夕食も取らず、次の任務のことや、持っていく機材のことを考えていたが、長女のことが頭から離れなかった。彼女は腎臓の痛みに耐え切れなくなった時にだけ、イレーヌに短期間の許可を与えた。ピエールが長女の頑固な性格を知ったらどんなに面白がったことだろう。彼女は彼に、不屈の意志を持った一文無しの女子学生だった、若い頃のマリーの性格を思い出させただろう。マリーは、若いのにとても生真面目な娘の顔をなで、地味な服に軽く触れ、そしてぼんやりと考え始めた。ピエールはもういない、しかし彼の子供たちはここにいる。イレーヌは母と交替する用意があった。でも彼女にできるだろうか？　マリーは彼女にチャンスを与え、彼女を教育することにした。人に伝えること、人を助けること、人の役に立つことを。これらの言葉は自明の理なのだった。

イレーヌはすぐに放射線学を学び始めた。無駄にしている時間はなかった。母親に付き従い、その振る舞いや対応、道具の使い方や外科医に渡す器具を観察した。女性が職業活動から遠ざけられていた当時のフランスで、マリーは思い切って自分の子を信じた。イレーヌは母親の供でなく一人で戦場近くまで行き、十七歳で、医者たちに彼らが手術しなければならない身体の正確な部位を教えるようになる！　はじめ、彼女の指示に躊躇したり、それらを拒否したりする男性ばかりの集団を前にしても、イレーヌは怖気づいたりしなかった。この女性には科学と厳密さがあった。イレーヌよりもっと年上だが彼女ほど機転が利かない娘がいる内科医や外科医もいたが、彼らは最後にはイレーヌに慣れた。結局、いつも彼女が正しかったのではないか？　彼らはX線のおかげで、正しい場所を手術した。彼らも手術の結果に満足していた。イレーヌは日に日に自分の意志をはっきりと口にするようになった。彼女は、家族から遠く離れて誕生日を迎え、ついに十八歳になった。彼女は母親に誕生日のことを書いている。「愛するメ、私は素晴らしい誕生日を過ごしました。私の大切な愛しい人、あなたがここにいないことを除けば。まず、あなたが、ふざけて持っていったのだと非難していたエプロンが見つかりました。それから、恵まれた手（原文ママ）〔イレーヌは main douée と書いているが、main droite（右手）の誤りと思われる〕のX線撮影をして、かなり大きい四つの砲弾の破片の位置を特定しました。それは今日、摘出されることになっています（……）。そして、美しい星空のもと、テントで眠りました」[12]。そう、この一九一五年九月十三日、イレーヌは素晴らしい十八歳の誕生日を過ごした。マリーはほっとしたに違いない。キュリーの交替は保証された。

　一年の間にイレーヌは多くのことを学び、十九歳で、今や自分より年上の男性たちにX線撮影の技術を教えられるようになっていた。彼女は、時には母と一緒に、時には母を伴わず、何度もベルギーに出かけた。そしてそこでは、いつもの真面目さにとって代わって、ラルクエストの仲間内で培った歌の才能が、陽気な雰囲気を作り出した。生真面目なイレーヌは、ひょうきんにも、辛辣にもなれた。彼女は自信を身に付け、そして、こうした遠征の合い間に、一般数学の学士号証書を取得した。一方マリーの方は、ますます求められていた。科学に基づいた彼女の所見の正確さとともに、その成果が軍隊中に知れ渡っていたのだ。彼女は、あちこちの戦場から、ますます熱のこもった言葉を並べた依頼の手紙を受け取った。しかし物資は不足していた。外科医や看護スタッフ、彼女に感謝している負傷者の間で名声が広がっているものの、彼女が軍に対して約束を履行するよう催促してもなかなか進まなかった。すべてが不足していたし、そのうちこれらの放射線治療車は修理工場へ戻さなければならない。しかし、彼女はもう一人ではなかった。医師たちが軍のトップに掛け合い、くだんの機材一式とともに彼女を受け入れるように、強く訴えた。軍事省はついに認めるのだが、以後彼女は戦地に行かないという条件付きでだった。それは、彼女がどんな人間なのかわかっていないということだった。彼女は偽の通行許可証を使い、戦場近くの田舎の病院を回るだろう。急いで行かなければ。彼女の頑固さを知らない新米運転手が、スピードを出し過ぎてカーブを曲がり切れず、車が溝に落ちた。言語に絶する音を立てて、機材や箱が彼女の上に落ちてきた。彼女は埋もれてしまった。生きているのだろうか、それさえ定かではなかった。いや、そんなことはない、彼女は何ともなかった。かすり傷一つ負っていなかった。後にエーヴが明かすように、この女性科学者は、疲れ切り、X線写真がだめになってしまったかもしれないと心配して少々腹を立ててはいた。しかし大切なことは、彼女が生きていて、したがって、まだ人の役に立てるということだった！

そもそも、こんなちっぽけな交通事故では彼女を止められない。その逆だった。マリーが放射線治療設備を搭載させた自動車、二十台の「プティット・キュリー」でも十分ではなくなる。彼女は妥協を知らなかったので、最終的には二百もの放射線治療室を設置した。やがて百万人もの兵士が救われることになる。[*13] それには操作技師を育成しなければならないので、キュリー研究所に放射線医学の教育体制が整えられた。

一九一八年十一月十一日、寒さの中、マリーは若い研修生たちとキュリー研究所で働いていた。突然、パリ中で鐘が激しく鳴った。休戦協定が締結されたのだ！ 彼女は胸が高鳴って張り裂けそうだった。彼女にとっては二重の勝利だった。彼女が帰化した国の勝利と蘇ったポーランドの勝利である。彼女は急いで立ち上がると、もうじっとしていられなかった。彼女は、引き出しにフランス国旗を探すが見つからなかったので、寄せ集めで作った。何枚かの布地があれば何とかなるだろう。それからマリーは、後にエーヴが感動を込めて語るように、通りに出て、四年間野山の細い道を走り回ったためにすっかり傷だらけになった古い車に乗り込んだ。研究所の若い男性が彼女たちを乗せて走っていると、突然右岸、セーヌ川が見えた。そして、数え切れないほどの大群衆がいた。コンコルド広場だった。喜びに沸く民衆。マリーは地味な服を着て微笑んでいたが、歩いている群衆に気づかれた。居合わせた男たちが勝利の喜びに我慢できず、ルノーによじ登り、屋根にまで上がってきた。臨時の乗客を乗せて、車は少々重くなり、スピードを落としながら、そのまま道路を進んでいった。それにしても、十二年前のピエールの死後初めて、幸福感が溢れ出し、マリーはそれに身を委ねた。フランスで、そしてポーランドでこの平和は長続きするだろうか？ 現実は彼女が願うようになるだろうか？ 戦争で使われた放射線治療は、平時にはすべての人々に対して、万《ばん》人《にん》の健康に役立つ道具として、もの凄い勢いで増加するだろう。患者のためになる科学、それがピエールの、そしてマリーの一つの夢であった。

自分の二つのノーベル賞の黄金メダルを溶かすことを申し出たマリーに、どのように報いればよいのか？　彼女は、戦争中の四年間の日々の活動に対して、軍人としてレジオンドヌール勲章のシュヴァリエ章を授与されるのを承諾しただろうと、後にエーヴは指摘する。しかしまったくそんなことにはならなかった。「大勢の「ご婦人方」が勲章や略綬《りゃくじゅ》を授与された……。私の母には何もなかった。数週間もすると、あの大惨事の中で彼女の果たした役割は、あらゆる人々の記憶から消えてしまった。そしてあれほど並外れた仕事をしたというのに、キュリー夫人の服に兵士に与える小さな十字章をつけようとは、誰も思わなかった」[*14]。これもまた、七年も前のランジュヴァン事件の影響だったのだろうか？　誰にもわからない。これは問われるべき問題だった。マリーの方は、すでにもっと先、別の問題を考えていた。すなわち、自分は科学者として、平和の構築にどのように貢献できるだろうか、と。

＊

ラジウム研究所の建物やその庭が若者で溢れているのを見たり、一九一四年以来止まっていた研究を続けるのは、何とうれしいことか。生活は急速に元に戻り、周りの人々がマリーの力になっていた。何よりもイレーヌは戦争中の一九一七年にすでに二十歳になっており、今では二十一歳の成人〔フランスでは一九七四年に十八歳に引き下げられるまで二十一歳が成人年齢と定められていた〕だった。彼女に迷いはなく、鋭い眼差しで寸暇を惜しんで勉強していた。戦争は彼女に、自分の知性や有能さ、才能を発揮する機会のなかった多くの若い女性が持つことのできなかった自信を与えた。彼女は十代の頃から、自分は物理学者になると思っていた。この母にしてこの娘あり、である。マリーにとっては大きな励みだった。十三年前に亡くなったピエールが、長女が自分たちと同じ道を歩むと知ったら喜ぶだろう。そして、エーヴが自分の道を見つけるのを、手助けしないことなどあるだろうか？　もしかしたら姉や両親と同じ道を目指しているかもしれないのに。マリーは、放射線医学の進歩のおかげで開ける、新たな展望に思いを馳せていた。今十四歳でもうすぐ十五歳になる娘に、彼女は、医者になって人命を救い、将来性のある発見に与するような将来を勧めた。この下の娘は、ラジウムの治療への応用も研究できるかもしれない。

エーヴは視線を落とし、ため息をついた。常に自分の七年先にいて、自分を家族の中で子供扱いする姉のように科学者になる？　何て考えだろう！　彼女は母親を悲しませたいわけではなかったが、この一族がたどる道とは別の未来を思い描いていた。彼女は、思い切って自分の夢を伝えた。ピアニストになること。マリーとイレーヌはあっけに取られた。ピアニストですって！　それは一日八時間ピアノの音がこのアパルトマンに鳴り響くということだった。そして、エーヴが特別優秀であればやる価値があるが、そうでなければ、彼女にとって、魅力的な職業とはならないだろう……。確かに、ポーランドの有名なピアニストが、かつて、彼女が子供だった頃、彼女のことを非凡だと認めてはいた。しかしマリーはがっかりして、まずバカロレアを受けるようにと彼女に命じた……。

母と長女は、サン＝ルイ島のアパルトマン中に響き渡るエーヴのピアノの音にいらだっていたが、ついには慣れっこになった。エーヴはバカロレアに合格するだろうが、それは母親に命じられたからだった。でもエーヴは、この女性たちを前にすると、あれこれ思い悩み、孤独感を感じ、絶望的な気持ちになった。二人が大人であることや、何も言わなくても通じ合っていることが、彼女に対して壁となって立ちふさがった。彼女が知らない記号や専門用語、言葉にしなくても理解し合える科学知識を持つ仲間同士のように。このノーベル賞受賞者は次女に対し、自分に厳しく、規律正しくあってほしいと願っていた。エーヴはこの二人の女性を前にして、自分ならではの道を探し、父親がいないことに苦しんでいた。コレージュ・セヴィニエでの授業を真剣に聴いた。それは大切なことだった。そして、まずまずの成績を取った。母や姉は夜アパルトマンに帰った時に、静かであってほしいと望んでいたが、エーヴはいつまでも練習していた。

エーヴは密かに、ほんのわずかでも自分に自信が持てるだろうかと自問した。抜きん出た存在になれるだろうか？　メの理想のレベルにまで行けるのだろうか？　自分は本当に、自分の道を見つけたのか？　夜の静けさの中で、彼女の隣では大切にしてかわいがっている猫が寝ている時、彼女の心は混乱し、途方に暮れていた。不安でいっぱいだった。このとびきり優秀な科学者たちの中で、キュリー家の娘でいることは難しかった。皆からうんざりするほど聞かされてきたこの実験室の外で、生きがいを見つけたかった。彼女は、思いがけない別の世界でやがて自分の将来が開けるなどとは思ってもいなかった。

「さあ、急ぎましょう！」

*

戦後、三人は揃って、ヴァカンスのためにブルターニュ地方北部に、幸福感に包まれ再びやって来た。安らぎの場である、ラルクエストの岬の漁村にあるこの家からは、ブレア島の方まで将来にわたって遮られる心配のない眺望が広がり、その黄土色の岩壁全体が見渡せる。それに大勢の友人がいた。水泳、散歩、ダンス。銘々が小さな家を持っているこの科学者家族には、すべてが許されていた。彼女たちの家は磯の上の方にあり、そこからは水平線の絶景と松林の向こうを走るヨットが見えた。マリーは鋭気を取り戻した。十九世紀末、ここに家を、次いでヨットを手に入れようとは、人権連盟の委員長で歴史学者のシャルル・セニョボスは、何と素晴らしいアイディアを思いついたのだろう！　小さな楽園だった。神経生理学者ルイ・ラピック、次いで一九二六年にノーベル物理学賞を受賞することになるジャン・ペランがマリーと同じようにこの場所に家を建てた。非宗教的であることと共和主義を信条とするこれらの科学者たちは、エミール・ボレルとその妻カミーユ・マルボの所有地の近くに自分たちの土地を持っていた。夜になると皆で集まり、ダンスをし、軽い夕食をともにした。彼らは同じ場にいるという幸福を味わっていた。全員アルフレッド・ドレフュスを支持していた。皆が互いを尊敬していた。見栄を張ることは一切許されず、皆、着古した服を着て、スポーツに没頭し、夜ともなれば慎ましい夕食や簡単なダンスに夢中になった。閉鎖的な世界で、そこでは知的であるということが最も重要な指標だった。それが「ソルボンヌ海岸」だった！　ここでは、マリーは物を書いたり考えたりできた。自分の研究を忘れることはできなかったが、それでも彼女は、運動に、それもたいていは激しい運動に、何時間も没頭することができた。健全な精神は健全な肉体に宿る。彼女の生涯を通してのモットーだ。娘たちが何十キロにも及ぶサイクリングやハイキングをするのはいいことだ。時折密かにマリーにも、競争心が湧いてくることがあった。双眼鏡で仲間の科学者やその妻たちの泳ぐ距離やその豪傑ぶりを見て、彼女も続いて、冷たい海水の中で、彼らを追い抜きたいと思った。イレーヌとエーヴは母のおかげで、素晴らしいスイマーになり、そしてずっと後になって、次女は天候や、体温を下げるほどの水温をものともせず、世界中で何キロも泳ぐだろう。

　しかし間もなく、一人の友人がマリーをヴァールル〔南仏。地中海沿岸のサン＝トロペなどの保養地を擁する土地〕に招待した。南仏、コート・ダジュールは本で有名であり、多くのポーランド人や他の北ヨーロッパの人々が憧れる神話的な土地だった。もちろんロシアのことは言うまでもない。ボルシェヴィキによって領地を追われ、たいていはすべてを失った貴族が、十月革命以来亡命してきた。マリーは九月にそこを訪れたが、それでもブルターニュよりも海水は温かく、太陽は穏やかで、陽射しがもっときらきらと輝き、植物がうっそうと茂っているのを知った。楽園だった。彼女は再びこの地を訪れ、土地を買い、簡素ではあるが素晴らしい眺望の備わった家を建てることになるだろう。次女は後に書く。エーヴとイレーヌは「灯台の家」のような隠れ家を持ちたいというこのメの願いを理解した、と。エーヴはそこを何度となく訪れ、マリーの死後相続した。

　この束の間の幸福の間にも、マリーの健康状態は再び悪化した。今回彼女を苦しめたのは腎臓ではなく、目であった。目が悪くなれば、彼女のチームやイレーヌの報告書、新しい研究について彼らが公にしたレポートを読むことができない。彼女にこれほどの喜びをもたらし、やっと自分の思い通りの人生を送れるようにさせてくれたラジウム研究所の中心にいながら、マリーは不安だった。もしスタッフが、彼女の身に起こっていることを知ったら？　そしてもし、また彼女を中傷しようと身構えているマスコミが、彼女は目が悪い、さらには彼女は盲目だと書いたとしたら？　彼女の信用と研究所の威信は落ちてしまうだろう、おそらく永遠に。そして悪いことは重なるもので、彼女の耳も悪くなってきた。マリーは、何も隠し事をしない相手であるブローニャに書いた。

私の一番の悩みは目と耳です。目がとても悪くなっているのです。でもおそらくたいしたことはできないでしょう。耳の方は、耳鳴りがほとんどいつも、時にはとても激しく鳴り続けています。とても心配です。そのせいで私の仕事は制限されるかもしれませんし、できなくなることさえあるかもしれません。たぶんラジウムが関係しているのでしょう。でも確信を持って断定することはできません。これが私の悩みです。誰にも言わないでね。特に噂が広がらないようにしてください。[*15]

白内障の手術を受けなければならなくなる。そして、術後回復期にマリーが最も必要としたのは、小さなスプーンで優しく食べさせてくれるエーヴだった。一九二三年まで待つべきだったのだろう。手術は思ったほどうまくいかなかった。この女性学者は一九二四年に、さらに二回、目の手術を受けなければならなくなる。そして、最後の手術は一九三〇年で、放射線のせいでますます身体が衰弱していた時だった。肉体的な苦しみ以上に、ともに仕事をしている人たちがそのことに気づくのではないかという強迫観念に悩まされた。マリーはますます分厚いレンズの眼鏡を使うようになり、そしてそのうえ、顔をすっぽり覆ってしまうほど大きなルーペの助けを借りた。それでも、かの有名なラジウムの研究は続けなければならなかった。研究する喜びは今も変わらなかった。そして、彼女の鉄の意志はまったく衰えていなかった。

＊

マリーは、第一次世界大戦とそれによる何百万人もの死者や重傷者、それに未亡人や孤児たちのことを考えると夜も眠れず、思い出して気持ちが落ち込んだ。すでに平和への願いも消えかかっていた。マリーは不安だった。再びポーランドが舞台の中心にあったのだ。第一次世界大戦は終わったが、ソヴィエト＝ポーランド戦争が勃発した。一九一九年二月から一九二一年三月まで、ロシア人とポーランド人は、他国同様、ヴェルサイユ条約の犠牲となって対立した。実際、ポーランドに対するロシアの征服欲を考えると、フランスを含む戦勝国は、なぜ二か国間の国境をあえて明確に定めなかったのだろうか？　一方は今やボルシェヴィキが支配する国で、一九一四年のロシア帝国の領土を取り戻したいと望んでいた。ドイツ帝国の敗北が、中央ヨーロッパの国々に自主独立を奪還するチャンスを再び与えたのに、この紛争において、またしてもポーランドに勝ち目はなかった。

百二十三年の隷属状態の後のポーランドの復活は、三年しか続かなかったことになる。赤軍がロシア皇帝を信奉する白系ロシア人を壊滅したところだった。レーニンは、民衆が世界的な共産主義体制を作り上げるために立ち上がるだろうと確信していた。ポーランドはコミンテルン〔一九一九年から一九四三年まで存在した国際共産主義運動の指導組織〕の次の獲得目標だった。ポーランドは、依然として抑圧され、迫害さえ受けていた。今回レーニンは、西ヨーロッパ征服の前衛とするべく、ポーランドに、ボルシェヴィキ体制を強いるつもりだった。

キュリー家の女性たちにとっては、何とも予期せぬジレンマだったろう！　マリーは、祖国のこの光景を目にして、屈辱、嫌がらせ、ポーランド人のアイデンティティの否定を思い出し、苦しくなった。板挟みの状況はある分裂によって、さらにひどくなった。というのも、ちょうどその頃マリーとイレーヌの最も仲のいい友人たちを含む科学者たちが、「人民に奉仕する」という共産主義の主張に魅了されていたのだ。マリーがすでに許していた母の昔の恋人ポール・ランジュヴァンの影響で、イレーヌは、年々、概算要求基準を注視していた。それは、ルイ＝パスカル・ジャックモンドが言っているように、インフレ政策であり、学者の所得も実験室の予算も下げるものだった。[*16]

キュリー家の長女にとって知識人の役割は極めて重要なものだった。しかし、それが政治のリーダーたちには理解されていないようだ。社会的であれ医学的であれ、人々のための進歩という信仰の中で育ってきたこの若き女性科学者を貫いているのは、不当だという気持ちと急を要するという意識だった。だからイレーヌは、当時の知識人たちが惹き付けられていた左翼運動を通して、すぐにも社会に貢献するつもりでいた。そこには第一に、平和への希求があった。大小を問わず、もう決して戦争がないこと。もう決して民衆の大量殺戮がないこと。少なくとも彼女はそう望んでいた。

第4章　アメリカ——夢想を超えた啓示

パンテオンの近くでは、平和が戻ってきたことで、ラジウム研究所の職員たちが、活力を取り戻し、再び希望を抱いていた。と言っても問題は山積していた。この疲弊した国で、施設を機能させていくための物資をどうやって揃えていけばいいのか？　医師たちがボルドーから運んできた顕微鏡がもうないことを、彼女は知らされた。少しのお金も無駄にはできなかった。彼女は、備品を安い値段で手に入れようとし、紙類や機械類、化学用品を覆う保護カバーを手に入れるために値切った。財務省は実験設備の無償譲渡をまったく認めなかった。[*1] 二度ノーベル賞を受賞した彼女に対してもだ！　多額の民間資金を得ていると聞いているドイツやアメリカの同業者たちとは異なり、結局この国では、科学の研究はほとんど評価されていない、とマリーは思った。彼女は自身のあらゆる人脈に働きかけた。彼女の前線や塹壕近くでの活躍を知り、援助したいという者は多かった。

「私はもう若くはない。そして私は、いつの日にか、私の後に続く人々のために、ラジウム研究所を、ピエール・キュリーの名誉のためにも、そして科学の持つ重要性に対しても、私が望んでいるレベルに作り上げることができるだろうか」[*2]と彼女は書いている。

マリー＝ノエル・アンベールが第一次世界大戦中のマリー・キュリーを描いた物語[*3]で明らかにしているように、マリーは、自らが野戦病院に設置した放射線治療設備を回収することに成功した。そして、この新しい科学技術がもっと大勢の患者を救うことができるように、それらの設備を無料の結核診療所に再配分しようとした。いまだ混沌とした状態で進むべき道を見失っているこの国の、心もとない交通事情にもかかわらず、いくつかの機械を取り戻すことができた。ただし、その中には壊れている物もあったが。彼女の研究所ではほとんどすべての物が不足していたが、若い頃のポーランドでの苦労で培われた強い精神力と、姉ブローニャの支援のおかげで、彼女は、少しずつ放射線治療の出先機関を作っていった。

彼女の名声や戦場での活動のおかげで、フランスに留まっていたアメリカ人の将校や兵士が彼女の経験に学ぼうと、研究所で教育を受けていた。まだ行ったことのないアメリカからやって来た元気いっぱいのこうした若者たちがいることが、彼女への評価の中で最上のものであり、彼女が研究を続ける理由でもあった。自分の知識や経験を世界中の若者に伝えられるなんて、何というプレゼント！　ピエールは彼女の行動に満足したに違いない。特許は取得しないと決めたのは二人だったのだ。そこにもう一つの喜びが加わった。今ではイレーヌが輝くような女性となり、科学の道へ向かっていた。他の科学者たちのように、母親の話に耳を傾ける時が来ていた。彼女はずっと前から、自分は両親の後を追って働くことになるだろうと思っていた。その時が来たのである。この一九二〇年代初頭、すでにピエールはいなかったが、マリーはいわゆる幸福、つまりある種の穏やかさを感じていた。当時彼女は若い世代の研究者たちと一緒にお茶の時間を過ごすことにしていた。午後の習慣であり、そこでは化学の新発見の話題の合い間に笑い声が湧き起こった。このグループの中で、イレーヌは才能を伸ばしていた。そして母は、その様子を見て喜んでいた。マリーは、うわべは無愛想だが、男女を問わず科学者たちには思いやりのある態度で接し、彼らの話に耳を傾け、彼らを励ました。しかし歴史家ナタリー・ピジャール＝ミコは「マリー・キュリーが自分の実験室に女性を受け入れているとしても、それは何ら女性の地位向上に貢献しようという思いからではない。そうではなく、マリー・キュリーは、女性を男性と同じ条件で受け入れているのである。彼女は一緒に働く者を選ぶ際に、決して性別によって選ばなかった」[*4]と書いている。こうして何年にもわたって、フランスやヨーロッパ、そしてアメリカからやって来た女性研究者たちが、ここで教育を受けることになった。そして彼女たちは研究所を去った後、しばしばそれぞれの国で責任ある科学者の地位に就く初めての女性になっていく。しかし歴史書の多くは男性によって書かれるので、彼女たちの中の大多数について十全な伝記を見つけることは難しい。こうした困難な状況の中で、ナタリー・ピジャール＝ミコはこのような女性のうち四十五人の人生を復元することに成功した。これらの女性科学者がしばしば「ブルーストッキング」を履いた姿で描かれている肖像画が、風刺画に過ぎないことは、もし必要ならば、彼女たちの歩んできた道のりが示している。彼女たちの多くは、イレーヌ・ジョリオ＝キュリーの人生と同じように、結婚し、家族を持ち、子供を持った。

しかしながら、ある現実は如何ともし難かった。アジアやアフリカの国々、マグレブ諸国、それに中近東の国々出身の女性たちがそこにはいないという現実だ。そこにはおそらく、二十世紀初頭、それらの国々の女性たちが受けていた差別が読み取れる。そしてそれに加えて植民地化による重圧があった。当時、非常に強大な勢力を誇った列強が海外に築き上げた植民地帝国では、女性に対して旧弊な態度や家父長制が取られていた。そのため、ラジウム研究所が採用した女性たちは、白人で西洋の教育を受けた者であったようだ。それでも、マリー・キュリーの一生が示しているように、彼女がいつも、あらゆる文明に対し一切偏見を持たず、いかなる差別も許さなかったということを忘れてはならない。彼女はアジア人の男性研究者を受け入れており、その人物が分析の緻密さや理解力、礼儀正しさや知的好奇心において「他の人々より優れている」と、娘のエーヴに褒めた。

＊

しかし、ラジウムの発見に関する特許を取らなかったために、実験室は資金不足に陥っていた。確かに、マルセル・プルースト〔一八七一－一九二二。フランスの作家。ゲルマント公爵夫人は彼の小説『失われた時を求めて』の登場人物〕に、ゲルマント公爵夫人という登場人物を創作させた、科学に夢中だったグレフュール伯爵夫人の力添えのおかげで、一九〇七年に、実業家で慈善活動家のアンドリュー・カーネギーから相当な額の援助を受けていたが、研究所を運営していくには十分ではなかった。それに、一九〇九年にはすでにパリ大学とパストゥール研究所が、マリー・キュリーのために実験室の建設を決定していたことも、この女性科学者は忘れてはいなかった。この実験室は、ラジウム研究所という名で知られることになる。途方もない前進だった。しかしマリーは目の前の現実を認めた。彼女は、研究、特に保険衛生の分野の研究のための資金が十分ではなく、ほんのわずかなラジウムを買うこともできなかった。未来のエネルギーを発見したこの二度のノーベル賞受賞者に対して、あまりにもひどい。どうしよう？　彼女は心配で気分が落ち込み、思案に暮れた。そうした状況の中、友人で、小説『ジュールとジム』〔一九五三年にフランソワ・トリュフォー監督によって映画化。邦題『突然炎のごとく』〕を発表して有名になる前の、作家アンリ＝ピエール・ロシェが、繰り返し言ってくることがあった。彼はマリーにアメリカ人の女性ジャーナリストを紹介したがっていた。だがそれどころではない。彼女には無駄にしている時間などなかった。一九一一年十二月の試練とランジュヴァン事件以来、マリーはジャーナリストたちを信用していなかった。それでもこの小説家は引き下がらなかった。その人物は合衆国で最も有名な女性ジャーナリストの一人で、アメリカ人女性に絶大な影響力を持っていた。その時はまだマリーは想像もできなかったが、ミッシー・メロニーは、マリー同様、行く手に卑劣な策略を仕掛けられたり、男性の同僚の反感を買ったりしながら、女性ゆえの困難を乗り越えてきていた。

そのうえ、ミッシー・メロニーは、自身が発行している雑誌において、女性がスポーツをし、解放され、バスや地下鉄という公共交通機関がヨーロッパほど発達していないアメリカ合衆国で自由を約束する、自動車の運転ができるように後押ししようとしていた。要するに彼女は、女性たちに自立することを教えていたのだ。ケンタッキー州で、医者である父のもとに生まれた彼女は、母サラ・アーウィンの影響を強く受けていた。サラはアメリカで初めて女性によって出版された文学と科学を扱う刊行物の一つ、『ケンタッキー・マガジン』の創設者にして編集長であった。ピアニストになろうとしていたが、乗馬中の事故でそのキャリアを諦めなければならなかったこの若い女性にとって、母はどれほど手本になったことだろう！　ミッシー・メロニーは別の道を選んだ。その輝きによって彼女を輝かせ、世の中と繋がりたいという強い思いをかなえてくれるのは、ジャーナリズムの道だろう。影響力を持ち、世の中と繋がっていたい。母の人生に倣った人生である。メロニー家の人々は、社会の進歩や他の女性たちの支援、そして、科学や医学の発見にことさら関心を寄せていた。かくして、ミッシーは身体が不自由だったが、精力的に、うまくマリーの興味を引くような態度で接した。「私は十五歳の時に足が不自由になりました。十七歳から肺を患っています。そして、その時以来、三つの人生を送っています」[*5]。ミッシーは小柄で弱々しく、マリーとは違って長く豊かな髪をしていた。しかしもっぱら、人生を味わい尽くし、世界中を駆け巡りたいという強い思いを持っていた。彼女は『ニューヨーク・サン〔ニューヨークで一八三三年から一九五〇年にかけて発行された新聞〕』の編集者ウィリアム・ブラウン・メロニーと結婚していた。彼女自身、いくつかの新聞社で働き、アメリカ中で最も若い記者の一人として、十五歳の時には『ニューヨーク・ワールド〔ニューヨークで一八六〇年から一九三一年まで発行されていた新聞〕』で共和党大会を取材し、十八歳の時には『デンヴァー・ポスト』や『ニューヨーク・サン』、『ニューヨーク・ワールド』、『ディリニエイター〔十九世紀後半から二十世紀初めにかけて発行されたアメリカの女性誌〕』のワシントン・D・C特派員として働いていた。彼女がマリー・キュリーに対談を申し込んだのは、この女性誌名義であった。しかし、うまくいかない。しかたがない。彼女は諦めないだろう。彼女はこの面会を、何年も前から強く望んでいた。そこで彼女はマリーに手紙を書いた。そこには、心のこもった言葉があった。「(……)先生、この二十年というもの、あなたは私にとって大切な人でした。ですから、ほんの数分でけっこうですのでお会いしたいのです」[*6]。

このアメリカ人ジャーナリストの辞書に「不可能」はなかった。そして彼女は、それを証明したかった。マリーは何人もの友人を通して繰り返し頼まれ、さらに、この率直なメッセージに気持ちを動かされ、ついに彼女の申し出を受けることにした。でも、気をつけないと。対談は短時間にしよう。とても短く。研究に費やす時間を削らないことが大切だった。マリーはため息交じりにドアを開け、自分と同じくらい小柄なアメリカ人女性を見つけた。この女性は、彼女が自分の研究の継続の根幹にかかわる貴重なラジウムを世界中のどこよりも多く保有すると知る、あの広大な大陸からやって来た。

ミッシーの方は、微笑みで顔を輝かせているものの、びっくりして棒立ちになっていた。彼女の言葉を読んでほしい。

ドアが開くと、青白い顔をしておずおずとした態度の小柄な女性がいた。黒い綿のドレスを纏ったキュリー夫人は、私がそれまで見たことがないほど悲しそうな面持ちをしていた。深い学識を示す彼女の美しい顔には、忍耐と優しさ、と同時に心ここにあらずという表情が表れていた。不意に私は、自分が招かれざる客だと感じた。彼女より私の方が、気後れしていることがはっきりわかった。私は二十年間、人にインタビューするために訓練してきたが、この穏やかな婦人にたった一つの質問もすることができなかった（……）。私は彼女に、アメリカの女性たちが彼女自身の研究にどれほど夢中になっているかを説明しようとした。そして彼女の貴重な時間を奪ったことを謝罪した。[*7]

その丁寧な言葉は耳に心地よく響いた。マリーはかすかに微笑み、会話を始めた。彼女は自分の心配を口にした。研究を続ける上でどうしても彼女に必要な数グラムのラジウムは、まさにアメリカにあった。それから彼女は、詳しく説明し始めた。その貴重な物質のある場所を、次から次へと都市を挙げて。さらに、値段が非常に高いので、彼女の研究所では買うことができないと、ためらわず付け加えた。取得した特許のおかげで大金持ちになったアメリカ人エジソンの有名な実験室とはほど遠かった。彼はアメリカ国民を魅了する科学者だ。ここは、すべてが小さく簡素に見えた。そして貧弱だった。

その時ミッシーは、二人の人生を変えることになる二つの質問を発した。あなたはどれだけのラジウムを持っているのですか？　わずか一グラムです、いえそれも、私が所有しているわけではありません、そのわずかなラジウムは研究所のものです、私のものではありません、とマリーは答えた。後にエーヴが強調しているように、確かに、特許を取っていれば、マリーは素晴らしい実験室を建設することができただろう。しかし、マリーにはそれは論外だった。そこで、ミッシーは慎重に繰り返した。あなたが本当に必要としているものは何なのですか？　一グラムのラジウムです、もちろん。でもそれは、十万ドルという途方もない値段なのです！　わかりました、とこのジャーナリストは彼女に答えた。私がそのお金をあなたにご用意します。でも、一つ条件があります。アメリカ合衆国までそれを取りに来ていただかねばなりません。

帰りの大型客船で一等船室に落ち着くと、ミッシー・メロニーは、それぞれに一万ドル程度の寄付を頼むつもりで、アメリカで最も裕福な女性たちのリストを作った。彼女は時間を無駄にはしなかった。ニューヨークに着くとすぐに彼女たちに会い、頼み込み、フランスで人命を救っている女性の素晴らしい計画を話して聞かせた。しかしこれらの婦人たちは二の足を踏んだ。彼女たち一人一人にとって金額が大き過ぎるのが問題だった。つまり失敗である。そこでミッシーは、アメリカ中で大勢の女性たちが読んでいる、自分の雑誌のことを考えた。一人一ドルか二ドルの分担金で、全国的規模の募金を始めればいいではないか？　マリーの献身的で私利私欲に囚われない姿勢を強調した記事を書くだけでよかった。アメリカの女性たちは、この学者が自分の発見、特に癌に関係する発見に対して特許を取ろうとしないことに、共感するに違いない。これは金銭的な動機で行動することを重視するアメリカ国民の発想とは、かけ離れた判断基準だった。世俗の聖女のようなものだ。そこでミッシーは、著名人や女性ジャーナリスト、医師たちから成る委員会を作った。そして「マリー・キュリー・ラジウム基金」という全国キャンペーンを始めた。それから少しずつ、アメリカ中の小さな町から、お金が届くようになった。そして一年後、お金ができた。

パリのラジウム研究所では、マリーがその知らせを聞いて驚いた。フランスからはるかに遠い、何千キロも離れた、アメリカ西部の太平洋沿岸、それにアメリカ中西部の、彼女をまったく知らないこれらの女性たちの寛大さに、マリーは感動した。その時彼女は、若い娘だった頃、ほんの少しの収入をブローニャに送り、彼女がパリで学業を続けるように、見栄っ張りで身勝手な金持ちのポーランド人たちのもとでつらい仕事をしながら、苦労して稼いでいたわずかな給料のことを考えただろうか？　今では他の国の女性たちが、この自分のためにお金を出し合ってくれた。と言うよりむしろ、万人《ばんにん》の財産であり、この先もそうであり続けるだろう研究のために。

しかしその寛容さには、要求がついていた。ラジウムをアメリカまで取りに行き、合衆国大統領から直接受け取らなければならないのだ。ベチューヌ河岸のアパルトマンで、平底船が建物の窓に沿って行き来する中、マリーはためらっていた。人混みが大嫌いだし、それに、九年経つというのに中傷記事による痛手からまだ立ち直っていなかった。アメリカのマスコミはスキャンダルを好むのではないか？　彼女には、再び誹謗に耐えるだけの気力が自分にあるとは思えなかった。とは言っても、彼女には、このラジウムがどうしても必要だった……。夕食の時、家具がない代わりに、本とエーヴのピアノ、床にまで置かれた科学について書かれた記事や著作物で溢れたこの場所で、マリーは娘たちがいるおかげで、どれほど自分が落ち着いていられるかと思うのだった。二人が身近にいることが彼女を安心させるのだ。そこで彼女は一つ条件をつけた。エーヴとイレーヌも旅に同行させるというものだった。ミッシーは、自分の同業者である報道関係の経営者たちに対して、マリーを精神的に打ちのめしかねなかったあの痛ましいスキャンダルには触れないように働きかけることを、彼女に約束した。

アメリカのマスコミ界でも際立って優れた人間性を持つこの女性は、ジャーナリストたちを抑えたばかりか、彼らの中の何人かからラジウム基金に出資させることにも成功した！　まさに大成果だった。彼女は、マリー・キュリーの回想録を出版するようアメリカの出版社に働きかけるためのキャンペーンにとりかかった。フランスでは、この大西洋の向こう側への旅のニュースが人々を驚かせた。特に、科学アカデミーの会員としての彼女の入会を認めなかったフランスは、アメリカほど彼女に感謝していないように世間に映るという危惧が持ち上がった。そして、国のトップクラスの面々に加え、パリ中が動揺していた。二度のノーベル賞受賞や戦場での勇敢な働きにもかかわらず、この女性学者がレジオンドヌール勲章のシュヴァリエ章も授与されていないことに人々は気づいた。すぐにも正さねばならない恩知らずな仕打ちである。フランスで最も栄えある勲章が用意されたが、またしてもマリーは辞退した。というのも実は、一度目のノーベル賞受賞の後にも、彼女とその夫は断っていたのだ。その時ピエール・キュリーは「自分には必要と思えない」とはっきりと言っていた。逆に、一九一八年に、第一次世界大戦中の活動に対して軍人として勲章を授与されていたなら、彼女は受け取るつもりだったでしょうと、後に娘エーヴは説明している。しかしそれは、一九一八年にも、そして今日でもなお不可能だった。というのも、受賞理由として戦闘で負傷するか死亡していなければならず、彼女の場合、それには当てはまらなかった。だからフランス政府当局は彼女の拒否に失望した。

このような状況なのだから、オペラ座という格式ある場所で、彼女のために祝宴を開こうではないか？　このアイディアは、『ジュ・セ・トゥ』誌の発案であり、辛辣なユーモアと凝ったフランス語の作品で大衆を大喜びさせているサシャ・ギトリ〔一八八五―一九五七。フランスを代表する劇作家、映画監督〕が、歓送会を取り仕切るとあって、一層注目を集めた。その夜の寄付は、もちろんラジウム研究所のために使われる。一人の大女優が参加した。サラ・ベルナールである。七十歳を過ぎており、骨結核による壊疽《えそ》から助かるために一九一五年に片脚を切断していたにもかかわらず、彼女はつらいとは一言も言わず、その歌声は喝采の中、なお響き渡った。「世界中にフランス語を広め」ただけでなく、一八七〇年から一八七一年の普仏戦争中、看護婦として奉仕したという理由でもレジオンドヌール勲章を授与された彼女が、どうしてこの女性学者の第一次世界大戦中の活動に無関心でいられただろうか？マリーはとても満足し、聴衆は喜びに沸いていた。これはサラ・ベルナールが人前に現れた最後の機会の一つとなる。二年後、彼女は突然、急性腎不全で亡くなった。当然のことながら、彼女は壮大な葬儀で送られるだろう。フランスにおける一人の女性への特別な追悼である。

サラ・ベルナールと、サシャの父であるリュシアン・ギトリも顔を出した社交界の夕べだったので、地味な黒いドレスのマリーの前で、男性も女性も一番美しい夜会服と、一番輝く宝石を身に纏っていた……。エーヴが何度も頑張ったにもかかわらず、マリーにこの場にもっとふさわしいドレスを買わせることはできなかった。俳優や女優、音楽家たちや政治家、それにマリーの友人の学者たちが目まぐるしく動き回っていた。皆がマリーを祝福し、口々に称賛の言葉を投げかけたが、彼女は自分を待ち受ける大陸各地を巡る長く疲れる旅や、例の一グラムのラジウムを手に入れるために対処しなければならない社交界の似たような催しのことを考えると憂鬱だった。彼女が怯えたのは正しかった。もし彼女が、自分を待ち受けているものを知っていたら、あえてこの旅に出ようとしただろうか？

いよいよ新世界へ向けて乗船の時がやって来た。ミッシー・メロニーは、マリーのために予約した大型客船オリンピック号のスイートルームの扉を、パーサーの助けを借りて、ゆっくりと、開けていた。十年前からこの船は、イギリス海軍とホワイト・スター・ライン社の宝の一つだった。オリンピック号が進水した翌年の一九一二年にタイタニック号が沈没してしまったので、もうライバルはほとんどいなかった。英国皇太子や映画という新しい芸術の俳優のような有名人たちは、アメリカへ旅するのに好んでこの船に乗った。マリーはこの船で一番豪華な一等船室のスイートルームにいたが、贅沢で落ち着かなかった。さて、浴室のこの葉巻置きは何の役に立つのか？　それに、確かにこのトレーニングルームは気に入ったが、スポーツウェア姿でそこにいる自分を想像できないのだ！　娘たちは、上甲板に二つの素晴らしい船室を与えられて、大喜びだった。彼女たちは、キュリー家の女性たちのたった一つのトランクに詰め込まれた洋服を、大急ぎで取り出す。中にはおしゃれなドレスもある。マリーはそれらを見つめていた。何とまあ、たくさんの役に立たない、贅沢な服だこと！　エーヴは感動して、思いのままに自分の新しいカクテルドレスやイヴニングドレスを手に取った。彼女は、その中の一枚をパリのオペラ座での歓送会で初めて着たのだった。何人かの男たちは、まるでスズメバチの群れのように彼女の周りをうろうろし、この若い娘に対して慇懃だった。彼女は今も、その思い出を忘れずに覚えていた。この何枚かの夢のようなドレスやスーツを着る機会があるだろうか？　彼女は自分の軽やかな歩き方、美しい瞳やその微笑み、知性、教養そしてユーモアが、男性の関心をかき立てることを理解し始めていた。

遠くの一等用の遊歩デッキを、マリーは少し歩いた。しっかり外気を吸って気分転換し、横揺れに慣れなければならない。イレーヌは彼女のそばから離れなかった。二人でなら最も関心のある話題について話すことができた。こうした科学の話題については、エーヴは入り込めなかった。マリーはだんだん不機嫌になっていった。彼女の性格や暮らしぶりとは正反対の、あまりにもこれ見よがしの贅沢に、新世界に接岸する前からすでに少なからず戸惑っていたのだ。マリーはこの客船から友人のジャン・ペラン夫人に手紙を書いた。「親愛なるアンリエット、船上であなたからの優しいお便りを受け取りました。おかげで大いに慰められました。というのも、フランスを離れ、私の好みにも、また普段の生活ともほとんど不釣り合いな長旅に出てしまったことに、不安がないわけではないからです。海を横断するなんてしたくありませんでした。海は陰鬱で暗く、波音が騒々しいからです。病気でもないのに目が回り、私はほとんどの時間を船室で過ごしました。娘たちは十分満足しているようです」*8。別の成り行きはありえたのだろうか? 彼女たちはミッシー・メロニーの案内で、甲板をそぞろ歩いたり、スポーツルームを覗いたり、ダンスをしたり、映写室に行ったりした。このジャーナリストの冒険、すなわち、アメリカの女性たちが新たな権利を獲得するのを助けるための彼女の戦いを聞くのが、三人にとってどんなに楽しかったことか!

イレーヌとエーヴは、あれほどの苦しみと屈辱の原因となった、このジャーナリストという仕事が、頼りになり、励ましを与えうるものだと初めて知った。ペンの力によって、一人の女性が世界と繋がり、さまざまな行動を勇気づけることができるのだ。そしてもし、この職業のおかげで女性が自分たちの権利を主張できるようになるとしたら? エーヴは思いを巡らせ、イレーヌは感動していた。つまり彼女は、イギリス人サフラジェット、ハータ・エアトン同様、いかに障害を乗り越え、情熱的な人生を作り上げていくかを、二人に示してくれる女性だったのだ。霧と寒さそして風が続いた数日後、摩天楼の上には晴れた空が広がっていた。厳かで堂々とした自由の女神が、歓迎の意を表して腕を突き上げていた。エーヴとイレーヌはすでに多くのことを学んでいた。しかし二人は、この大旅行が彼女たちを変えてしまうということをまだ知らなかった。

今や、そこは沸きかえっていた。望遠鏡を覗いた船長は、桟橋に群衆が続々と集まってきているのを目にした。大勢のアメリカ人だった。中にはポーランド出身の若者たちや、男性たちや女性たち、子供たち、政府高官もいた。皆、多くの人命を救った女性を歓迎するためにやって来たのだ。急がなければ。騒ぎが大きくならないようにし、マリーを椅子に座らせ、小さく不格好な帽子を彼女から取らなければならない。ジャーナリストたちが走って甲板に上がってきて、マリーに右を向いて、左を向いてと注文をつけた。彼女はまだ埠頭に降り立ってもいないのに、疲れ切ってしまった。一方、家族で一番エレガントなエーヴは、絹のストッキングにハイヒールを履いて、皆の視線を集めていた。この下の娘は、少し心配そうに母親を見つめていたが、微笑みがこぼれ出しそうになるのを止めることができなかった。イレーヌは一九一一年のストックホルムでのノーベル賞受賞の場にいたが、エーヴは、とても控えめな学者のマリーが、実は、フランス国外では、有名であるどころか絶大な人気があると今回初めて知った。何という衝撃！

しかし間もなく、船を降り、熱狂する群衆の中に入り、人々の間にはためいているポーランドの国旗の色である紅白のバラを手にやって来た、ポーランド出身の若い女性たちに挨拶しなければならない。マリーは短いスピーチをし、ラジウムがすでにさまざまな種類の癌の患者を治療していると強調した。その後、警察のおかげで群衆から離れられたキュリー家の三人は、車に乗り込んだ。車はマンハッタンのヴィレッジ地区を全速力で突っ走り、彼女たちを、十四番通りにあるミッシー・メロニーの邸宅へと連れて行った。彼女たちはたくさんの花束に囲まれながら、休むことができた。しかし美術館を見学する時間も、セントラルパークやエンパイアステートビルを訪れる時間もなく、とにかく走り回らなければならなかった。さて、彼女たちの案内役は、細かいことによく気がつくので、心配していた。マリーはアメリカのいくつかの大学で名誉博士号を受けるというのに、その称号にふさわしいドレスもケープも持ってきていなかった。メロニーはすぐさま、必要な服を至急仕立ててくれる洋服屋に来させたが、マリーは不満を漏らした。着心地がよくないし、そもそも着られないわ。私には似合いません。三人の女性たちが彼女をなだめようとした。でもエレガントなエーヴは知っていた。母は意固地になりかねないと。

マリーはついに一着の服を作る。それは、彼女が乗り気になれず、いらだつ服であることは間違いないが、それでも数ある招待の中でどれを優先するか、もう決めなければならなかった。招待はあまりにたくさんで、三人の女性たちは目を回していた。ミッシー・メロニーは参謀として、旅程を細部にいたるまで準備し、交渉した。彼女はマリー、イレーヌ、エーヴを、アメリカ合衆国の東海岸にある、いくつかの最も名高い女子大学に連れて行った。女子学生たち！　マリーが長年教鞭を取ってきた、そして、フランスで初めて若き女性科学者たちに教育を施す責務を負ったセーヴル女子高等師範学校の女子学生たちのような。こうした女子大学を知ることは何という喜びだろう。数年後、これらの大学は、東海岸全域で女性に対するよりよい教育を充実させるために「セヴン・シスターズ」として一つのグループを作ることになる。一九二一年には、プリンストン大学、ハーヴァード大学、イェール大学始め、多くの大学が男子に限られていた。これらの大学が数々の抗議と激しい抵抗の末に女性に門戸を開くのを認めるのに、一九七〇年まで、つまり五十年近く待たなければならなかったということを、どうして忘れることができるだろう。

マリーは文化や芸術、哲学、そして科学に情熱を傾けている若い女性たちを目にして感激していた。エーヴは「マリー・キュリーを熱意溢れる若者たち、女子学生たち、彼女と同じような人たちにまず初めに会わせて、慣れさせたのは、本当に、とてもいいアイディアだった！」[*9]と喜んだ。ニューヨークの方でも、ただ傍観しているつもりはなかった。カーネギー・ホールでは女性の大学関係者から、ウォルドルフ・アストリア・ホテルではフランスとポーランドの大使を含む表情のない高官たちが出席する中、科学協会や経営者協会、熱狂した群衆から数多くの賛辞が贈られた。中には大声で喚く人もいた。一人の興奮した女性がマリーの手を強く握り過ぎて、怪我をさせ、姉と妹はそれを見て震え上がった。彼女たちの母親は苦しんでおり、押しつぶされて痛む手首を抱えて、この大旅行を終えなければならないかもしれない。すでにマリーは疲れ切っていた。彼女はこの旅を続けられるだろうか？　それでも、旅を続けなければならなかった。アメリカ中が彼女を求めていた。そして、自分たちの新聞の一面に特別な見出しを用意していた記者たちは、不安がっていた。この五十三歳の女性科学者の瞳は憔悴し、その眼差しも生気がないように見えた。彼女が来る前にミッシー・メロニーの雑誌が作り出していたイメージとは、何と対照的なのか！

しかし何よりも、目的はラジウムを受け取ることだった。疲労と手首の痛みはそのままにした。それに、ワシントンはニューヨークからわずか数時間だった。マリーのそばには、ミッシー・メロニーの他に、その世代では際立って優秀な外交官の一人で、歴史家でもあるフランス大使ジュール・ジュスランの姿が、列席者の中に認められた。彼は、歴史についての著作の一冊で後にピューリッツァー賞を受賞する。[*10]五月二十日、数百人の有名人が参列する中、アメリカ合衆国副大統領の先導で、マリーはゆっくりとハーディング大統領の前に進み出た。彼は彼女を「大国の中でも際立って貴重な支援をしてくれる国、フランスに帰化した娘」であり、そして「ポーランド出身の女性」として称えた。そして彼女の今にも折れそうな肩にリボンをかけ、貴重なラジウムの入った五十キロの箱を開けるための鍵を贈った。これはメディア向けのお芝居であり、演出だった。実際には、その一グラムのラジウムは、安全のため厳重に隠されていた。それほど危険な物質なのだ。彼らは招待客の前を一緒に歩いた。マリーは大統領の腕を取り、ようやく微笑んだ。アメリカ国民の好意、率直さ、温かいもてなしは、彼女の努力に報いるものだった。彼女のために、そして人類の幸福のために、研究は続けられるだろう。マリーは、ホワイトハウスのブルールームで、「もし事態が現状のままなら、ラジウムは私の死後、個人の財産、つまり私の娘たちの財産になってしまいます。私がアメリカからいただいたラジウムは、永遠に科学のものでなければなりません」[11]と断言した。ラジウムは帰国時に、彼女たちをフランスに運ぶ客船の船上で、密かに彼女に引き渡されることになっていた。さしあたってマリーは、この長旅を続けた。ワシントンからニューヨークへの途中、彼女はフィラデルフィアを訪れ、そこで、彼女の研究の役に立つメソトリウム〔トリウム系列に属す放射性核種〕を五十ミリグラム贈られ、また、ジョン・スコット賞を受賞した。

しかしマリーの興味を引いたのは、工業都市ピッツバーグだった。黒づくめの服装をしたマリーは、ラジウム精製工場（ラジウム・リファイニング・プラント）の責任者の腕に捕まっていた。ここで、このノーベル賞受賞者は、この金属をアメリカ市場のために加工するのに使用される機械を、自身の目で見たかったのだ。彼女は緊張で顔をこわばらせ、厳しい眼差しをしていた。彼女が目にしたのは、こうした経験をする機会に決して恵まれなかっただろうピエールと行った彼女の研究の別の面ではなかったか？　特に、フランスで許されている状況と比べると、途方もなく恵まれた環境のように見えた！　彼女の研究所のわずかな予算に比べて、どれほど経済的に恵まれていることか！　工場の驚くほどの巨大さに、マリーは身震いした。キャノンズバーグと、彼女が訪れたピッツバーグにあるスタンダード・ケミカル・カンパニーでは、世界中で精製された百二十グラムのラジウムのうち七十六グラムが製造されており、全米婦人協会からマリーに贈られた一グラムも、もちろんここの製造だった。というのも、「彼女の」一グラムのラジウムを製造するための契約を取り付けたのは、この会社だったのだ。一九六九年、ピッツバーグ大学は、この訪問を記念するプレートを設置したが、その除幕式を行ったのは、後に、ローマ教皇ヨハネ・パウロ二世となるクラクフの大司教であった。

マリーは一息つくことができた。この旅行は成功であり、ミッシー・メロニーはアメリカの女性たちから十万ドル以上集めることができた。そのうちいくらかはマリーの手元に残るので、自分の研究所を近代化するだろう。それに、マリーは、アメリカの研究室をいくつか見学できたので、自分の研究所のための新たなアイディアをパリに持ち帰ることになる。

今は、西部への大冒険の旅に出発する前に、ニューヨークで何日間かゆっくり身体を休めることが大事だった。サンフランシスコやロサンゼルスは彼女を待ち焦がれていた。寄付をした女性たちは、自分たちもマリーを称える機会が欲しかった。そして、一九〇六年、パリでピエール・キュリーが馬車に轢かれて亡くなったのと同じ日、地震で大きな被害を受けたサンフランシスコは、今や復興し、太平洋側における経済の中心の地位を取り戻していた。

しかし突然、マリーは疲労が原因で倒れてしまった。ニューヨークで安静にしていなければならなくなり、ジャーナリストたちの顔から血の気が引いた。放射線で損傷を負った彼女の腎臓が、再び痛み出したのだ。それに加えて、血圧が急激に上がっていた。彼女には休息が必要だった。彼女には成す術がなかった。それに、ミッシー・メロニーも疲れ切っていた。二人とも自分の体力を過信していたのだ。残念ながら、しかし当然のこと、太平洋側への旅行は中止された。カリフォルニアの人々にとっては何という失望！　それにマリーは、もしかしたらハリウッドで、かの有名なチャールズ・チャップリンに会えたかもしれなかったのに。彼は、作品に子供や貧しい人々を描いた映画製作者で、映画『キッド』を三か月前に公開し、大成功を収めていた。

それよりも、娘たちが付き添っているのだから、彼女たちが動き、母親の代理をして、マリーが極力出歩かないようにすることが一番だ。イレーヌは腹が据わっていた。彼女は、十七歳の時すでに、第一次世界大戦の非常に過酷な試練に立ち向かっていた。それゆえ彼女は、母親に代わって科学についてのスピーチを行った。二十三歳の彼女にとって、こうしたことは自然に思われた。

エーヴにはまだそうした役割を果たす機会は訪れなかったが、この新大陸に着いてからずっと、楽しみ、笑い、彼女の心を捉えて離さないこの国とこの国の人々のエネルギーを見出していた。彼女には、ベチューヌ河岸のアパルトマンやセーヌ川の岸辺が、何と遠く感じられたことか！　フランスでは味わったことのない陽気な雰囲気の中、彼女の周りの至る所で、都会や田舎の、また少女たちや大人の女性たちのドレスの色が鮮やかに輝いている。すべてが熱狂を印象づけた。臆せず自分の考えを口にする人間らしい熱気は、まるで、延々と続くお祭りのようだ。このお祭りには、スピーチが挟まれている一方、受賞や感謝があまりにも多いので、それらのスピーチはあっという間に忘れられてしまった。エーヴはそのことを周りにいる若い男たちに隠さず打ち明けるだろう。彼らは、彼女をあがめ始め、彼女が姉とボートに乗ったり散歩したりするのについてきたりした……。人生は美しい。そして訪れる場所の一つ一つが、彼女をわくわくさせる発見となった。

エーヴはアメリカに恋をしたが、この恋が彼女をどこに連れて行くことになるのか想像できなかった。彼女は、十六歳であり、人生を生き、若さを享受し、そして学ぶ時間が十分あった。もちろん英語で発言もした。英語は彼女の好きな言語であり、サフラジェットのイギリス人物理学者の家でひと夏を過ごした時に使っていた。彼女は、微笑んではいるが少し顔をこわばらせている姉を観察していた。自分なら人前で違ったように振る舞うだろう、と彼女は思っていた。彼女は、科学的主張をしないで、自分の魅力や優雅さを用いるだろうが、それが、周りの人々を魅了するだろう。イレーヌとともにエーヴは、話を繋ぎ、御礼の言葉を述べた。彼女はこのゲームに熱中し、微笑み、そして、かすかにフランス語訛りの発音だが、完璧な英語で議論した。そうして彼女は人々の心をつかんだ。日が経ち、マリーが少しずつ衰弱から回復する間に、イレーヌとエーヴは、それぞれのやり方で、自分の天職への確信を深めていった。

旅を再開しなければならない。それは、あまりにも遠い太平洋への旅ではないだろう。それより、キュリー家の娘たちは、ミッシー・メロニーとあの有名なコロラド州のグランドキャニオンへ行くのをとても楽しみにしていた。彼女たちはこの冒険で、後に西部劇の映画のセットとして使われるようになるサンタ・フェ鉄道に乗り、三日間旅をした。ジャーナリストたちが前もって、彼女たちの到着を報じたので、街々には人々が大挙してやって来た。サンタ・フェでは、「キュリー夫人」を迎えることを非常に栄誉としていたので、彼女たちを歓迎するために物見高い人々がプラットホームに殺到した。マリーはもはや、このような緊張、つまり、彼女の健康に害を及ぼすことに耐えられるはずもなかった。その後、マリー、イレーヌ、エーヴが落ち着いて宿泊先に車で向かえるよう、列車は駅の手前で止まった。マリーはまたしても疲労を感じていた。娘たちの方は夢中になっていた。この列車での長旅は、イレーヌとエーヴにとっては、夢の中の出来事のように過ぎていった。彼女たちはラバの背に乗り、お決まりの散策コースをたどってグランドキャニオンを下っていった。確かに危険な道ではなかったが、ラバは曲がり角に来る度に、遮るもののない眺めの場所から、深い谷底の方へ、少し頭を傾けた……。娘たちは笑っていて、めまいを起こすような様子もなかった。少なくとも彼女たちは、そんな話はしなかった。キュリー家の女性たちは、そこの自然の力強さに目を奪われ、幸福だった。彼女たちは、ブルターニュ地方のラルクエストでの滞在や、ラジウム研究所の前の小さな庭の中で、自然に対する鋭い感受性を示していた。そのうえマリーは、研究所の庭にバラを植えてもいた。しかしここでは、すべてが広大で果てしなかった。彼女たちが生涯忘れることのない幸福な瞬間だった。

帰路につく時が来た。彼女たちは快適な列車に乗り、カナダとの国境に近いアメリカ北部の、また異なった風景の中を通り過ぎていった。シカゴが彼女たちを待っていた。そして、何という歓迎！　この都市のポーランド人コミュニティの人々がそこにいた。それは大群衆であり、遠い祖国の色の衣装を着た何千人という少年少女たち、あらゆる年代の男女が、マリーに喝采を贈った。自分が生まれ、そして愛を捧げる国の魂を前にして、どうして心を震わさずにいられようか！　百万人以上のポーランド人が、一世紀の間にアメリカ合衆国に移民として渡ったが、そのうちの半数以上がこの街に身を落ち着けた。そして、一九二一年当時、ここはアメリカで第二の人口を誇っていた。

　ポーランド人の男性や女性の中には、彼女に近づいたり、触ったり、手にキスしたりしようとする者もいた。彼女に対してそれはあまりにやり過ぎだったが、彼女は、同郷の人々のパレードが自分の前を通り過ぎ、アメリカ国歌、ポーランド国歌、フランス国歌が歌われる間、微笑みながら座っていた。マリーはまたも疲れ果てたが、シカゴは彼女の心に深く刻み込まれた。彼女はブローニャの娘、姉のたった一人の子供である姪ヘレナも訪ねたが、残念なことに彼女は、母親と絶えず衝突し精神的な問題を抱えていた。親族たちは皆、両親から遠く離れれば、この若い女性は束縛から解放され、落ち着きを取り戻し、自分なりの精神のバランスを見つけるだろうという望みを持っていた。ナターシャ・ヘンリーは、マリー・キュリーとブローニャ・ドゥースカに関する伝記に、ヘレナはシカゴに多数あるポーランド系新聞の一つであり、未来を予感させるタイトルを持つ、『ル・コティディアン・デュ・プープル〔人民日報の意〕』で働いていた[*12]、と書いている。この新聞は、労働者階級を支持していた。この若い女性は少しずつ自信を取り戻し、シカゴのポーランド社会党の活動に参加したが、彼女の状態は本当に安定していたのか？　マリーはそれを疑っていた。イレーヌやエーヴにするように彼女を抱きしめたが、同胞のポーランド人たちの熱狂の旋風の中で、この訪問はあまりにも短時間となるだろう。

もう休養を取らなければならなかった。しかしまだニューヨークへは戻れなかった。いくつかの女子大学を訪問できたとして、彼女には、今や、一世紀あるいは二世紀前から差別を行い、男性しか入学を認めていない大学への訪問が残っていた。もちろんまず初めは、全大学の中で最も名高いハーヴァード大学である。一九〇六年に夫を亡くしてからのマリーの発見の重要性に関して、この大学の科学者たちの意見は割れていた。彼らは、彼女の才能とその発見の独創性を疑っていたのだ。ピエールの死から五年後の一九一一年、彼女の当時の最新の研究に対して、二度目のノーベル賞、今度はその化学賞が彼女一人に授与されたことを、まったく無視していた。とりわけ科学や知識人たちの世界では、男性たちに、女性が彼らと比肩しうると納得させるのがどれほど難しいかということを、何世紀にもわたって歴史は証明してきた。彼女に名誉学位を授与するという考えに、半数以上の科学者が反対票を入れた！　ハーヴァード大学の学長ローレンス・ローウェルは、それでも社交辞令から、彼女を、その発見に議論の余地のないニュートンにたとえた。シカゴとその地の熱狂的な群衆の後で、何とショックなことか！　ハーヴァード大学でのこの冷やかさ、マリーはそれをいやというほど知っていた。彼女は一九一一年に科学アカデミーへの入会を拒否されたことを思い出していたのだろうか？　アメリカのこちら側は、熱烈な中西部とはまったく違っていた。そして、後にエーヴによって書かれる母の伝記には、彼女たちの大旅行のこの時のことについては一言も触れられていない。まるで皆の記憶から消してしまった方がよいとでも言うように。しかしエーヴとイレーヌはこのことを忘れないだろう。特に、二人が、中でもイレーヌが、何度も何度も、何年間もフランスの科学者たちに立ち向かわなければならなくなった時に思い出すだろう。マリーを大歓迎してくれた女子大学とは何たる違いだろう。アメリカでも、女性科学者が正当に評価されるためには、なお多くの成すべきことがあったのだ。イレーヌとエーヴは、そのことに気づくことができたし、そのことを忘れないだろう。今回のアメリカ旅行では、こんなふうに影と光、温かさと冷淡さを交互に味わうことになった。その後の彼女たちの人生においても同様だろう。

オリンピック号の船室に戻る時がやって来た。船長はマリーを有名人乗客として迎え、船室へと案内した。彼女は一刻も早くそこへ行き、休みたかった。船室のドアが開いた時、マリーはため息をつかずにはいられなかった。彼女の部屋は花と電報でいっぱいだったのだ。彼女がぜひとも必要としている居住空間はどこにあるのか？　イレーヌとエーヴは、この邪魔な物を素早く片付けた。彼女たちの母親はやっと落ち着くことができた。それでも、きちんと確かめなければ。一グラムのラジウムは、確かに荷物の中にあった！

マリーはようやく、自分が経験したばかりの冒険を振り返ることができた。男性たち、女性たちのあらゆる社会階級が混じり合った一つの大陸が、彼女に敬意を払ったのだ。彼女には、嫉妬深い一部の科学者は別にして、人々の熱意の激しさがわかった。アメリカ、その活気とエネルギーは、彼女がこの先ずっと忘れることのない幸福を象徴するものとなる。そして彼女を助けてくれたアメリカの婦人団体について、もう一度考えた。それだけでなく、自分の望む職業に就きたいと思っている、フランスの女子高等師範学校の女生徒《セヴリエンヌ》たちや、デモを計画し、政府を脅かしているサフラジエットのことも。これらの女性たちは平等に扱われることを望んでいた。そして、多くの女性たちによる華々しい成果があったものの、実現できていなかった。イレーヌとエーヴは、これらのグループの力とその政治的な役割に気づいた。彼女たちは、この時はまだ意識していなかったが、こうした運動が、やがて彼女たちの進む道に影響を与えることになる。

客船が自由の女神像を通り過ぎた時、マリーはポーランドの家族を思い出した。この旅行のことを彼らに、特に大好きな姉ブローニャに話したくてたまらなくなった。ニューヨークの桟橋に立っていた友人ミッシー・メロニーのことも忘れられなかった。昼夜にわたって、笑顔、知性、才能、献身、そして思いやりを欠かさなかった彼女は、もう彼女のそばにはいなかった。しかしマリーは、この大旅行の成功は彼女のおかげであるとわかっていた。マリーは彼女に、尊敬と感謝ばかりでなく、計り知れない愛を感じていた。彼女のおかげで、人を治療し、その命を救うための彼女の研究が可能になるのだ。ミッシー・メロニーは友だち以上に、心の家族の一員になった。フランスに帰国すると、このノーベル賞受賞者は、ミッシーがレジオンドヌール勲章を授与されるように願い出ることを忘れないだろう。そして、ミッシーはそれを受賞することになる。

ル・アーヴル〔フランス北西部の大西洋に臨む港湾都市〕に、続いてサン・ラザール駅に到着した時には、何と様子が違っていたことか！　誰も彼女たちを出迎えに来ていない。彼女たちが旧大陸に戻ってくる間に、別のフランス人が、歴史的なボクシングの試合を行うためにアメリカに到着していた。その前年にジャージーシティで世界チャンピオンのタイトル奪取に成功したジョルジュ・カルパンティエは、その「華麗な」スタイルで人気の的だった。彼は再びアメリカで戦うことになっており、フランスはもう、その優雅な物腰でアメリカ人を魅了している、若く才能溢れるこの男のことしか考えていなかった。ジャーナリストたちは、キュリー家のアメリカ旅行とその成功をなおざりにして、この伝説のチャンピオンを息せき切って追いかけていた。駅には一台のタクシーもいなかった。街は静まり返っていた。こんなに重い木箱に入ったラジウムを持って、どうやってサン・ルイ島まで帰ればいいのか？　どうやってそれを守ればいいのか？　運転手たちは皆、車の外に出て、街角に設置されたスピーカのそばの停留所で、例の話題の試合の中継を聞いていた。この試合では、数発の強打の後、アメリカ人ボクサージャック・デンプシーがジョルジュ・カルパンティエを倒した。ありがたいことに、若い研究者が彼女たちを駅に迎えに来て、箱を研究所まで運んでくれた。ところが、何ということだ、ついていない！　鉄格子の門は閉まっていて、門衛も見つからなかった。貴重なラジウムがここにあるのに！　このラジウムのためにマリーは大西洋を渡り、アメリカ中を走り回り、そして、大きな危険を冒して、慎重に運ぶ必要があったのに！　悪夢。この若い科学者は、何時間も門前の街路の地面に座って待った。[*13]夜になった。一晩外で待たされた挙句、夜更けになって門衛が何事もなかったように守衛室に帰ってきて、やっと研究所を開けてくれた。ラジウムは助かった！

　夏がやって来た。ラルクエストを訪れ、休養し、あの家、まさにこの海辺のソルボンヌで、本来の自分を取り戻し、ブルターニュの空気を吸い、自分が信頼する友人たちと再び会う時だった。再び母と娘たちは一緒にいた。マリーは泳いだり、庭仕事をしたり、のんびり過ごしたり、歩いたりすることに改めて幸せを感じた。それでも彼女はしつこい疲労感に始終悩まされ、弱った視力が気がかりで、失明するのではないかと心配していた。ニューヨークで、眼科医に診てもらったが、安心を得られるどころか、むしろ落胆した。彼女はまだ五十五歳だったし、研究を続けるためには自分の目が必要だった。

しかしマリーは、健康上の問題で自分の研究が難しくなっているだけでは足りないかのように、その一年後、科学の分野ではなく、知的な分野で新たな任務を引き受けた。第一次世界大戦によるトラウマや新たな紛争を起こしたくないという願いが、人々や国家を動かしていた。新たな紛争を回避することが、かの名高い国際連盟の目的だった。第一次世界大戦後のヨーロッパで平和を維持するために、合衆国大統領ウッドロウ・ウィルソンによって提唱され、ヴェルサイユ条約で承認されて、一九一九年に発足したこの国際組織はジュネーヴに設置された。そして一九二二年八月から、まず式に発足した、国際連盟知的協力委員会のメンバーに指名された。マリーは、一九二二年に正ずはフランス人哲学者アンリ・ベルクソンを議長として、多くの会合が持たれることになった。委員会の幹部は、十九人の著名人、男性十八人と女性一人によって構成されていた。マリーはそこで、ポール・ランジュヴァンやアルベルト・アインシュタインを始めとする大切な友人たちと再会した。討論は、ベルギーやスイスでも、実験室での仕事や継続中の研究の時間を奪って、何時間も何日も際限なく続いた。しかしマリーは心の底からこの仕事をしなければならないと思っていた。一九一八年に降伏したドイツをこれ以上辱めずに、科学分野で協力するための解決策を探ることは、取るに足らない仕事ではなかった。それはあまりに面倒で無駄な行為なのか？　彼女は何度も自問した。アインシュタインは、やがて委員会を抜けてしまうだろう。マリーは、第二次世界大戦後の一九四五年、フランス代表団が国際連合の第一回審議で、ド・ゴール将軍の提唱のもと、レオン・ブルムの交渉人としての才覚のおかげで、国際連合教育科学文化機関、略してユネスコをフランスの地に、パリのエッフェル塔の前に設置する約束を取り付けるのを知るほどには長生きできない。

ユネスコは、マリーが並々ならぬ力を注いだこの委員会の継承者となるだろう。彼女は時間を無駄にしない。それから二十五年後の一九四七年、フランスユネスコ国内委員会の発足式の際に、ノーベル化学賞の受賞者である、彼女の娘婿フレデリック・ジョリオ゠キュリーと、将来ノーベル文学賞を受賞することになるフランソワ・モーリヤックが、多くを彼女に負っているこの国際連合の組織について演説を行うことになろうとは、彼女に想像できただろうか？　もちろん、開会の言葉を述べるよう招かれたのは、自身の才能によって認められた二人の男性だった。それでもまず初めに、同様にノーベル賞受賞者であるマリー・キュリーの娘に、二つの戦争の間に国際連盟で彼女の母が行った仕事を記念して、一言発言するように頼むことはできなかったのだろうか？　しかし一九四七年には、ユネスコは男性社会であった。当時の白黒写真を見ればよくわかる。二〇〇〇年代以降、その歴史で初めて、二人の女性が続けてこの組織を率いた。一人目はブルガリア人イリナ・ボコヴァ、そして現在はフランス人のオドレ・アズレである。二人とも学問、文化、教育の分野での女性の地位向上と、報道の自由を全力で擁護してきたし、現在も擁護している。こうした取り組みはマリーやイレーヌ、そしてエーヴの正義を求める心に強く響いたに違いない。

＊

アメリカは彼女に、ポーランドを思い出させた。彼女の祖国ポーランド、そしてブローニャや他の親族のいるポーランドを。そしてとりわけ、解放された祖国をもう一度見たいという思いを。ポーランドへの旅は、結局のところ大型客船で大西洋を渡ったり、列車でアメリカ大陸を横断したりするほど長くはないだろう。したがって、それほど疲れさせるものではないだろう。今回、ロシアの支配からついに解放された子供時代を過ごした地に戻って、よく知っている場所や風景、懐かしい人々の顔を再び見ることができ、彼女は希望と感激でいっぱいになった。ブローニャやその夫カジミエシュ・ドゥースキを抱きしめることができて、本当に幸せだった。しかし彼らは、シカゴに住む一人娘を心配しており、彼女のことがいつも頭から離れなかった。一方マリーは、アメリカ旅行のおり、短い時間彼女と話したものの、この若い女性が結局心の安らぎを見つけていたのかどうかわからなかった。そうして、夫婦が二十年かけて築き上げ、拡張し、結核患者を治療してきた、コシチェリスコのサナトリウム、すなわち彼らの作品を手放さざるをえなかったことを思うと、マリーは悲しくなった。彼らはワルシャワの近くに移り住み、やはり彼女、ヘレナの世話をするために、このようなつらい犠牲を払ったのだ。[*14] ブローニャとカジミエシュは、首都のすぐ近くに草木の生い茂る地所を買い、今までより小規模なサナトリウムを建設していた。彼らは病人を治療し、その命を救い続けるだろうが、悲しみは続く、とマリーは感じていた。

さしあたってマリーは、ポーランドを巡る今回の旅の間に、ブローニャやカジミエシュのもとで何日間か休養し、少し落ち着きを取り戻した。この十月、部屋から見える森の木々は黄褐色に輝いていた。その時、彼女は当たり前のことに気づいた。パリのように、ワルシャワにもラジウム研究所を作りたい、ブローニャが運営に当たればいい。そうだ、家族で一緒に働くことは、今は亡きピエールとともに見出し、共有した幸せだった。共同で行う活動、すなわち自分の能力以上の計画に情熱を注ぎこむことができたのは、家族の結束のおかげだった。ピエールが亡くなった後、第一次世界大戦中、イレーヌが「プティット・キュリー」に乗って彼女と一緒に戦場を巡った時に、彼女はすでにそれが励みになることを、体験していたではないか？　イレーヌが自分と同じ道を歩んで行くことを、彼女は知っていたが、もし今度はブローニャがラジウムに関する新たな試みに加わってくれるなら、マリーの研究者あるいは科学者としての人生にとってだけでなく、未亡人としての人生にとっても、より一層の支えになるだろう。

しかしマリーは、ポーランド横断の旅を続けなければならず、ブローニャやカジミエシュと別れた。しばらくは二人に会えなくなる。少なくとも彼女はそう思っていた。ところが、急いで彼女に報告に来た人がいた。一刻も早く姉に電話をかけなければならなかった。ブローニャとカジミエシュの一人娘ヘレナが、シカゴで命を絶ったのだ。またも精神的な問題だった。マリーは動揺した。一人息子が亡くなった後、姉にはもうたった一人の子供、病気の不安と戦っていたこの娘しかいなかった。今やブローニャとカジミエシュには子供がいなくなってしまった。そしてポーランドという国は、常に情け深いわけではなかった。宗教の影響がとても強かった。ヘレナは自殺したので、ワルシャワの家族のそばにも、弟のそばにも埋葬できなかった。何とむごいこと。マリーのこの姪は宗教に則った正式な葬儀をしてもらえない……。マリーは打ちひしがれていた。今回のポーランドド滞在は、とても楽しいものだったが、それ以降死の灰の味しかしなかった。

マリーは心配していた。ブローニャとカジミエシュは、どうしたら二人の子供の死から立ち直れるだろう？　働くことだけが心の傷を癒す唯一の薬なのかもしれない。まず、と、ナターシャ・ヘンリーは説明している。「二人はラ・マール・オ・カナールの所有地を、児童施設にするようにと社会党に寄付した。この慈善施設がヘレナという名を持つことと、非宗教的であることという二つの条件を付けて」[*15]。一方マリーは、ワルシャワのラジウム研究所の建設計画を進めなければならないと思った。そうするにあたって、ブローニャは、資金を調達したり、場所を確保したりするために必要な多くの手続きをすることになるだろう。率先して行動するには、時間やエネルギーが必要で、姉の頭がいっぱいになるだろう。それに幸いなことに、もし彼女が、夜疲れて帰宅するなら、少しは眠れるかもしれない。いずれにしても、ブローニャ自身が医者であり、新しい治療法なら何でも、特に癌に関する新しい治療法を待ち望んでいた。彼女は、ピエールの死後、パリでラジウム研究所が建設されるのを、そして宣戦布告と時を同じくする一九一四年のその開館を、どんなに熱心に見守っていたことか。彼女もまた、研究にすぐに使えるラジウムの材料がアメリカにあることを知っていた。マリーはそれを手に入れるための苦労を繰り返し彼女に話していたので、今度は自分がラジウムをポーランドで探すために、全力を傾けてもいいと思っていた。そう、今度の研究所は、彼女のものであり、そしておそらく、もし将来開館すれば、多くの人命を救うことができるだろう。

パリに戻ると、マリーは、さまざまな喜びと、姪ヘレナの死という悲しみに分断されたこの一年のことを考えた。そしてまた、娘たちのいる前で、アメリカ合衆国において受けた最高の国際的評価と、ついには自分の研究を続けるのに不可欠な一グラムのラジウムを与えられたことに思いを馳せた。そして年の初めの今は、もはや自分の研究のことだけを考える時だった。しかし、驚くべきことが彼女を待っていた。フランスの科学アカデミーは彼女の入会を拒否したとはいえ、医学アカデミーの方は、それほど女性蔑視でもなければ、偏狭でもなかった。医学アカデミーが、彼女に椅子を用意したのだ。マリーは癌患者のための新しい治療法の発明に貢献したのではないか？ 彼女は、人命を救ってきたし、これからもさらに救い続けるだろう。彼女の手や目が示しているように、自分の健康を犠牲にしても、他人の健康に一身を捧げている才能豊かな女性に対して敬意を払うべき時だった。栄誉を称えるために地位を与えること。つまり、彼女は自由会員として選ばれる初めての女性となる十分な資格があった。二重の意味での快挙だった。キュリー博物館の学芸員ナタリー・ピジャール＝ミコが念を押すように、マリーは会員に立候補したわけではなかった。一九一一年に科学アカデミーから入会を拒絶された記憶が、彼女にひどい後味を残していた。古い資料の中から、彼女を中傷する記事を再び取り出し、ポール・ランジュヴァンとの関係のスキャンダルを蒸し返す人もいるのではないかと、彼女は恐れていた。また侮辱されたら、もう耐えられなかっただろう。それほど彼女の精神も肉体もいまだに傷口が開いたままだった。

一九二一年七月三十一日の動物学者エドモン・ペリエの死に伴い、医学アカデミーの椅子が一つ空いた。医師であり、フランスにおける放射線学および放射線治療の第一人者であるアントワーヌ・ベクレル教授は、同年十一月に三十五人のアカデミー会員が署名した嘆願書を提出した。しかし一九二二年当時、五つのアカデミーから成るフランス学士院にすれば、女性を受け入れることは、何たる非常識な考えだったことか！ 幸い、医学アカデミーはフランス学士院に属していなかった。したがって会員は、自分たちの意思で、女性を受け入れると決定することができた。しかし嘆願書は、期待したような結果を得られないだろう。この医師たちの集まりでは、大半が保守的で、当時の会長も激しく反対していた。それでも、頑固で毅然としているアントワーヌ・ベクレルは、引き下がらなかった。内密の会合で、アカデミー会員による投票が行われた。もしマリーの立候補が公に発表されても、彼女がもう侮辱されなくてすむと保証があることが大事だった。投票の結果は大いに期待できるものだった。その結果を知って、というのも秘密は守られなかったので、パリは噂にざわめいた。エドモン・ペリエの後任の椅子を狙っていた他の候補者は皆、立候補を取り下げた。

二月十七日、マリー・キュリーは六十四票の賛成で選出された。約二十名の会員は投票に行くべきではないと判断した。この勝利、およびこの評価を彼女は重く受け止めるだろう。彼女は早速、アカデミーの複数の委員会、特に賞を授与する委員会のメンバーになることを決心した。[*16] 仕事だ。もっと、そしてずっと。休むことなく。

マリーの古い友人であるアルベルト・アインシュタインが、彼女に連絡を取ってきたのはその頃だった。一九〇九年からコレージュ・ド・フランスの教授に選任されているポール・ランジュヴァンのおかげである。まだまだ第一次世界大戦の傷が癒えるにはほど遠いが、ポール・ランジュヴァンは、二人の共通の友人であるアインシュタインに、彼の有名な相対性理論について話してもらうために来てほしいと思ったのだ。当時アインシュタインはまだノーベル物理学賞を受賞してはいなかった。それは、ポール・ランジュヴァンにとってもアルベルト・アインシュタインにとっても、勇気のいる賭けだった。というのも、彼はスイス国民だったが、フランスの新聞ではドイツ人と見なされていたし、そのうえユダヤ人であった。彼を目の敵にするような反応が起こることが予想され、マリーは彼の身の安全を心配していた。アインシュタインは、駅のプラットホームに到着する前に降りなければならなかったが、それはアメリカでのマリーのように、熱狂する群衆から逃れるためではなく、敵意に満ちた人々から逃れるためだった。彼の到着の知らせにカルチエ・ラタンは騒然としていた。フランスの高等教育を象徴する場所であるサン・ジャック通りおよびエコール通り、ソルボンヌやコレージュ・ド・フランスの前には、自然発生的にバリケードが築かれた。それでも、フランスさらには国際的に名声を得ている学者たちの前で研究発表を行うことは、まだその価値を正当に評価されていないこの物理学者にとっては重要なことだった。何年も前から不当な仕打ちが続いていたが、それほど彼の理論はある人々にとっては理解できないものだった。ノーベル委員会のメンバーたちも保守的な見解を示していた。だから彼は、自論の正当性を聴衆に納得させなければならなかった。人が押し寄せることが絶対にないように、入場は招待制だったが、会場内は人々でいっぱいだった。一番前の席には、彼の友人たち、マリー・キュリーとポール・ランジュヴァンがいた。もう何年も前から、彼らは互いに助け合ってきた。忠実な友人だった。アルベルト・アインシュタインは、時折ポール・ランジュヴァンの補佐を受けながら、フランス語で説明した。ソルボンヌでの講演は、華々しい勝利とさえなるだろう。ところがその反面、政治的対立が明るみに出た。フランスアカデミーの会員たちは、もしアインシュタインがホールに入ってきたら、出ていくと脅した。アインシュタインの伝記作者ドゥニ・ブリアンは、次のように記している。[*17] 一方、日刊新聞『ユマニテ』は、ボルシェヴィキによる革命が最高潮に達し、不安を振りまいている時に、「私たちの外にある世界についての最も一般的なものの見方、とりわけ空間と時間の観念を一変させた天才的な理論を唱えるアインシュタインを、この時期に賓客として迎えたことは、フランスの学者たちの誉れである」と明言した、と。

マリーはようやく安心した。彼女はこの友人のことをよく知っていたので、彼がその繊細さやユーモアのセンス、知性、率直さでコレージュ・ド・フランスの聴衆を魅了できるとわかっていた。しかしこの物理学者の方は、反ユダヤ主義の危険性、すなわち、徐々に重苦しくなっていく世間の雰囲気を、誰よりも敏感に感じ取っていた。一年後の一九二三年、ヒトラーがミュンヘンでクーデターを企て、ユダヤ人社会をますます脅かす演説を行ったことで、彼の懸念の正しさがなおさら証明された。そのうえ、ライン川の向こう側では、一九一八年の敗戦が深い恨みと憎しみを生み出していた。ヴェルサイユ条約はドイツ国民に亀裂を入れた。ベルリンでは反ユダヤ主義が民衆の心を捉えていた。ワイマール共和国が成立して数年しか経っておらず、まだそれほど知名度はなかったヒトラーは、地方で猛烈な勢いを持っている国家社会主義ドイツ労働者党の、すでに揺るぎなき指導者だった。ヴァルター・ラーテナウの外務大臣への任命は、人々を不安にし、殺すぞという脅しや暗殺の企てを引き起こした。ユダヤ人が、これほど戦略的な大臣のポストに就くことに、ナチス党員たちは激怒していた。

アルベルト・アインシュタインは、不安な気持ちでこの政治的緊張を見守っていた。ヴァルター・ラーテナウは、狂信的極右から自分の身を守る厳重な安全対策を取らず、オープンカーで移動し続けた。彼は一台の車から発射された二発の銃弾によって暗殺された。この物理学者は大群衆に混じって葬儀に参列した。彼は脅迫を受けていたが、それをますます深刻に受け止めるようになった。彼は、少しの間ヨーロッパから逃れることにし、旅に出て、華々しく中国や日本を巡ることを計画した。一九二二年秋、東京へと向かう船上で、彼は、自分が一九二一年度のノーベル物理学賞を受賞したことを知ったが、実際、それは保留されていたのだった。ついにだ！　多くの先輩たちが支持していたにもかかわらず、彼がこのように認められるようになるのには十年以上かかった。そのニュースを聞いてマリー・キュリーはほっとし、うれしかった。もっと後に、彼女や彼女の娘たちに対して援助と友情を示してくれる、その人の真価が認められたのだ。アルベルト・アインシュタインが、国際連盟の知的協力委員会をもう信じることができなくなって去ろうとした時、マリーは彼を思いとどまらせようと説得した。

若いイレーヌは研究所やベチューヌ河岸から、こうしたイデオロギー的で学問的な戦いを注意深く追っていた。彼女には、政治と学問が徐々に結び付いてきているように思えた。後に彼女が、ドイツやイタリア、スペイン、ポルトガルのファシズムの独裁者に反対の態度を表明するようになるのは、こうした影響からだろうか？　そう考えることはできる。とにかく、とても若かった彼女は、自由や民主主義、平等な地位を勝ち取るために女性が戦う必要性に関して、鋭い問題意識を持っていた。彼女は自分が知った反ユダヤ主義のおぞましさを、一生涯忘れることはなかった。彼女は、人間の基本的な権利と科学研究を守ることに取り組む優れた人物たちのそばで、成長し、大人になったのだ。一方エーヴは、アメリカから戻ると、メの言いつけ通りコレージュ・セヴィニエに戻り、本腰を入れて勉強しなければならなかった。さらにキュリー家の他の二人の女性たちのなるべく邪魔にならないようにしながら、ピアノの腕に磨きをかけなければならなかった。エーヴはイレーヌと同じくらい注意深い娘だったし、イレーヌより若く、時間もあったので、目の手術の度にマリーの世話をし、彼女が食事したり郵便物を読んだりするのを手伝うことになる。母親の方は、どうしても研究が続けたいので、彼女が必要だった。マリーはこうした試練から立ち直ると、エーヴをジュネーヴでの知的協力委員会の会合に連れて行った。スイスで母娘は、アルベルト・アインシュタインと連れ立ってレマン湖のほとりを散歩した。彼はこの次女を小さな子供の頃から知っており、優しく話しかけ、冗談を言っては、時折彼女を笑わせた。エーヴはまだ知らなかったが、彼女はやがてこのレマン湖の道を再び訪れることになる。そこは彼女の人生に平穏を約束する場所になるだろう。

第5章　ある女性科学者の輝きと黄昏

「何て我慢のならない、冷たい女なんだ！　この研究所に残って働き続けるかどうかわからない」。

短気で、ハンサム、すらっと背が高く、おしゃべりで魅力的なこの若い男性は、パリ市立高等物理化学学校を首席で卒業していた。ここはキュリー一家にとって馴染みのある学校で、ピエール・キュリーの記憶が、彼の死後十八年経った後もなお色濃く残っていた。ある教授が、フレデリック・ジョリオをマリーに推薦した。ポール・ランジュヴァンその人だ。彼とマリーは、相手を思いやる友人同士であったし、これからもそうあり続けるだろう。一九二四年十二月、狂乱の一〇年代の真っただ中で、若者たちは楽しむことに没頭していたが、マリーはイレーヌにこの新しい入所者の育成を任せた。しかし、それは簡単なことではないだろう。イレーヌはその頃失恋を繰り返しており、よそよそしく無愛想な態度で接し続けた。男たちのおしゃべりや自由奔放さに彼女はうんざりしていた。一方フレデリックは、社会における女性の役割について従来通りの考えを持っていた。「マリー・キュリーの実験助手[*1]」という肩書をこれからのキャリアで利用できるチャンスだと思っていたのに、一人の女性から意見されたり批判されたりすることに彼は我慢ならなかった。あいにくイレーヌは、マリー以上に、彼に遠慮しなかった。彼もまた、他の人たちのように、一つのことを学ばねばならなかった。ただそれだけだった。

一方イレーヌは、自らの生涯を研究に捧げることになると確信していた。これほど自然なことがあるだろうか。彼女は、マリーのソルボンヌでの授業の準備をし、ポロニウムに関する研究を手伝っていた。イレーヌの伝記作者ルイ゠パスカル・ジャックモンドは述べている。一九二二年、「彼女はウランやトリウムを含む農業用肥料の放射能を測定する検電器を開発した。一九二三年には、彼女は自分の研究テーマに集中していくが、それは、大量のポロニウム線源を用いなければならないものだった。したがって彼女は、ラジウム崩壊によって生じるラドンとポロニウムの分離という複数の過程を展開させた[*2]」。

自分はこんな雰囲気の研究所に留まって、働き続けるのだろうか？　彼は自分にはそれだけの忍耐力がないと感じていた。しかし少しずつ、自分の魅力を武器にして、イレーヌを微笑ませ、ついには笑わせることに成功した。快挙だ。彼らは自分たちには、自然とスポーツという二つの共通の趣味があることがわかった。それに、実は政治に対する考えが近く、読書の傾向も似ていることがわかった。このノーベル賞受賞者の娘は、第一印象ほどいけすかない女ではないのかもしれない……。

一九二五年三月二十七日フレデリックは、若きイレーヌの発表を聞くために、数百人ものフランス内外の科学者や、物見高い人々で溢れかえった講堂にいたが、その時にはまだ、辞表を提出していなかった。イレーヌはそこでキュリー家の発見の延長線上にある研究テーマ「ポロニウムのアルファ線」についての博士論文の審査を受けていた。驚くべき数の観衆がいた。雑多で多様な群衆の中には、裕福であるとわかる、趣味のよい服装や非常に仕立てのよい服を着た男女が多くいた。イレーヌとは正反対だ。マリーはこの場にいなかった。今日の主役は彼女の娘だった。マリーがいるせいで人々の注意が逸れてしまっては元も子もない。パリ中の主だった人々がこの若き有名人の舞台を見に来ていた。内容がまったく理解できないのに、微笑んだり、ひそひそ話をしたりしていた。それがどうしたっていうの。イレーヌは自分のノートと発表だけに集中して、どんな人が聞いているのかほとんど気にしなかった。論文審査委員による短い審議の結果、イレーヌは拍手喝采の中、国家博士号を授けられた。マリーはラジウム研究所の庭で、娘や友人、家族、同僚たちを待っていた。雲一つない空の下、春の初めの肌寒さにもかかわらず、シャンパンを振る舞うために研究室のコップが持ち出された。実験用の器具がティーポットの代わりになり、実験用脚付き盆はビスケットでいっぱいになっていた。皆は研究所の庭のあちこちにいて、ビスケットをつまみシャンパンを味わおうとしていたが、ビスケットもシャンパンも全員に行きわたるほど十分にはなかった。

人命を救うために「プティット・キュリー」で戦場に赴いてから十年近く経った後、彼女はついに物理学博士になった。イレーヌには自分のテーマがわかっていたし、彼女の専門的能力は申し分なかった。彼女は興奮していたが、穏やかな気持ちでもあった。それに、当然ながら自信もあったし、他の女性たちに影響を与える存在になってゆくだろう。一九二五年はイレーヌにとって、世界への第一歩を踏み出した年だった。その世界は妹のそれとはまったく異なっているだろうが。エーヴは、年末には二十一歳、つまり成人になるが、初めてのピアノコンサートを開く予定だった。これも一つの挑戦だった。

目下、世界中のマスコミ、特にアメリカのマスコミは、イレーヌの博士論文の口頭審査に熱い視線を注いでいた。『ニューヨークタイムズ』は彼女のために、大きく紙面を割いた。誰一人、この三人の女性たちのアメリカ合衆国への旅と、大統領から渡された一グラムのラジウムのことを忘れてはいなかった。アメリカの新聞各紙は彼女を称賛する記事を発表した。しかしフランスのマスコミは、女性という彼女の立場についての質問を必ずした。まだ二十八歳なのに、女性にとって、結局は困難で骨の折れる仕事をしていくことは怖くありませんか？　イレーヌは母親と違って、マスコミから逃げたりしなかった。『ル・コティディアン』の記者の質問に対する彼女の回答は明快だった。「とんでもない」と彼女は答えた。「女性と男性の科学に対する能力は、まったく同じだと考えています。しかし女性の科学者は、社交上の義務をおろそかにせざるを得ません」。――「そして家庭内での義務も？」――「その負担をすべて負う覚悟があるなら、家庭内の義務も受け入れることができます、さらに……。私の場合、科学は私の人生で最も価値のあるものだと思っています」[*3]。アルベルト・アインシュタインは彼女に祝電を送った[*4]。ミッシー・メロニーは、アメリカからお祝いの気持ちを表明した。彼女はかの地で、社会を改善する運動を続けており、アメリカの女性たちが自分の好きな職業を選べるように支援していた。嫉妬深い人たちは、彼女が二人のノーベル賞受賞者の子だとあげつらっていたが、それは、まるでこの若い女性が十七歳から必死で研究してきたことを証明できていないとでも言うかのようだった。それでも、彼女自身はとても喜んでいた。マスコミはこの出来事に飛びついたが、同じ年に開催されるエーヴの初めてのコンサートに対しても同じように振る舞うだろう。彼女たちはフランスで最も偉大な学者の娘ではないか？

　気をつけろ、キュリーの後にまたキュリー〔「気をつけろ、列車の後にまた列車」という踏切事故を防ぐ標語をもじったもの〕。ジャーナリストたちは目を光らせていた。アパルトマンではエーヴが、ピアノの前で必死に練習していた。もうすぐ聴衆を前にしての初のコンサートを開こうとしている彼女は、あとひと月で成人年齢に達する。一九二五年十二月六日には二十一歳だ。不思議な気持ちだった。彼女は芸術の世界で認められ、抜きん出た存在になることを願っていた。確かに両親や、幼い頃から常に自分の上にいる姉にとっては未知の世界だった。ピアノの音がアパルトマン中に鳴り響いていた。通り過ぎる平底船の警笛が時折そこに加わった。エーヴは何時間もぶっ続けで弾いていたが、その隣では、彼女がラルクエストから、時々ふざけて手紙を出していた猫が、飛び跳ねたかと思うと急にまじめくさった様子をしていた。

　それでも、華々しいキャリアを踏み出すのだという希望の後には、不安がやって来た。音楽教育者としての才能が広く知られている、傑出した音楽家アルフレッド・コルトー〔一八七七－一九六二。フランスのピアニスト、指揮者、教育者〕は、彼女を弟子に取ることを断っていた。ショックだった。それでも最後にはこの巨匠は、彼女のレベルをテストすることには応じてくれた。こうして彼女は夢を抱くようになった。その一九二五年十二月には、ディアギレフ率いるバレエ・リュス〔ディアギレフが一九〇九年にパリで創設したバレエ団。今日のモダンバレエの基礎を築いたとされ、美術やファッションにも大きな影響を与えた。一九二九年解散〕や、チャールズ・チャップリンの『黄金狂時代』にパリ中が目を見張った。このイギリス人の監督兼俳優は、その映画の中で不幸や貧困を巧みに告発していた。死ぬまでＦＢＩの長官であったジョン・エドガー・フーヴァーはこれに激怒し、彼を危険な共産主義者と見なした。そして生涯彼を追いかけ回し、執拗に攻撃するだろう。一方エーヴは一九二五年十一月八日、ついに初リサイタルを行うことになる。確かに、名の通ったホールではなかった。しかし農業者協会のホールというのは、アルフレッド・コルトーが芸術監督を務める私立学校エコール・ノルマル音楽院の付属施設であった。前夜、ジャーナリストたちが、興味本位で、キュリー家の若い方の娘をインタビューしにやって来た。彼らはまだエーヴを知らなかった。この家族にとって何という年だろう！　若いエーヴもまた、非凡な才能の持ち主だということが明らかになるのか？

それにしても、ずっと前から自分の道を決めていた姉とは、何たる違いだろう……。趣味のよいドレスを着たエーヴは、穏やかな話し方、つまりその控えめな話しぶりでジャーナリストたちを魅了した。彼らは、演奏を聴きに来るに違いない。マリーは最前席にいた。それゆえ、皆がこっそりと彼女を観察していた。彼女は誇らしく、そして何より期待していた。エーヴは本当に自分の道を見つけたのだろうか？　やっと幸せになれるのだろうか？　もうすぐ彼女は、母が運用してきた父親の遺産を受け取ることになるので、自分のアパルトマンを借りることができる。それでもエーヴは、変わらずベチューヌ河岸で母親と夕食を取り続けるだろう。彼女にはまだ、旋風のように自分を巻き込む招待や、社交上の外出がどれほどの数になるのか見当もつかなかった。

コンサートの後の批評は、熱狂的ではなかったものの、丁重で好意的なものであった。キュリーという威信ある名前の効果だったろうか？　標準的な日刊紙『ル・タン』〔一八六一年パリで創刊された日刊紙。第三共和政下の代表的新聞。一九四二年廃刊〕の記者は、演奏のムラを指摘しつつも、「聡明で確かな理解力、着想と輝き、情熱、そして（……）普通では考えられないほど堂々としていること」[*5]を褒めた。しかし多くの論評はエーヴに、もっともっと、懸命に練習しなければならないと示唆していた。彼女は大いに練習を重ね、三か月後の一九二六年二月に二度目のリサイタルを開いた。『ル・タン』の同じ音楽評論家からのもっと大げさな賛辞によると「タッチはよりのびのびと滑らかになり、響きは多彩になったようだ」[*6]。面目は保たれたが、勝負に勝ったわけではないと彼女は感じた。彼女の前途は、安泰にはほど遠かった。

＊

ワルシャワで、ポーランド共和国大統領の傍ら、姉ブローニャと義兄に囲まれ、マリーはついに、姉に託すつもりのラジウム研究所の着工に際して最初の石を置いた。おそらく、この夫婦が二人の子供を亡くした後で少しでも心の平穏を取り戻すのに、役立つだろう。ヘレナが命を絶ってからすでに四年が経っていた。マリーには、研究所を確実に立ち上げるために譲ることのできる、第二のラジウムはもうなかったが、彼女はそのことを十分に考えており、解決できると思っていた。今はブローニャが工事を監督していた。近いうちに、癌研究・検診センターがオープンするだろう。ようやく解放されたポーランドを再建する手助けをしなければならない。途方もない、しかしぜひとも必要な挑戦だった。数年にわたって、マリーは姉や親族に会うために、そして何よりワルシャワに自分の名を冠した新しい研究所を開設するために、ポーランドを訪れていた。後に娘エーヴが記しているが、それは第一次世界大戦が終結し、ポーランドが解放されて以来、強迫観念のようにマリーの頭から片時も離れない思いだった。初めの石が置かれた時、マリーは、彼女たちにとって大学教育を受けるための約束の地、パリに着いてからの数年間の、自分たちが歩んできた道のりを思わずにはいられなかった。二人の姉妹は大統領の方を振り向いた。スタニスワフ・ヴェイチェフスキは、三人ともが、親しい人たちから遠く離れたポーランド出身の学生だった頃、パリでの若き仲間だったのではないか？

マリーにとっては、ポーランドやフランスだけに留まっている場合ではなかった。彼女を大いに勇気づけてくれたアメリカ旅行の一年後、マリーは、ブラジルを巡る長旅に出ることを承諾したのだ。ただし、娘たちの一人が同行するという条件で。それはイレーヌになるだろう。彼女となら共同で行っている科学研究について意見交換ができるだろう。この旅はさい先がよさそうだった。エーヴはついて来ないだろう。彼女はジャーナリストになるかどうか迷っていた。ポール・ランジュヴァンとやり取りした手紙事件の際、悪意ある記事によって傷付けられたマリーが、軽蔑し続けている職業であり、新聞の発行部数を伸ばすためだけに嘘をついたり、大げさな表現をするといって非難している職業なのだ。しかしミッシー・メロニーに出会い、彼女のおかげで一グラムのラジウムを手に入れることができて、この女性学者の態度も和らいでいた。エーヴは、自分自身どうしてよいかわからず、迷っていた。心が重い、彼女は独りぼっちだと感じ、少し自分を見失っていた。二十一歳、もうすぐ二十二歳にして、この若い女性は自分の存在理由に関して危機に陥っていた。人生で成功すること、母や姉のように自分の道を見つけることは、彼女にとって当たり前のことではなかった。ブラジルへ向かうイタリアの客船から、マリーは下の娘に手紙を送ったが、そこには不安がにじみ出ていた。「愛しい子へ。今朝甲板に行って、アメリカでの（ピアノコンサートの）契約を結んだことを知らせる、あなたからの電報を受け取りました。それは大きな決断です、我が子よ。それから私は、あなたが不安がっていたことを覚えています。でも勇気を奮い起こし、この試みを成功させるように努力することが大切です。望みさえすればできるのです。そしてあなたはきっとそれを望んでいるはずです」[*7]。

その数日後、船が港に接岸する直前に書かれた別の手紙には、「(……)私は今まで、あなたとこんなにも遠く離れ、通信にこんなに時間がかかったことはありません。だからずっと心配で、気が気ではありません。それにこの旅行が、こんな長い間研究を中断するだけの価値のあるものを私に与えてくれるか、はなはだ疑問です」[*8]。到着時にはフランス大使も出迎え、現地の歓迎は、温かかった。歓迎会や講演会もあり、確かにその雰囲気は格式ばってはいたが、五年前に経験したような人だかりもなければ、そのために立ち往生することもなかった。マリーは相変わらず地味なドレスを着て、分身とも言える長女に見守られながら、スピーチを行った。イレーヌはエーヴに書いた。「彼女はとてもうまくこなしています」。マリーは講義の準備をし、日課の体操をし、入浴した。

しかし彼女は、フランスからの知らせを気にかけていた。この女性学者は、エーヴが自信をなくしているのではないかと思っていたが、彼女がブラジルに送ってきた直近の手紙に、さらにショックを受けた。下の娘はアメリカを巡るピアノリサイタルツアーの契約をつい先頃解除してしまったのだ。マリーは考えを巡らせた。エージェントとのお金の問題だろうか? それとも恋愛問題? 自分に対する自信の問題だろうか? エーヴは、彼女に言い寄って来る男たちにとっては、相変わらず謎であり、彼女の恋人たちの噂はパリ中を駆け巡っていた。キュリー家の下の娘は人に強烈な印象を与え虜にした。マリーは彼女に二つの助言をした。練習しなさい、もっともっと。しかしそれと同時に、ヴァカンスも近いのだから、不安な気持ちのままパリにいないで、ブルターニュかカヴァレール〔南仏地中海沿岸の海辺のリゾート都市〕に出かけなさい。一九二六年八月九日、マリーは彼女に「さあ、もうそんなことでいらいらしないで、とにかく、満足できるレベルに到達するには根気よく練習するしかないのよ」と書いた。マリーとイレーヌは旅を続け、アマゾン川流域の驚異の植物を初めて目の当たりにした。彼女たちはそれを科学者として観察していた。その姿は同行の植物学者や博物学者の興味を引いた。この女性科学者は不安な気持ちでいた。どうして下の娘はヴァカンスに出かけないのか？　この冬の間に練習し過ぎて参っているのかもしれない。それともあの娘は、まだとても若くて言いたがらないけれど、失恋で傷付いているのだろうか？

*

早朝、ベチューヌ河岸に日が昇った。猫が何か言いたげにニャオと鳴いた。ブラジルへの旅行は遠い昔のことのようだった。テーブルを囲むエーヴとマリーは、まだ目が覚めていないようだった。イレーヌは母親の方に身をかがめて微笑みかけ、横からじっと見つめていた。いつものように抑揚の乏しい穏やかな声で、結婚するつもりだと告げた……研究所の助手と！　マリーは固まり、エーヴはあっけに取られて吹き出した。「一九二六年のある朝、いつも冷静沈着なイレーヌが、ラジウム研究所の職員の中で一番優秀で一番の熱血漢であるフレデリック・ジョリオと婚約したと家族に告げた。この家の生活が一変した。数人のごく親しい人を除いて、（……）誰も足を踏み入れないこの女性だけの家に、男性、それも若い男性が突然現れたのだ」[*9]。

マリーは愕然とした。なるほど、ピエールとの間に息子のなかった彼女が、家族に男性を、婿を迎えることになる。しかし彼女は、自分の中に胸を締め付けられるような不安な気持ちが湧いてくるのを感じた。娘を失ってしまうのではないか？　夫が亡くなってからいつも隣にいた娘を。二人一緒に世の中を見つめ、議論し、そして一体となって研究を進めてちょうど二十年になる。陽気で輝くばかりのフレデリックが、自分の分身のような娘を奪っていく。もちろん長女は、研究所で働き続けるだろう。しかしマリーは家で別の男性と、ピエールではなく、これからも決してピエールとはならない男性とうまくやっていけるだろうか？　そのうえ、もっと若く、ラジウム研究所を相続すると主張するかもしれない男性と。マリーは不安になった。出会う女性を片っ端から虜にしてしまうこの若者と、イレーヌが結婚するのを止めることは、もちろん彼女にはできないけれど、彼女には娘とその仕事、そしてラジウムに関する家族の業績、キュリー家が築いてきた成果を守る義務があった。マリーは、財産を分離して、夫婦それぞれが管理するという方式で結婚することを長女に納得させることができた。これで、ラジウムと彼女たちの発見はすべて、キュリー家の女性のものであり続けるだろう。マリーは人生を知り過ぎていた。その苦しみも、彼女の父親が経験したようにその経済状況が急変してしまうことも、本当にわずかなものを得るために人は裏切るということも。契約書に署名がされて、彼女は少しほっとした。それでも心配はあった。こうなったら、このおしゃべりで気性の激しい青年に慣れなければならない、結局は彼女から娘をさらっていくこの青年に。

もっとも、ポール・ランジュヴァンに熱心に推薦されて、フレデリックを採用したのは彼女だった……。まる一日かけて彼女は納得した。でもこのアパルトマンは広いし、今のところ十分場所の余裕があるではないか？　しばらくの間、イレーヌとフレデリックはここに住めないだろうか？子供ができるまでは？　と、マリーは想像するようになった。それはより穏当な、彼女にとってよりつらくない解決策だった。そして彼らの方は、書架やグランドピアノに、家具を加えればいい。ああ、でももし夫婦がここに住むとしても、マリーが大切に取ってある、ここ数年の間に受け取ったおびただしい数の正式な会食の招待状に触ることは許されないだろう。たとえ時に料理の名前が笑いを誘うようなものであろうと、それは虚栄心からではなく、招待状の裏が科学の計算や大急ぎで決定しなければならないことをメモするのにとても都合がいいので取ってあるのだった。

ということで、一九二六年十月九日、シテ島に近い四区のマレ地区で簡素な結婚式が行われることとなり、続いて家族や親しい人とのアパルトマンでの昼食会となるのだが、イレーヌとフレデリックはその日の午後には実験室に戻った。研究は待ってくれないのだ。大切なのは手続きを迅速に、簡潔に、そして適切に行うことだった。結局、かつてのピエールとマリーの時と同じくらい簡素な結婚式であった。自転車がなくなって、実験室の作業台と化学製品が加わった。新婚旅行がなかった上、その翌日、マリーは任務でデンマークへ行き、それにエーヴを伴った。これから一週間、イレーヌとフレデリックは二人きりでアパルトマンにいられ、やっと落ち着ける。ところで、イレーヌは男女平等について非常に進歩的な感覚を持っていたので、もう何年も前にフェミニスト、ユベルティーヌ・オークレール〔一八四八－一九一四。フランスのジャーナリスト、作家、フェミニスト〕が提案したように、旧姓を持ち続けたいと思っていた[*10]。

そしてマリーは、イレーヌとフレデリックが当分の間、一族の家にいることを承知したと知ってほっとするだろう。そうなったら夕食や週末は一層楽しくなるだろう。頭の回転が早く、甘え上手で、しょっちゅうふざけているフレデリックは、彼に対して好意的なこの三人の女性の心をつかんだ。しかしイレーヌは警戒していた。エーヴはもう子供ではなくエレガントで美しい女性で、彼女自身、自分の美しさやユーモアのセンス、それに頭のよさを利用できると思っている。フレデリックに近づき過ぎではないか？　イレーヌはそれを恐れているようだった。もうそろそろカルチエ・ラタンのアパルトマンへ引っ越す時期だった。そのアパルトマンは、他の科学者たちも住んでいるフロアドヴォー通りの建物にあり、彼らが自由に使えるようにマリーが準備したもので、商店がぎっしり並ぶダゲール通りやダンフェール＝ロシュロー広場の近くにあり、子供たちが遊ぶためのちょっとした場所のある小公園に面していた。

マリーとエーヴは悲しみを隠しながら、夫婦が荷物を下ろすのを無言で手伝い、モンパルナス墓地にほど近く、狂乱の二〇年代の神殿とも言えるラ・クーポール〔ラ・クーポール、ラ・ロトンド、ル・ドーム、ラ・クロズリー・デ・リラはいずれもモンパルナス大通りに面して建つカフェ・ブラッスリー。芸術の中心がモンマルトルからモンパルナスへ移った一九二〇年代には、ピカソやモディリアーニ、藤田嗣治などの画家、アンドレ・ブルトンを始めとするシュールレアリストやヘミングウェイら作家など多くの芸術家が集まった〕やラ・ロトンド、ル・ドーム、ラ・クロズリー・デ・リラのある街を目にした。それらのカフェは世界中から集まった芸術家や旅行者で溢れ、毎日がお祭りのような、彼女たちの気に入らなくもない陽気な雰囲気を漂わせていた。アパルトマンはベチューヌ河岸からはかなり離れているが、研究所には近かった。マリーとエーヴは、夕暮れ時になると二人きりで向かい合って夕食を取った。彼女たちの傍らには猫がいた。エーヴは晩餐会に思いを馳せていた。そこに彼女は招待されて、有名デザイナーが用意したエレガントなドレスに身を包んで登場するのだ。モデル並みのスタイルを持ち、何度もコンサートを開き、教養も豊かであることは、三つのノーベル賞のメダルを持つ夫婦の次女を、謎めいて魅惑的な人物にした。やがて彼女は、科学界のスターとして、ロングドレスを着て複数の雑誌の表紙を飾るようになった。中でも週刊誌『マッチ』〔一九三八年創刊の週刊誌。現在のパリ・マッチの前身〕は彼女を誉めそやした。彼女と一緒にいる何人かの男性たちは、パリの社交界で顔を知られていたので、しばしばすぐに誰かわかってしまった。エーヴは自分の男性関係をマリーの前では話さなかった。心のうちを吐露することもなかった。それに、そもそも彼女の母親は彼女の生活のことで何がわかっただろう？

＊

マリーは一息ついた。そして微笑んだ。イレーヌは初めての子供を妊娠していた。生活は正常な状態に戻りつつあった。ピエールが決して知ることのないキュリー家の新しい世代だ。ピエールが新しい家族に会えないのは、やはり不当なことではあるが、それでも今回の妊娠は、喜びを約束していた。そして、おそらく将来のラジウムの相続者たちだった。イレーヌは若いので、このポーランド系フランス人女性科学者が、科学者の家系が続いていくと夢見ることは無理もない……。イレーヌは結婚から一年足らずの一九二七年九月十九日、娘エレーヌを生んだ。マリーはこの赤ちゃんが成長していくのをどうしても見たいと思っていた。この子は彼女に微笑みかけ、彼女の気持ちをとても若々しくしてくれるだろう。結局この結婚は、彼女に想像以上の喜びをもたらした。一方イレーヌは感動していた。突如として彼女は、もはやマリー・キュリーの娘ではなく、彼女を必要とする、彼女の血であり肉である子供の母親になった。今では、研究所、科学の研究、そして母親であること、それぞれの場所に幸福があった。家族でのくつろぎ。この現実は彼女を一変させた。フェミニストであり母親であること、母親であり科学者であること、それらは矛盾しているどころか、反対にそれぞれの世界が補い合っていた。ところが、妊娠のせいで彼女は健康を害してしまった。医者は検査を命じた。結果が届いた。結核だった。医師団は、あなたはもう子供を産めないだろうと言った。しかしこの若き学者は、そんな忠告で立ち止まってはいられなかった。あらゆる反対を押し切って研究所に戻った。働くために。

一方エーヴは、歓迎会だ、コンサートだ、その後の夜食だと駆け回り、気晴らしに夢中だった。世間から認められなくて不満に思っていることや、自分のキャリアがこの先どうなるのか、決断できなくてぐずぐずしていることを知られてはならなかった。マリーは彼女に世の中を肯定的に見ることを示そうとし、彼女が自然や物事の美しさに目を向けるように促した。「理屈だけでは不十分で、感受性が豊かな状態――間違いなく幸福な状態――でなければならないということを私は知っています。なぜなら、私たちが精神的に混乱すると、世の中の美を心静かに見つめることで得られる恩恵が覆い隠され、見えなくなってしまうからです[*11]」。

その時エーヴに一つの考えが思い浮かんだ。どうして書くという仕事に進まないのか？　そっちの方の才能は、辛辣な手紙でしょっちゅう証明してきた彼女だったのに。パリ社交界のそうそうたる人々に迎えられ、その頭のよさと上品な美しさを感心されたり、ちやほやされたりしてきた彼女は、はたと自問した。母はこの選択をどう思うだろう？　ジャーナリストたちは、一九一一年にマリーの名声を傷付けた。人を葬り去る仕事、時に人を欺く仕事だ。善良な人々の私生活に遠慮なく入り込んで。しかたがない、勇気を出すのだ。何と言っても彼女は成人ではないのか？　ベチューヌ河岸に夜が来て、平底船がセーヌ川を上っていく中、マリーは下の娘の話を聞いていた。何も言わずに。エーヴは自分の主張を話し終え、不安になった。母は反対するだろうか？

　黒いドレスを着たマリーは静かに聞いていた。そしてため息をつき、そのまま口を開かなかった。彼女は、まずもって母親であり、自分の娘が心配だった。そちらの道に進んでみるのもいいかもしれない。結局、どうなるか誰にもわからない。エーヴが自立し、自分のしていることを愛せることが大事だ。彼女は科学の才には恵まれていないし、ピアノもうまくいかなかったのだから、他の道を試した方がいい。マリーは頷いた、そして猫も。エーヴは気持ちが楽になった。書く準備はできていた。出かけよう。一刻も早く芸術の世界、創作やファッション、出版、映画、それに絵画や写真、デッサンの世界や、美術館、自分を魅了するあらゆる活動分野の男性そして女性に会いたかった。ほどなく、有名デザイナーたちが彼女に最新作を提供し、カメラマンたちがルポルタージュを作るようになった。しかし、何よりも彼女は書こうとしていた。もっともっと。彼女自身まだ知らなかったが、これらの記事は彼女にとって、実地の訓練となり、より重要な作品への第一歩となった。この新しい仕事を始めたエーヴを励ましながらも、マリーには娘がどんな冒険に身を投じようとしているのか、そしてキュリー家の他の女性たちのように、そこで才能を発揮するようになるのか想像できなかった。

＊

「ジュネーヴに行ってくるわ」とマリーは言った。

一九二九年のその年、彼女たちの母親は再び旅に出た。再び不在になったのだ。マリーが挑もうとしていた挑戦は、とても重大なものだった。すなわち、世界大戦をもう繰り返さない、それを何としても阻止するということだ。この女性科学者は、国際連合の前身である国際連盟において、知的協力委員会を存続させるためのこの仕事が、複雑ではかどらず、骨が折れるということを、娘たちへの手紙に書いている。彼女は、アルベルト・アインシュタインやポール・ランジュヴァンとともに、いつ終わるともわからないいげんなりする仕事を行っていた。どうしたら教育や科学、それに文化に、民主主義の価値観を植え付けることができるのか？　ブリュッセルとジュネーヴで何度も会合を重ねた結果、マリーは自分の仕事が何一つ具体的になっていないことに気づいた。しかしながら、こんなやりきれない仕事でも、彼女は辛抱して続けようと思っていた。彼女は次のようにエーヴに書いた。

私たちはここで、多くの批判にさらされている委員会[＊12]と研究所の仕事を再編しなければならないと切に感じています。皆がどんなに興奮しているかわかるでしょう。私にとって、国際的な任務は非常に荷が重い仕事ですが、それに備えて鍛錬し、過度に身勝手な振る舞いを慎むように心がけ、実践の場で学んでいくことが不可欠であると信じています。もし皆がこのような視点に立つことができれば、私たちはジュネーヴで、そのことを学べるに違いありませんし、そうすれば、それこそが未来に向けて非常に影響力のある仕事になるでしょう。*13

次女は頭の中で別の心配をしていた。自分はジャーナリストとして成功できるだろうか？　この若い女性は、独立の不安を味わっていた。マリーの国際連盟での悩みは、ほとんど彼女の心に届いていなかった。と言うよりむしろ、まだ届いていなかった。国際的な問題は、まだ彼女の関心事の中心にはなっていなかった。しかし母の話を聞いていて、彼女は、重要な問題や練られるべき戦略に興味を持つようになった。彼女は知らず知らずのうちに、学んでいたのだ。イレーヌは妹のこのような変化に気づいていなかった。この時期の妹に対しては、不器用さともろさしか見ていなかった。それでも、第一次世界大戦後の二十世紀の世界を揺るがすであろう国際問題について、キュリー家の姉妹は、鋭い着眼点に強みを持ち、家族が共有する科学的な考え方に励まされ、そしてそれゆえに、来るべき現実に対し一歩も怯まないであろう。

＊

パリは、美しく涼しい十月、さわやかに晴れ渡った秋だった。しかし出かけなければならなかった。また大型客船での旅だった。もちろんラジウムのための。延々と続く六日間の航海である。大西洋を渡る旅の間、マリーは、娘たちも、秘書や同行してくれる女性もなく独りぼっちで、ほとんどの客室より広い船室で身体を休めていた。彼女はエーヴへの手紙に「三二・五〇メートル×三・

五〇メートル」[14]と書いている。たとえ彼女が、パリでは大勢の人々が、このくらいの広さの部屋にも住むことができないと知っていたとしても、彼女には相応の部屋だった。突然押しかけて来る人々や、風や船酔いから身を守ろうと、彼女はずっとベッドに横たわっていた。インタビューも断った。ありがたいことに、客室も階段もたくさんあるので、マリーは隠れることができた。「この船はとても大きく入り組んでいるので、めったに人に会うことはありません……。私に一番足りないのは、船室への日の光です」[15]。一九二一年のその日、ニューヨーク港に到着した時には、数十人のジャーナリストがいたものの、一九二一年の時より人出は少なかった。マリーは、船長と彼女を世界的に有名にしてくれた忠実な友ミッシー・メロニーのおかげで、業務用タラップから降り、最新モデルの自動車に乗り込むことができた。この女性科学者は、この車での体験で、初めて自分の車を買ってそのスピードにうっとりし、解放感に浸っているエーヴのことを思い出し、車の中で思わず微笑んだ。今になってマリーにはよくわかった。どうして自分が、次女が車を買うためのお金を貸したのかということが。最初は贅沢で大それたことだと思っていたのに。ニューヨークでは、彼女に専属の運転手がつき、公人のように遇されたが、彼女はそんな状況がまんざらでもなかった。彼女は、エーヴやイレーヌに楽しかったことをこっそり打ち明けている。「こちらは、日中かなり暖かく、いい天気です（……）私たちはニューヨークからロング・アイランドまで、人が驚くような方法で出かけました。私たちの前で、オートバイに乗った警官がサイレンを鳴らし、左右の手を力強く動かして、道行く車をことごとく蹴散らしてくれたおかげで、火事の救助に向かう消防車のように、猛スピードで突っ走ることができました。とても愉快でした」[16]。

マリーは公式の食事会に出席しなければならない義務があった。彼女はそれらを何より恐れ、それらは彼女を疲れさせ、そして退屈させた。ポーランド人であり、フランス人である彼女は、二つの文化のおかげで、状況に対する科学的アプローチに裏打ちされた鋭い感覚を持っていた。トーマス・エジソンに敬意を表して開かれた晩餐会で、このアメリカ人の発明家にして実業家、電気事業のパイオニアでゼネラル・エレクトリック社の創設者であり、映画と録音技術の発明者に、自分が興味を抱いているのを感じた。この人物は、自分の発明一つ一つに特許を取得しており、マリーとはまったく逆の道を歩んできていた。マリーはピエールとともに成し遂げたラジウムに関する発見から、たとえ一銭たりとも自分のものにしようと思ったことはなかった。研究所を運営し、自分の研究費や数グラムの貴重なラジウムを買うための資金を調達することができる大金を得られたろうに。予算の心配なしに研究を行うことは、アメリカ合衆国では実現できるが、彼女自身には決してかなえられない夢だった。なぜなら、そうすることは知的財産を広く行きわたらせ、公共の利益に供するという彼女の信条とは逆のことだったからである。

しかし、トーマス・エジソンもマリー・キュリーも二人とも、研究では冒険をいとわなかった。エジソンはすでに十二歳の時、モールス式電信を使った自動通信装置をいくつも作り、その後、初めての自身の夕刊新聞を印刷して乗客に売れるように、自分が働いている列車に印刷機を据え付けた。子供の頃から、旺盛で飽くなき想像力を持っていた彼は、化学実験を行い、時々それが爆発を起こしたせいで、何度も仕事をクビになった。トーマス・エジソンは、貪欲だった青年時代からいくつかの確信を得ていた。「人々から求められないものを決して発明しないこと」。マリーと同様、彼も自分の挑戦から学び、ことごとく通信機器の改良をした。金を始めとするさまざまな金属の相場の情報を送る電信印字機の隣で眠り、夜の間に機械を研究し、普通の故障なら直してしまった。そしてついに一八七四年、二十七歳の時、会社と研究所をニューヨークからほど近いニュージャージー州に設立した。四十ものプロジェクトを同時に監督し、千九十三もの特許を取得することになるが、そのうち百六個が電気と照明分野のものであった。

その晩餐会で、エジソンはほとんど発言しなかった。ある事故が原因で若い頃から耳が不自由だったのだが、このハンディキャップのおかげで、彼は容易に自分の内に引きこもり、研究に集中することができた。多くの招待客がいる中に座っているマリーは、アメリカでの公式のスピーチが、フランスの大学関係者のしばしば切りがないほど長いスピーチと比べて、どんなに短いかを知ってうれしくなった。エジソンの受け答えも簡潔だった。この発明家は、すでにとても高齢であったが、この二年後に亡くなる。一方彼女は、フォード〔一八六三－一九四七　ヘンリー・フォード。アメリカの実業家。自動車会社フォード・モーターの創設者。エジソンの研究所で技術者としてキャリアをスタートさせたが、その後エジソンとは生涯の友人となった〕がエジソンの発見と電気の歴史だけでなく、彼の研究所の歴史に関する博物館を作りたいと思っていることを知った。そこから、後のキュリー博物館のアイディアが芽生えたのだろうか？　いずれにせよ、アメリカ人たちは礼儀をわきまえていて、この二度のノーベル賞受賞者に敬意を表した。「皆はスピーチの中で、それにリチャード・バードは南極点あるいはその付近からの無線電信によるメッセージで、私への心づかいを示してくれました」[*17]。このアメリカ人探検家は、前年に自身初めての南極大陸探検に成功していた。その探検には無線通信機のおかげで、逐次情報が伝えられた。そして、リチャード・バードは、マリーに賛辞を送った一か月後、十八時間に及ぶ命がけの南極点上空の低空飛行に成功した。この成功により、彼は、帰国すると、ニューヨークの街中に紙吹雪が舞う中、熱狂的な歓迎を受けた。

旅はまだ終わっておらず、マリーは疲労がたまってきていることに不安を抱いていた。彼女はエーヴやイレーヌに、風邪をひいて体力が落ちてしまうのをとても心配していると、書いている。彼女は、放射線の蓄積については何も言っていないが、そのせいで、目の問題や手術による影響を別にしても、度重なるめまいや、たびたび極度の疲労感に襲われていた。彼女はすでに多くの健康上の問題を抱えており、自分が衰えてきているのも自覚していた。娘たちもそのことに気づいていた。そして、彼女たちは、マリーが家族から離れ一人きりで、大西洋の向こう側にいることを心配していた。折しもミッシー・メロニーから要領を得ない電報が届き、二人の姉妹を動揺させた。マリーの病状は深刻なのだろうか？　それは誤解に過ぎなかった。多くの警戒、再発、そして検査の予告は誤解だった。放射能の影響は、この三人の女性の日常生活に入り込んでいくことになる。

マリーは、ワルシャワの研究所のために一グラムのラジウムを受け取るこの旅の、本来の目的地ワシントンを、翌週に訪問できるか心配していた。そこでもまた、免れることのできないそして義務を伴う公式訪問があった。それは、ホワイトハウスに滞在し、宿泊するというもので、断ることができないもてなしであり、そこで、大統領が彼女に一グラムのラジウムを与えるというのだからなおさらだった。いずれにしても、前任者はそのように、一九二一年に一回目の祝典を開催したのだった。八年後フーヴァー大統領としては、前回以下の対応はできなかった。

マリーがホワイトハウスに招かれる五日前の、その一九二九年十月の木曜日、ニューヨーク証券取引所は、普段と変わらない一日になるはずだった。突然、株価が大暴落した。パニックだった。投資家たちはビルから飛び降りたり、自分の頭にピストルの弾を打ち込んだりした。慌てふためいて株を売る人もいた。国中で男性も女性も銀行に殺到し、自分たちのわずかな預金を救おうとした。この十月二十四日は、歴史の中で「ブラックサーズデイ」と呼ばれるようになる。常軌を逸した日が五日間続き、その後何年にもわたる不況を引き起こして、アメリカとヨーロッパを含む西側諸国で失業者を生むことになるウォールストリートの危機の始まりの時であった。マリーは大混乱の中、ホワイトハウスに身を落ち着けた。「私は、そちらでもきっと話題になっている金融恐慌のさなかにここにやってきました。それが私にはつらいのです。というのも、皆とても気がかりな様子をしていますし、私は迷惑をかけているのではないかと思うからです。（……）それにもかかわらず、ここで素晴らしいもてなしを受けています。夕べはフーヴァー大統領とそのご家族と夕食をともにしました。それに今日もやはり、一緒にランチを取りました。大統領は非常に控えめな方で、とても低い声で話されますが、やはり国内情勢でとてもお忙しそうです[*18]」。

フーヴァーは、この危機にもかかわらず、ノーベル賞を二度受賞したこの女性との約束を守りたいと思っていた。株価が大暴落した一週間、昼夜を問わず混乱が続き、彼の顧問や実業家、政治家、皆が彼と同様途方に暮れ、右往左往しているにもかかわらず、彼はマリーに五千ドルの小切手を渡すための式典を行った。最後の晩餐会で大統領は、おそらく金融恐慌は去ったと思い、いつもより饒舌であった。マリーがエーヴ宛の手紙に次のように書いているように。「当地で吹き荒れていた金融破綻は、おさまったように見えます。政府と銀行は、大量の株の買い付けを行いましたが、おそらく有効な取引だったのだと思います。同時に暴落が止まったのですから。こんな話を聞くのは本当につらくて、できることならこの騒動の間、ここにいたくありませんでした」[*19]。こうしてラジウムは手に入った、ぎりぎりのところで……。

＊

株価大暴落から三年後、家族に思いがけず子供が生まれたことで、マリーも生まれ変わったような気持ちになった。一九三二年三月十二日、エレーヌ誕生の五年後に、結核であることを理由に反対していた医師の助言に反して、イレーヌが男の赤ちゃんを出産した。両親は、もちろんこの子をピエールと名付けた。これはキュリー家の長女の、自分の病気や苦しみ、虚弱な体質への勝利だった。彼女の決意の証明でもあった。マリーは深く感銘を受けた。その名前は、亡くなった夫と同じものであり、娘たちは大人になっているけれど、それでも二人の前では声に出すことができない名前だった。これからは、その名前を耳にし、孫に向かって彼女が言うことになるのだ。ピエールは、その死から二十六年後に蘇った。人生がまばゆいばかりに輝いて、再び始まった。マリーとイレーヌは本当に幸せそうだった。

エーヴは静かに彼女たちを見つめていた。彼女は喜ぶべきだったかもしれない。イレーヌやマリーとは異なり、彼女がまったく覚えていない父の名前を持った甥が、今やできたのだ。つまり、それは喜びと父のいない悲しみとを結び付ける誕生なのだった。そのことにうまく慣れなければならないだろう。エーヴは二年前から、作家、マルク・シャドゥルヌと暮らしていた。かつてはオセアニア、次いでカメルーンで植民地の行政官を務めていた旅行作家である。頻繁に遠い国へ出かけている男だった。彼が一九三〇年に『狂乱のセシール』で、フェミナ賞〔一九〇四年に創設されたフランスで最も権威のある文学賞の一つ。毎年その年の最も優れたフランス語の散文・詩作品に与えられる〕を受賞した時、この若い女性は彼と付き合っていたが、うんざりしていた。彼が植民地に行っていた二回の長期間の不在の間に、彼女は、この関係に未来はないと感じた。そして彼が次の旅に出かけると、彼女は彼を見限った。この作家は悔し紛れに、一九三三年に出版する小説『不在』に、彼女を彷彿させる人物を描くだろう。そこでは彼女がヒロインとなっていて、パリの社交界の面々に、二人が別れたいきさつが明かされる。マルク・シャドゥルヌは、作品中で、自分にとって代わった男が非常に有名な若い女性の一人を手に入れるために行った猛アタックを描いて、その男を皮肉っている。自分よりも年上の男だって？　そんなことは可能だろうか？　小説の中のセリフが裏付けている。

「もちろん可能だ。今でも彼のことを魅力的だと思っている女性はいる。何と言ってもとても金持ちだ。一生懸命まめに骨を折ることができる男だ。彼女に次々と花を贈ったり、あちらで夕食をごちそうしたと思ったら、こちらで夜食に連れて行ったりした。そういえば、僕は、彼女が手紙に書いていたホテル・リッツでの夕食や、その文言を何となく思い出した[*20]」

事実、彼が上海に滞在していて留守の時に、マリーの次女は社交界の夕食会で、さまざまな成功を収めている一人の男性に出会っていた。その男は彼女に言い寄ってきて、パリでのとびきりおしゃれなイベントに片っ端から彼女を誘い、巧みな言葉とプレゼントで彼女の心をつかんだ。彼をよく知る人たちによると、スキャンダルまみれのとんでもない人物であり、劇作家で、その作品にはブールヴァール劇〔パリのグラン・ブールヴァール通りに立ち並ぶ劇場で上演される軽演劇〕もあれば、『メロ』のように、アラン・レネ〔一九二二－二〇一四。フランスの映画監督〕によってずっと後になって再び取り上げられたものもある。その男は、アンリ・ベルンスタンという名だった。一八七六年にユダヤ人銀行家の家庭に生まれた劇作家で、子供の頃にはエドゥアール・マネに肖像画を描いてもらっている。大金持ちで、強烈な個性の持ち主であり、文学や演劇の世界で絶大な影響力を持っていた。この関係には二つだけ問題があった。アンリ・ベルンスタンは既婚者であり、彼女はまだ二十八歳なのに、彼は五十四歳だったのだ。また、歓迎会で二人一緒の写真を撮られても、彼には何も期待できないということをエーヴはわかっていた。彼女は、年の差や社会環境の違いのために、ベチューヌ河岸ではそのことを口にできなかった。マリーはこの派手で気取った、彼女の生活の基準とはかけ離れた人物の噂はよく聞いていたけれど、娘が彼との不倫の関係に飛び込んでいくなど想像していなかった。それでもマリーは、エーヴが英語から翻訳し、彼と一緒に演出した劇作品の初演を観劇した。『ウォール街百四十五番地』は、ジョージ・S・ブルックスとウォルター・B・リスターによるアメリカの戯曲で、アメリカの資本家を皮肉った作品のフランス語版の題名である。『スプレッド・イーグル』という題名のその戯曲は、一九二九年に株価が大暴落する前に書かれたものだが、大不況のさなかに上演された。幾多の人々の名声を作り上げたり、それを地に落としたり、果ては軍事衝突まで引き起こしながら、あえてセンセーショナルな記事の掲載を続けてきた、人も恐れるメディア企業体のオーナーである大富豪ウィリアム・ランドルフ・ハースト〔一八六三―一九五一。アメリカ人実業家。新聞王の異名を持つ、映画『市民ケーン』のモデル〕の人生に着想を得たものだった。一九三二年十月二十五日の初演の直前に、アンリ・ベルンスタンは、まず妻に、その後でエーヴ・キュリーに彼女たちの協力を称えながら、ジャーナリストたちを迎えた。彼女たち二人は一緒にその場にいたのだ……。マリーが娘に望んだのは、本当にこんな関係だったのか？ そんなことは信じられないし、若くて美しい下の娘が、既婚者で世代の違うこの男と一緒にいて自分を見失っているということが、マリーにはわからなかったのだと思えるのだ。

その数か月前の八月半ばに、彼女はエーヴに手紙を書いている。

> 私のかわいい子、あなたが少しでも早く、悩みや心配事に決着をつけ、もっと穏やかで分別のある生き方ができるように願っています。たぶん私には、幸せとはどういうものか、あなたにきちんと説明することはできないでしょう。でも絶対にドラマチックな出来事の中にはありません。そして私たちがことさら探していない時でも、私たちの周りにそのかけらは確かに存在しているのです。私は、私たちを苦しめようと待ち構えている不測の事態に絶えず怯えながら、残りの人生を送ることになりそうです。私を安心させてちょうだい、一刻も早く、少なくとも今現在とすぐ先の未来だけでも。[*21]

文の最後に、マリーはいつものように、心から、愛情を込めて、と記した。そして密かに自分に問いかけた。エーヴはいつか心の安らぎを見つけられるだろうか？ 彼女にはもうわからなかった。

姉のイレーヌと妹のエーヴ。1908年頃の姿。二人の道は遠く逸れて行き、
その関係は第二次世界大戦前後に決定的に引き裂かれた。

第6章 キュリー家の姉妹――暗闇から日の当たる方へ

一九三四年一月マリーは、イレーヌから母への、短いが充実した、喜ばしい、突然の電話で、思いがけない幸せに包まれた。イレーヌとフレデリックの研究室に、ポール・ランジュヴァンとともに、緊急だと呼び出された彼女は、か弱い心臓が興奮でどきどきするのを感じた。フレデリックとイレーヌは、一人の科学者として想像しうるとびきりのプレゼントを、マリーに贈ろうとしていた。フレデリック・ジョリオ゠キュリーの言葉に耳を傾けてみよう。

マリー・キュリーは私たちの研究の証人でした。そして私は、イレーヌと私が小さなガラス管の中に入った、初めて人工的に作られた放射性元素を彼女に見せた時に、彼女を捉えた深い喜びに満ちた表情を、決して忘れないでしょう。(……)私たちが話したことを確かめようと、彼女がガイガー・カウンターに近づくと、放射線の数値を計測する一定のリズムの「信号音」が聞こえました。おそらくこれが彼女の人生最後の喜びだったでしょう。*1

感激したマリーは、エーヴとその喜びを分かち合いたいと思った。翌日、彼女に高揚感溢れる手紙を送った。医学を一新し、さらに多くの人命を救うであろう彼らの発見を、直接説明しましょうと。

しかしこの幸福は、長くは続かないだろう。マリーの健康状態が悪化したのだ。消耗した彼女は、ついに入院することを受け入れた。今回もエーヴが病床にある母親の世話をし、何人もの医者に問い合わせた。彼らは、X線を浴びたことによる腎不全だと診断した。このため彼女は、アルプスにあるサナトリウムに行かなければならなくなった。エーヴと看護婦が一人同行した。緑に覆われた自然豊かな景色だったが、旅は果てしなく続くように思われた。マリーは列車の揺れに耐え切れず、気を失いそうになった。サン＝ジェルヴェ〔サン＝ジェルヴェ＝レ＝バン。フランス南東部オート＝サヴォア県の地方自治体。モンブランの麓に位置する〕まで、そしてサナトリウム・サンセルモス〔サン＝ジェルヴェからほど近いパッシーにある療養所。リハビリテーションセンター〕までの道のりが、永遠に続くように思われた。

マリーは、マダム・ピエールという偽名で、やっとのこと入院し、ジュネーヴからやって来た有名な医師ロック教授の診察を受けた。彼はパリの医者たちとは違った最終診断を下した。彼によるとマリーは悪性貧血だという。いかなる治療法も効果はなく、耐え難くどうにもならない痛みを取り除くこともできないだろう。家族の中でたった一人その場にいたエーヴは、動揺しつつも、涙を隠し、イレーヌとポーランドにいるブローニャに知らせなければならなかった。そして何よりも、もう助かる望みがないことを母親にはひた隠しにせねばならなかった。マリーが病状について怪しまないよう、現時点では、他の家族は駆けつけるべきではないと、皆の意見が一致した。唯一優先されるのは、彼女を苦しませないこと、痛みを和らげることだった。医者はマリーに鎮痛剤と睡眠薬を処方した。それからマリーの最期の日々が始まった。エーヴが伝記の中で「ゆるやかな死」と形容するものだ。

ブローニャが身の回り品と一緒に、ポーランドの土を少し持ってワルシャワで列車に乗った頃、イレーヌとフレデリックが到着した。七月二日、マリーを落ち着かせようと、彼らもそこにいた。しかしマリーは、科学者として頑なだった。一時間毎に自分の健康状態を分析した。彼女は快方に向かっているように感じていた。ここの空気のおかげだとマリーは思った。七月三日、彼女はどうしても体温を測ってくれと言い張った。熱は下がっていた。ああよかった！　マリーは救われた。不意に彼女は、自分のコーヒーカップを見つめ、錯綜した意識の中、「これはラジウムで作ったの？それともメソトリウムで？」[*2]と不安がった。その夜エーヴは、マリーの傍らで、火傷でひび割れのできた彼女の手を握っていた。あれほど働き、危険な物質を扱った手、あんなにもたくさんの命を救うことができたその手を。医者や看護婦たちが、献身的に、そして細心の注意を払い、静かに彼女のそばにいるというのに、エーヴは自分が独りぼっちのように感じた。皆これが最後の夜だとわかっていた。彼女の最後の夜だと。七月四日の夜明け、エーヴが母の瞼を閉じた。後にエーヴは、ラジウムが彼女を殺したと書くことになる。マリーはまだ六十六歳だった。

医師や病院のスタッフに囲まれて、エーヴは母親の枕もとで、彼女の手をずっと握っていた。こんなにも華奢な、自分を産んでくれた身体を前に、彼女はいとおしくてならなかった。医師のトーベ博士が声明を発表した。「この病気は進行が速い、発熱を伴う再生不良性貧血です。骨髄が抵抗しなかったのは、おそらく長年の放射線の蓄積によって損傷していたせいでしょう」[*3]。

研究所では、皆が打ちのめされた。ショックを受けていた。確かに研究は、イレーヌとフレデリックのジョリオ゠キュリー夫妻の監督の下で行われていた。しかしマリーは、半世紀近くにわたって、ラジウムと放射能に関するあらゆる研究の、五か国語による生きる記憶だった。葬儀はこぢんまりと執り行われた。というのもマリーが公の式を望まなかったからだ。皆が、ソーの墓地の前に集まり、ピエールが眠る墓の方を向いていた。苦楽をともにした友人たち、ピエールの死やランジュヴァン事件の試練の折、一緒にいた友人たちが、この七月の暑い日に参列していた。ペラン夫妻、ボレル夫妻、クロディユス・ルゴ、そしてポール・ランジュヴァンが悲しみを露わにしていた。ブローニャ、続いて兄ユゼフが、それぞれポーランドの土を一握り、棺の上に撒いた。墓石には「マリー・キュリー゠スクウォドフスカ、一八六七－一九三四」と刻まれることになる。国内外の報道機関が彼女に心から哀悼の意を表した。しかしフランスの新聞の中には、葬儀が簡素だと非難したものもあった。イレーヌとエーヴは、あくまで母の意志を尊重しただけだと声明を出して反論した。

イレーヌは若いエーヴより強い精神力で、この死を乗り越えることができると思っていたが、二人の姉妹の人生の間には何と深い溝があるのか！　イレーヌは十七歳で自分の道を見つけ、マリーと知的な面でも感情的な面でも一心同体と言える関係を築き、一人の男性と結婚し、自分の愛情を隠さず、彼を「最愛のあなた」と呼び、二人が同じ眼差しで世界を見ていること、つまり、知的な面で彼と協力し合っていることを隠さなかった。一方エーヴは先の見えない恋愛を繰り返し、正式な結婚でなかろうがためらわず受け入れた。世論や社会の圧力が結婚している女性しか認めない時代に、彼女は独身のままであった。

少し前から、エーヴにはすでに、自分が国際的なピアニストとしてのキャリアを目指すほど、並外れたレベルにいるわけではないとわかっていた。音楽批評の記事は、彼女を後押ししたり、有名人への道を開いたりはしないだろう。ずばり、彼女には、密かに熱中するものがあったのか？ 彼女は、文章を書くことが好きで、社交界のパーティーで気晴らしをするのが好きだった。そこでは、上品でユーモアのセンスがあり、頭がよく美しいおかげで、パリのお歴々の仲間入りができた。もちろん、そこには友情もあった。エーヴの自立に、自分自身の自由奔放さや若い頃ミュージックホールで起こした数々のスキャンダルを重ね合わせていたコレットとの友情のような。そうは言っても社交界での付き合いは、家族との愛情に代わるものではない。肉親との愛。イレーヌの方は胸がいっぱいで、疲れ切っていた。彼女が八歳の時ピエールが亡くなってから、あんなにも身近にいて気持ちが通じ合っていたメは、彼女の土台であった。あの時からキュリー家は女性だけの一家になった。ピエール・キュリーの父親、それにピエールの兄を始めとする何人かの男性が、いつも家に男性として存在していたとはいえ。所長の娘と結婚して羨望の的となったフレデリック・ジョリオ＝キュリーは、それでも最後には受け入れられ、認められた。

棺が地中に下ろされた時、エーヴの身体は震えていた。太陽がソーの墓地にいる参列者に、他を圧するような暑さで照りつけているというのに。彼女は三十歳になり、何の計画性もなく過ごしており、前途は暗澹たるものになりそうだった。

幸運にも一本の電話が、彼女を無為な状態から抜け出させた。アメリカが彼女を呼んでいた。姉妹二人で、一グラムのラジウムを受け取りに行く母親のお供をした時、十六歳の若いエーヴを強烈に惹き付けたあのアメリカが。有名な出版社ダブルデイ・アンド・ドーラン〔アメリカ合衆国の大手出版社。一八九七年ダブルデイ・アンド・マクルーア・カンパニーの名前で創業。一九二七年にダブルデイ・アンド・ドーランに改称。英語圏最大の出版社となる〕のアメリカ人編集者が、母親の伝記を書くことを彼女に持ちかけたのだ。エーヴは躊躇した。確かに記事を発表したことはあるが、本を出版したことはまだなかった。自分にできるだろうか？　編集者は引き下がらなかった。マリー・キュリーに会ったこともない歴史家やジャーナリストが、間違いだらけの伝記を出版しかねません。あなただけが母親の仕事や科学者としての生活、そして私生活について証言することができるのです。その心の中まででも。この説得がエーヴの心を動かした。彼女は引き受けた。しかし、アメリカでは、ことを急いでいた。早く進めなければならなかった。この本は、マリーの初めての伝記とならなければならなかった。この説得力のあるアメリカ人編集者は、エーヴのために翻訳者を準備した。この先何年も手元に置き続ける素晴らしいタイプライターを使い、彼女がすごいスピードで打っていく原稿を、彼は逐一翻訳していった。というのもこの編集者には一つの目的があった。それは、この伝記をまずアメリカで、英語で出版することだった。アメリカ人や英国系の読者は、そういうことに敏感だ。彼はそれを確信していた。彼の読者なのだ。彼にはよくわかっていた。エーヴにとって、あわただしく働き、調査し、執筆する二年間の始まりであった。

彼女は、母親の研究や発見という科学的なテーマについて、イレーヌの協力を必要としていた。イレーヌは科学者だが、エーヴは文系だ。したがって次女は、イレーヌだけが開けることができる研究所の金庫に入った、イレーヌだけが理解できるさまざまな情報や書類を手に入れるために、うまく駆け引きする必要があった。もちろん、次女はイレーヌに、デリケートな問題にかかわる箇所は彼女に読ませることを約束した。彼女はイレーヌにそっと打ち明けた。「この夏、私は一日も休まず働きました。タイプライターを使わずに生きていける人がいるなんてもう信じられません」[*4]。彼女は、一九一一年に二度目のノーベル賞を授与された後の母親の評判も気にしていた。「世間の人々は、二度目のノーベル賞と戦争の後、メは並外れたことは何もしなかったと、漠然と思っています。私は彼女の研究の成果を、彼女自身の個人的な研究だけでなく、彼女が指導した人たちの研究も通して、皆によくわかるように示し、この風評をちゃんと払拭するよう戦っていこうと思っています」[*5]。

　こうして時間との戦いが始まった。誰にも言わずに。こっそりと。エーヴは相変わらずパーティーに顔を出し、アンリ・ベルンスタンの隣に座っていた。彼は秘密を知っていた。このおしゃべりな二枚目は最後まで彼女を裏切らない。彼自身劇作家であり、文学のどんな企画にとっても、沈黙を守ることの大切さをいやというほど知っていたのだ。彼は、エーヴがローザンヌの豪華なホテルに滞在し、イレーヌに手紙を書いている時も、同じホテルで彼女のそばにいるだろう。おそらくそれは、エーヴにとって幸運だった。彼にはエーヴが原稿を書き進めるにつれて、自信をつけていくのがわかった。彼女は少しずつ、この原稿を書き上げられるだろうと思い始めていた。彼女は、生まれ変わったように感じていた。でももっともっと、姉の機嫌を取り、一生懸命お願いして、姉に教えを請わねばならなかった。その調子は丁寧だが、断固としていた。

例えば、結局あなたが私に絶対に貸してくれなかったラゼ夫人が持っているメの手紙[*6]や、フレッドが私に話してくれた、ぺとメの書いた部分が混じり合っている研究ノートを見せてもらえるかしら……。助けてもらわなければ、それらの専門的な意味を理解できないことは、よくわかっています。それでも私にはとても役に立つはずですし、二人の研究の具体的なイメージを私に与えてくれるはずです[*7]。

パリの社交界の面々は、若くて有名で、何一つ期待できない男に恋しているこの女性を揶揄した。彼女は、結婚は何よりも素晴らしいと考えられていた時代に、独身でいたのだから、落伍者なのだった。作家フランソワ・モーリアックの息子で、当時二十一歳になったばかりのクロード・モーリアックは、一九三五年八月、ピラで「ベルンスタンと、彼といつも一緒にいるエーヴ・キュリー[*8]」を見かけた。彼はこの劇作家をばかにする。ベルンスタンは自分の歳を気にして、エーヴ・キュリーに話しかけもしないし、滑稽に見えるのが怖くて、彼女を愛している素振りも見せない、と書いている。「彼は皆が自分をあざ笑っていると思っている[*9]」。同じ年の十月、パリに戻った彼は日記に「アンリ・ベルンスタン邸で昼食……ジャン・ファイヤールと、もちろんその家の女主人エーヴ・キュリーとともに……彼女は魅力的で控えめで美しいが、すでにやつれていて悲しそうだった[*10]」と書いている。悲しそう、そうかもしれない。しかし、やつれているとは？　この女性はまだ三十歳だったのに……。モーリアック親子は、父から息子へと女性蔑視の考え方を受け継いでいた。エーヴは、間もなく世間に、彼女が諦めていなかったことを示すことになる。

さしあたって彼女は、母の伝記の執筆を夢中で続けていたが、今度は姉イレーヌと義兄フレデリックが、ノーベル化学賞を受賞した。

ストックホルムでの式典は感動的だったが、フランスのジャーナリストたちはイレーヌの外見の描写にばかりこだわった。そこに居並ぶ他のノーベル賞受賞者に対しては、決してしないことだった。彼女は檀上で、最前列、全員がタキシードを着た十八人の男性たちの真ん中に座る唯一の女性であった。彼女の隣はフレデリック・ジョリオ＝キュリーだった。そして彼らの左側には、ドイツ人の発生学者でノーベル医学賞を受賞したハンス・シュペーマンがいた。イレーヌのドレスは、性差別的発言を常とするジャーナリストたちに徹底的に品定めされた。

式典の間、すべての視線が、この額の秀でた、胸を打つほど飾り気のない女性に注がれていた。たった一つの宝石も、たった一つの装飾品も身に着けず、会場いっぱいの輝くばかりの燕尾服や色とりどりの衣装を纏った人々の前にいる。彼女は、寄進者アルフレッド・ノーベルの髭を生やした胸像が張り出している花で飾られた檀上で、夫と物理学賞を受賞したイギリス人物理学者ジェームズ・チャドウィック卿に挟まれ慎ましやかに座り、感情が高ぶるのをかろうじて抑えていた……。皆が何とか人工ラジウムを作り出そうとしたが、女性の好奇心にはかなわなかった。ジョリオ＝キュリー夫人は、賞状をわずかに広げると、それをじっと見つめた（……）。すると他の受賞者たちも、それに勇気づけられ、その誘惑に我慢できなくなった。それがチャーミングな光景だったので、講堂を埋め尽くした肩肘を張った高官たちやアカデミー会員たち、上流階級の老婦人たちの緊張が和らぎ、微笑みが交わされた。[*11]

違う、イレーヌは人形をプレゼントされるような小さな女の子ではなかった。まったくその反対なのに、この描写は、彼女をその辺にいる女の子扱いして貶めた風刺画《カリカチュア》である。彼女は、一九〇三年に母親が夫ピエール・キュリーとともに初めてノーベル賞を受賞した時、母がどんなに侮辱されたかを思い出した。キュリー家の長女は観察していた。そして記憶に留めた。賞の授与に続いて非常に格式ばった祝賀パーティーが催された。ドイツ人物理学者は、スピーチをヒトラー式の敬礼で締めくくったが、それをフランスのジャーナリストは「ちょっとした機転[*12]」と表現した……。ジャーナリストたちは、ナチスの理念や第三帝国の長に忠誠を示したこの科学者を、非難しようとはしなかった……。ファシズムに反対する科学者や、あるいは、ユダヤ人ゆえに、人種差別やファシズムの犠牲になっている科学者の友人たちに囲まれているイレーヌやフレデリックは、このナチス式敬礼を、どのように感じたのか？　家族の友人アルベルト・アインシュタインは、すでに他のユダヤ人と同様に、亡命を余儀なくされていた。

ストックホルムでは、最初にイレーヌが発言した。確かにフレデリック・ジョリオ＝キュリーほど長くはなかった。しかし、彼女は、一九〇三年の母の場合のように、選考委員たちから、恩着せがましい態度で扱われたくはなかったのだ。にもかかわらず、ノーベル財団のオフィシャルサイトには、フレデリックのスピーチは原稿として残っているのに、イレーヌのスピーチは、研究者としての経歴が載っていない状態でしか記されていないことをどう説明すればよいのか？

今回のスウェーデンへの旅に、またしても次女はいなかった。エーヴは、家族が表彰された三回のノーベル賞受賞式に、一回も出席しなかったことになる。全部で五つのノーベル賞。二人の姉妹が生きる世界はあまりにも違っていた。彼女たちには、もうこれと言って話し合うことも共有するものもないようだったが、それでもやがて、二人は力を合わせなければならなくなる。寒い冬、雪の中で彼女たちがスキーをしている時には、一九三六年に、自分たちが立ち向かわなければならない激動が待っていようとは、思いもしなかった。女性として、そして望むと望まざるとにかかわらず、姉妹として。血の繋がりを絶つことは不可能だ。

　イレーヌは、ノーベル賞の式典とは別の満員の観客を前に、同じ凍えるような一九三五年十二月、ストックホルムのアリアンス・フランセーズ〔一八八三年に創設され、パリに本拠地を置く、フランス語とフランス文化の普及を目的とする非営利団体〕で講演を行った。彼女は、母の、そして自分の最新の科学的発見を解説し、女性の職業について言及した[13]。キュリー家の冷静で穏やかな方の娘イレーヌは、決していらだったりせず、妹のエーヴによると、争い事を好まなかったが、自分にとって大切な主義主張にかかわる時には、俄然奮い立った。すなわち、女性の権利、特に働く上での権利、女性が職業を持つための道を開くことに関しては。しかしそれだけでなく、国家がフランスの科学研究のためにしかるべき予算を組むことの必要性についても。というのも研究にはお金がかかるし、彼女はラジウム研究所での資金調達の難しさで、そのことを立場上よく理解していたのだ。

　パリに戻ると、イレーヌはフランスの科学研究を守るために今回の受賞を利用し、相当な額の国家予算を要求した。だからといって彼女は、女性の権利を擁護し、それを拡大することをないがしろにしたわけではなかった。一九二九年の経済恐慌は、一九四五年まで世界中を非常に深刻な不況に陥れた。一九三五年、イレーヌは、一九二九年の株価大暴落の経済的影響で、徐々に問題視されていたフランス人女性の働く権利について心配していた。そこで、彼女はマスコミを通じて世論に訴えた。

今日あらゆる国で、私たちは女性の最も大切な権利、つまり、働く権利、それなしでは個人の自由が得られない権利が、脅かされているのを目の当たりにしています。一九〇四年、ピエール・キュリーがソルボンヌの教授に任命された時、キュリー夫人は彼女の実験室のために作られた研究主任の地位を与えられました。極めつきのフェミニストだった私の母は、彼女の能力を正当に評価したこの処置を高く評価していました。つまり彼女は、それを自分への尊重の証として捉えていただけでなく、我が国の偏見に囚われない精神の好例としても捉えていました。というのも、当時女性は、まだ高等教育機関に入れなかったからです。その二年後、ピエール・キュリーが亡くなると、彼女はソルボンヌの教授に任命されました。

このように、フランスでは三十年前に、我が国の活動で最も高尚な分野の一つにおいて、高いポストの獲得に関して男女の区別を一切しないという意向が示されました。

今日、一九三五年において、女性による仕事はあらゆる分野でその真価を発揮しています。しかしながらここ数年、働く女性の権利は後退の一途をたどり、新しい法律はさらにそれを弱める恐れがあります。これらの法律は、今のところ既婚の女性公務員に向けられていますが、諸外国ではすでにそうなっているように、すぐに他の女性たちへも拡大していくでしょう。政府が過去を否定し、一九〇四年にマリー・キュリーに自ら進んで与えた権利、自身の実績と働きによって十分就く資格のある職に、男性と同じ条件で就ける権利を取り消すのを、私たちは見ることになるのでしょうか？

そうならないように、全力で戦いましょう。[*14]

この記事は当時、女性の権利について最も攻撃的に論じた文書の一つであった。彼女自身、ノーベル賞受賞者であるにもかかわらず、依然として投票権がなかったということを忘れてはならない。数か月後の一九三六年三月、彼女はこの国の研究機関の悲惨な状況を嘆いて、訴えた。

フランスの科学分野における生産性は、現在、列強国の中で恥ずかしいほどのランクです。これは数学を除くすべての分野での現実です。どうしてなのでしょう？　なぜなら数学は、他と比べてあまりお金がかからないからです。他の科学分野はとてもお金がかかるのです。我が国では味わえない贅沢品のようなものです。そして科学にとっての真実は、他の大部分の分野にとって真実です。フランスは、大多数の大国に比べ、読み書きのできない人の割合が高いですし、衛生状態は最も低い水準にあります……。教育と健康は、私たちには高過ぎて手の届かない贅沢品なのです。それなのに、科学分野への予算、初等教育の予算、それに保険衛生の予算は、さらに削減されました。[*15]

時代は、ヨーロッパでもフランスでも、騒然としていた。一九三三年、ヒトラーが政権に就いたことから左翼は立ち直っていなかった。スタヴィスキー事件〔一九三四年、アレクサンドル・スタヴィスキーが引き起こした疑獄事件。右翼左翼を問わず多くの政治家が関与したとされる〕を始めとする金融汚職事件は、極右勢力によるデモを引き起こした。マリーでさえ、亡くなる少し前に、政治家と悪党との危険な関係について、ひどく腹を立てた手紙を次女に書いていた。複数の政党が反ファシズムと進歩主義を掲げた統一戦線を組織することを決めた。一九三六年の選挙の後、レオン・ブルムが閣僚評議会議長を打診されると、フェミニストたちは希望を抱き始めた。この政治家は婦人参政権の忠実な支持者であったし、一九三〇年以来、内閣に女性を登用すると約束していた。[*16]ただ女性は、たとえ結婚していても未成年者と見なされ、有権者でもなければ、被選挙人としての資格もなかった。しかし彼はまだ政権に就く前に、『結婚について』という著作の中で、女性は自分の身体を自分の自由にすべきだと力説し、中絶する権利を主張していた。そういうわけで、レオン・ブルムは自著の草稿の段階から次のように明言していたと、アントワーヌ・タラゴは記している。「出産の時期を選んでください……。まずは自由です。それから子供です[*17]」。その見解自体は、元来革新的であった。レオン・ブルムは、一部の女性を含め、多くのフランス人より進んでいた。それゆえ、彼は内閣に女性を加えたかった。それは、フランス共和国史上初のことなのだ。

それでは、どんな女性を選ぶべきか？　スザンヌ・ラコールが児童福祉を担当する政務次官に指名されたことは、世間を驚かせたかもしれない。彼女は確かに社会主義グループでは現役だったが、退職した教師であった。反対に、国民教育省の政務次官に選ばれたセシール・ブランシュヴィックは、第一線に立つフェミニストとしての活動で有名だった。一九〇六年に創刊され、婦人参政権の意義を擁護する週刊誌『ラ・フランセーズ』を、彼女は一九二六年以来率いていた。彼女はまた、法制の進展を注意深く見守り、国際問題や世界中の女性を取り巻く環境に関する記事を発表してきた。スザンヌ・ラコールとセシール・ブランシュヴィックは協力して働き、子供の栄養不良と闘うために、学校給食を充実させる措置や、教育のためのさまざまな改革案を通過させるだろう。また、多くの家庭の衛生状態が劣悪であった時代に、学校医療の計画を認めさせもするだろう。アントワーヌ・タラゴが記しているように、彼女たちは、貧しい母子家庭を援助するための施策を通し、児童保護を目的とする委員会を創設することにさえなる。[*18]

フランスで、国内の大勢の女性や子供が置かれている環境を改善するのに貢献することになることの進歩的な女性二人に加えて、イレーヌ・ジョリオ＝キュリーに助力を仰ごうとレオン・ブルムが決めたことは、意義のあることだった。というのも、この女性科学者は、非凡で型に収まらないという自身の特質によって、この新内閣に欠けているものをしっかり補ったからである。彼女は自身の経験をもとに女性たちを鼓舞することができ、彼女自身が先頭に立って行動することもできた。彼女にもまた、先見の明があったからだ。

＊

イレーヌにとって、フランスの内閣で初の女性メンバー三人の一人になることは、研究者として自身の仕事をすることとは、驚くほど対照的だった。政治は厳密な科学とはまるで違っていた。イレーヌの伝記作者ルイ＝パスカル・ジャックモンドは次のように記している。彼女にとって政治は、つまるところ、「無駄話」だった。役に立たないおしゃべりで、たいていもったいぶっていて、何ら具体的な結論に達せず、確かな論理に基づく議論しか認めない彼女からすれば、嘘ばかりの暇つぶしだった。そして彼女は、立場の弱い女性たちは、たいてい、男性に得々と話させておくしかないのだと、初めて知った。具体的な実験に没頭しない日など、一日たりとて考えられないこのノーベル賞受賞者にとっては、とにかく我慢できないことだった。女性蔑視というものを、イレーヌは子供の頃から目にしてきた。彼女は、一九一一年の、母に対する「ポーランド女」という侮辱を思い出した。今度はイレーヌが、揶揄や、悪意のある言葉といった、ジャーナリストたちの制裁のターゲットになった。しかし、たとえ彼らがイレーヌを傷付けるつもりだったとしても、彼女の方は気にしなかった。イレーヌは進んで批判に答えた。マスコミは、彼女の野暮ったい外見をばかにして笑った。一方、彼女の妹は社交界の動向を伝える雑誌に写真を撮られていた。エーヴが洗練された美しさをうまくアピールし、魅惑的な眼差しを利用しているのに対し、イレーヌの方は形だけの礼儀に常に頼っているわけではなかった。

そしてそれは、後に態度を和らげるとはいえ、監督役である大臣ジャン・ゼのやり方ではなかった。六か月前に受賞したノーベル化学賞の栄光にいまだ包まれていたイレーヌは、茫然とした。彼女には机がなかった！　三週間後になっても、彼女は事務員とタイピストを一人ずつ、そして相変わらず事務机を要求していた。役所からは何の音沙汰もなかった。彼女の要求は何一つ認められなかった。ジャン・ゼは彼女を自分の監督下にしっかりと置いておきたいと思っていた。とにかく彼女を黙らせろ。大臣は、私だ。方針を決めるのも、私だ。彼からすれば、彼女は、政府やレオン・ブルム、とりわけ自分自身にとって有効な宣伝キャンペーンのための「アリバイのための女性[*19]」でなければならなかった。しかしこの政治家は、エーヴが姉についての記事を公にするのを止めることはできなかった。「彼女は女性学者です。二人の学者の娘です。学者の妻です。彼女がこの奇跡、誰にも、数々の発見からノーベル賞にいたるまで、彼女がその跡を追っているかのように見える偉大な母にさえも似て[*20]おらず、真似もしていないという奇跡を実現させるためには、強烈な個性を持たなければなりません」。

イレーヌは、学生時代に母親から彼女たち姉妹が教え込まれた、スポーツを好み、健康的な生活を送るという好みとは対照的に、聞き分けがよく控えめで、落ち着いた永遠の優等生のように見えた。エーヴは、政治家やジャーナリストたちが姉のストレートで無愛想な反応をよりよく理解できるように、イレーヌの率直さや真っ正直さが、気難しい性格がそのまま現れた結果のように見えるのだと説明した。「いかなる人の力をもってしても、イレーヌ・キュリーに、彼女の意に染まないことをさせ、服装に気を配らせ、煩わしい人に会わせることを強制することはできません――公式のレセプションであくびをやめさせることもできません（……）。自分を美化したり、人に気に入られようとしたりせず、長所や欠点も含め、誰に対してもまさにありのままの自分をさらけ出す、どこまでも自分を偽らない人間なのです[*21]」。

この人物描写は、エーヴの女性文筆家としての才能を読者に感じ取らせるには好都合だった。そして妹は、最後に次のように面白がった。

この何ものにも動じない女性物理学者は、今や社会問題にも、さらには政治問題にも強い関心を抱いています。そして、私たちの意見はいくつかの点で異なっているので、少し前私は、この「決して怒らない姉」と激しい論争をすることに成功し、それは少なくとも七分間続きました！　私たちは、この予期せぬ成り行きに驚き、そして茫然とし、無言で見つめ合いました。それから二人で笑い出したのです。[*22]

このエーヴのユーモアは、読者にも喜ばれ、政治決断の遅さと、際限のない交渉にいらだっているイレーヌの機嫌を損ねることもなかった。政治家たちのせいで、彼女は時間を無駄にしていた。そして、彼女の研究は滞った。夫のフレデリックはひどく機嫌が悪かった。ピエール・ジョリオ＝キュリーは語っている。「父は、政府に任命されたのが母だということにとても怒っていました。任命されるのは自分に違いないと思っていたのです。それに父は、研究所の予算を彼女に願い出なければならないということが、我慢ならなかったのです[*23]」と。

イレーヌは、家族ぐるみのアメリカ人の友人ミッシー・メロニーに、自分がこの役職を引き受けたのは、自分がフェミニストの立場を取るためであり、科学研究にもっと重要な地位を与えるためだった、と書いている。これらはドイツやソヴィエト社会主義共和国連邦ではよく理解され、国家戦略に組み入れられていた。イレーヌは監督役である大臣に、研究予算の大幅な増額を要求した。

そして、「女子高等師範学校の女子学生《セヴリエンヌ》の待遇を、ユルム通りの高等師範学校の男子学生《ノルマリアン》」と同等にしようとした。つまり「奨学金を受けたり、研究室で休暇を取得したりする権利、学士号取得試験や、中等教育同様、高等教育の教授になるための上級教員資格試験を受験する権利、それに男性の同僚と同額の給料を受け取る権利である[*24]」。

実際、セーヴル女子高等師範学校では、かの「ガラスの天井」にも大学でのキャリアにおける差別にもかかわらず、大学教授や研究室長になりたいと望む、若い女性科学者たちを教育していた。しかし、この若い女性たちにとって、道は長く、彼女たちが持っている資格や能力に見合う地位に到達するまでには、幾多の困難が存在した。どうしてイレーヌは忘れることができるだろうか？彼女の母親が、一九〇〇年から一九〇六年、ちょうどパリでの万国博覧会と同時期に、ここで物理を教え、二十世紀を通して彼女たちに刺激を与え続ける知識を授けていたということを。

すべては昔から続いてきたことだった。若い女性が中等教育を受けるための戦いは、執拗な抵抗を引き起こしてきた。セーヴル女子学校が創立される前、第二帝政期の末期の一八六七年には、少女たちに少年たちと同等の教育を受ける権利はなかった。一八六六年、当時の公共教育大臣ヴィクトル・デュリュイは、ウジェニー皇后に、「息子の教育とその思想の方向性に関して母親の影響力は非常に大きいので、女性が、現代社会の知的生活に無関係でいてよいとは考えられません[*25]」と書いている。皇后はソルボンヌに、若い女性のための一般教養課程を設けるように提案した。彼女たちが「不適切な出会い」をしないように、当然、彼女たちの母親が同席の上で……。カトリック教会が猛烈に反対し、この計画を失敗に追い込んだ。ところが、三十歳の若き下院議員カミーユ・セーが一つの法案を準備した。それはジュール・フェリー〔一八三二－一八九三。フランスの政治家。第三共和政下で首相を務め、女子中等教育の拡充を行った〕が提案したもので、女子のための高等学校および中学校の創設を目指す一八八〇年十二月二十日法として結実した。

　まだ重要な問題が残っていた。カミーユ・セーは、その学校は正規の免許を持った女性が率いるべきだと、明言していたのだ。そういうわけで、当時はまだいなかったこうした女性の人材を育成するために、セーヴル女子高等師範学校が設立されたのである。ただ元老院で、すんなりと受け入れられたわけではなかった。「何だそれは？　新種の生き物のための学校を作るだと。女子のための世俗の神学校。女性教師という名前とな。そんな怪物にはお目にかかったこともない[*26]」。

　学校を創設する法律は一八八一年七月に公布された。ジュール・フェリーが検討した結果、学校には、ルイ十五世の時代にポンパドゥール夫人の進言で建設され、もう何年も前に廃業したセーヴルのかつての工場を充てることが決定した[*27]。巨大な建物で、外の世界から保護されており、若い女性たちは男性と出会えないので、彼女たちの評判は傷付かないですむはずだった。ルイ十五世の宮廷で芸術や文化の質の向上に関して、ポンパドゥール夫人が果たした役割とその影響力の大きさを考えると、この場所は非常に象徴的だ。

　結果は堂々たるものだった。最初の生徒たちは、一八八三年にこの学校を卒業すると、中学校や高等学校の教師になり、そのうちの十人ほどが高等学校の校長になった。研修旅行のための費用が支給され、そのおかげで女子学生たちは、また別の文化や科学、生き方を発見することができた。しかし彼女たちには、依然としてバカロレアを受験する権利がなかった！　マリー・キュリーは一九〇〇年からこの学校で教鞭を取っていたが、女子学生がバカロレアを受験する権利を得るには、学校設立から三十年近く後の一九一〇年まで待たねばならなかった。それでも登録者数は増加していった。中には外国からの生徒もいた。というのも、マリー・キュリーも経験したことだが、その当時ヨーロッパには、女子専門の教育課程や試験がなかったのだ。[*28]彼女たちはそういうものを求めてセーヴルにやって来た。しかし、女子の中等教育が男子のそれに匹敵するものとなり、女性たちにより開かれた人生という希望を与えるようになるには、第一次世界大戦後の一九二四年まで待たねばならなかった。

政府内のポストに任命されてから、イレーヌは、ジャン・ゼの悪意にもかかわらず、イニシアティブを取り、数々の決定を下すことができた。事態は切迫していた。彼女はこの先、自分がどのくらいこの職務に留まるかわからなかった。いかにそれが一般の人々にとっても、レオン・ブルムにとっても、そして科学者にとっても魅力的な職務であろうとも。イレーヌは人の言いなりでいるつもりはなかった。彼女は、結婚している生徒が学業を続けるための許可を取り付けた。セーヴル師範学校を、中等教育局の管轄から高等教育局の管轄に移した。この決定は、彼女が政府を去った後の一九三六年十二月に法的に認められ、予算の増額と、新ポストの設置に繋がった。そしてついに、第二次世界大戦後には、女子学生《セヴリエンヌ》たちは、イレーヌやマリーがラジウム研究所で、長年育成してきた女性研究者たちとまったく同じように、より容易に高等教育課程に進めるようになる。

マリーが教えたセーヴルの卒業生で、物理学と自然科学の上級教員資格試験《アグレガシヨン》の女子選抜試験に初めて合格した、ジョリオ夫妻の友人ウジェニー・コットンは、イレーヌの推薦で、一九三六年にこの名高い学校の校長になった。この二人の女性はともに、女性の高等教育を改革し、理系の教育、とりわけ女子向けの科学教育のレベル向上を図り、偏見をはねのけて彼女たちに就職口を見つけていく。というのも、セーヴルの女子学生《セヴリエンヌ》たちは高等師範学校の男子学生《ノルマリアン》と同じステイタスを持っているわけではなかったからだ。後にイレーヌ・ジョリオ＝キュリーは、彼女に心からの賛辞を送るだろう。

コットン夫人は女子高等師範学校が、ユルム通りの高等師範学校に匹敵するステイタスを得られるように、たゆまぬ努力をなさいました。私は科学研究政務次官時代に彼女のお仕事に、微力ながら協力できたことをうれしく思っています。今日、その成果は明らかです。つまり、師範学校の女生徒たちは、就学中に学士取得試験の準備をし、上級教員資格を取得した後には、研究室で研究を行うための奨学金を得ることも、高等教育機関や中等教育機関で教師になることも可能です。また、彼女たちには男性の同僚と同等の賃金が保証されているのです。*29

かつての教え子たちによると、晴れやかな微笑みが際立つ深い眼差しで、不屈の意志を持ち、とても思いやりがあったというウジェニー・コットンは、一九四一年にヴィシー政権〔一九四〇－一九四四。第二次世界大戦中、フランス中部の都市ヴィシーに首都を置いて成立した親ナチス・ドイツ政権〕によって退職させられるまでの五年間に、この学校にしっかりと足跡を残した。同じく物理学者であった夫のエメ・コットンは、何度もゲシュタポに逮捕されることになる。このように、人民戦線政権〔一九三六－一九三八。反ファシズム、反帝国主義、反戦を掲げた、社会党、急進社会党、共産党など諸政党の連合政権〕下の数年間には、後にフランスがナチス・ドイツの占領から解放された時に、女性が一流の科学者として仕事に就きたいと要求できる布石が打たれたのである。コレージュ・ド・フランスの方は、戦後になっても、依然として女性に門戸を開かないままだった。一人の女性、古代ギリシア文明研究者ジャクリーヌ・ド・ロミイが一つの講座の正教授に選ばれるまでには、フランソワ一世による一五二九年の創立から四百五十九年——四世紀以上——を経た一九八八年を待たねばならなかった！

イレーヌはすぐに政治家たちのさもしさにうんざりした。彼女を本当にふさわしいポストに就け、人前に出すことをためらうジャン・ゼに、彼女は激しくいらだった。この監督役の大臣は、科学研究の分野に関する専門知識を一切持っていないのに、この分野での主導権を独り占めし続けるつもりだった。ノーベル化学賞受賞者に対して、この政治家はイレーヌの行った仕事から成果をかすめ取ることだけに目を光らせていた。彼にとって、彼女は役に立ったが、彼の期待していたような従順な女性という役割を演じなかった。イレーヌのような融通が利かない女とはやっていけない。嫌悪感が収まらなかった。ジャン・ゼは仕返しをし、彼女が要求する予算を与えなかった。こうした妨害に、イレーヌのレオン・ブルムに対する失望が加わった。それでも彼は、彼女が尊敬している男性ではあるし、母親からその評判を聞いていた人だった。彼女は政府に参加する前から彼と面識があった。フランス人女性の状況を改善するという希望にあたって、彼には大いに期待していたのだ。イレーヌは、女性が投票権を獲得することを望んでいた。そして、スペインで内戦が勃発した一九三六年七月十八日からは、軍部の反乱に対抗しているスペイン共和国へ、フランスがもっとはっきりと援助することを願っていた。

新たな落胆がこのノーベル賞受賞者を待ち受けていた。一九三六年七月三十日、代議院で女性の投票権が、四百七十五票対ゼロで新たに可決された。しかし、十九人の閣僚が棄権していた。レオン・ブルムは、女性に投票権を認めることを政策で約束していない急進社会党と連携していたため、この事態に介入しなかった。それゆえ政府は関与せず、元老院における議事日程にこの法案を加えるよう求めなかった。四十年以上も前、十九世紀末の数十年よりもかなり以前に、サフラジェットたちは投票権獲得のための運動を始めていたのだから、フェミニストたちは、この政府の振る舞いを忘れることはないだろう。多くのフランス人フェミニストたちは、一度も投票することなく、一度も被選挙権を持つことなく、すでに亡くなっていた。マリー・キュリーでさえ、投票する機会を持てなかった。アングロサクソンの国々やスカンディナヴィアの国々、ニュージーランド、オーストラリアでは、ついに女性たちがこの権利を勝ち取っていた。したがって、何の成果もない戦いが二世代も続いた後で、フランスの女性活動家たちは、計り知れないほどの倦怠感に苛まれていた。イレーヌは、フランスでは女性の権利が、彼女と彼女の母親が負傷した兵士を救うために塹壕付近を「プティット・キュリー」で走り回っていた時から、ほとんど進歩していないと実感した。

加えて、ドイツからのニュースは、ますます憂慮すべきものになっていった。ヒトラーは、一九三三年一月に首相に選出されると、就任後すぐに反ユダヤ政策を開始した。際立って優秀なドイツ人の科学者たちが、自分と新内閣の間に大西洋を置くことを選び、ドイツやオーストリアからアメリカ合衆国へと去って行った。ドイツによる一八七〇年と一九一四年の二回のフランスへの侵略は、まだ人々の記憶に残っていた。それゆえ、アルベルト・アインシュタインには、パリはベルリンから近過ぎて安全ではないとわかっていた。この物理学者は、コレージュ・ド・フランスが教授として迎えようとしていたにもかかわらず、一九三二年にはアメリカ合衆国へ渡ることを選び、有名なプリンストン高等研究所[*30]の教授になった。知識人、作家、哲学者、映画監督たちが去って行った。かくして、イギリス人のチャールズ・チャップリンは、優れた俳優や映画監督が、ハリウッドに移って来るのを目の当たりにするだろう。彼はファシズムの危険性を最も意識する一人となるだろう。そして、一九三八年から映画『独裁者』の脚本に取り組み始めた時、それはまさに第三帝国のユダヤ人に対する集団迫害事件「水晶の夜」の時でもあるのだが、ファシストの危険性を思い出すことになる。

イレーヌとしては、その存続を賭けて戦っているマドリッドの政府を支援したかった。一方レオン・ブルムも、「人民戦線」が元となっているスペイン政府を支持していた。ソヴィエト連邦同様フランスは、スペイン共和国に武器、特に飛行機を提供し、経済的便宜を図るだろう。スペイン共和国では国際旅団が結成され、その兵士の数が次第に増えていく。しかしナショナリストの陣営でも、イタリア人やドイツ人の志願兵が戦闘に加わっていた。戦闘は激烈なもので、赤銅色のスペインの大地にフランス軍を派遣するのをレオン・ブルム閣僚評議会議長にためらわせるほどだった。ポルトガル、ドイツ、イタリア、そして多くのスペイン語圏の国々が、フランコの反乱軍を支持していた。レオン・ブルムはスペイン共和国への支援をさらに推し進めるのは賢明でないと判断するだろう。イレーヌを含め大勢の知識人たちが、その決定に失望した。それゆえ、イレーヌは辞職を決意した。彼女は自分の実力を示したし、女性が大臣職に就くことが国家にとって重要であることは証明した。しかし、学術研究もまた、フランス国家からそれ相応の支援を受けなければならない。

ジャーナリストでありフェミニストでもあるジャーヌ・ミシムが、一九〇六年に創刊し一九二六年まで編集長を務め、セシール・ブランシュヴィックが後を継いだ週刊誌『ラ・フランセーズ』、別名「女性の進歩のための雑誌」の記者たちが、イレーヌに敬意を表している。彼女は、レオン・ブルムの評判を落とさないよう、いくつかの理由を挙げ、自身の辞任を説明していた。「ジョリオ＝キュリー夫人は健康上の理由により、政府内での職務を断念しました（……）。フェミニストたちは、彼女が示してくれた連帯感に深く感謝しており、彼女たち全員が私たちとともに夫人に謝意を表し、彼女が完全に健康を回復することを願うでしょう[*31]」。

＊

イレーヌのことを描写する最後の文章をタイプライターで打った時、エーヴは、自分自身の人生の物語に第一歩を踏み出した。彼女は自分が文章を書いて、感動やユーモア、笑いや雰囲気まで読者に伝えることができると初めて知った。文章が書けることが、力になった。つまり、ピアニストとしてのキャリアを諦めた時に、それに頼ったのだ。彼女は、この挫折を乗り越えるために、母親の初めての伝記を世に送り出すことになる。そして、家族の他の二人の女性たちと同じくらい抜きん出たレベルに到達したいと望んでいた。何という計画！

姉の凄まじい怒りをかわそうと、彼女は母親の科学研究に関して書いた箇所についてイレーヌに語っている手紙に、軽い調子で書いている。「私は、ラジウムの発見から、科学的な（!!!）読み物を作ったのよ。それは、私の英訳者を大いに興奮させました……。今は専門家であるあなたの髪の毛が怒りで逆立たないことを願っています！　キュリー家のぺとメの本をもとにしたので、たぶんそれほど間違いはないでしょう」[*32]。

結局、この本の基本的な考え方を巡って、イレーヌとエーヴの間に対立は生まれないと、エレーヌ・ランジュヴァンは私に語るだろう。イレーヌがレオン・ブルム内閣に入閣した時に、エーヴが描いた姉の人物像で強調したように、イレーヌは争い事を好まなかった。口論はなかったのだろう。ローザンヌでエーヴは、朝から晩まで、時には夜中まで仕事をし、隣の部屋では、出版社が採用し給料を払っている翻訳者が、準備万端整えて待ち構えていた。そしてその間も、アンリ・ベルンスタンは、ずっと彼女のそばを離れなかった。

最後の単語をタイプした時、マリーの次女はもう何もできないと思った。この本は面白いだろうか？　彼女にはもうわからなかった。編集者の方は自信に満ち、満足していた。この伝記は彼の期待通りであり、彼は大々的に売り出すつもりだった。アメリカ合衆国での『キュリー夫人』の出版は、あっという間にあらゆる見込みを上回った。アメリカで最も辛辣な評論家たちが、惜しみなく称賛した。自身の新聞コラムで何百万人ものアメリカ国民の読者を持つエレノア・ルーズヴェルト〔一八八四－一九六二。第三十二代アメリカ合衆国大統領フランクリン・ルーズヴェルト夫人〕が、夢中になったと告白した。成功が膨らんでいった。一九三七年十月、エーヴ・キュリーはこの作品で、非常に権威のある文学賞である全米図書賞〔一九三六年に創設されたアメリカ合衆国で最も権威のある文学賞の一つ。一九四二年、第二次世界大戦のために中断されるが、一九五〇年に再開され今日に至る〕のノンフィクション部門を受賞した。そしてアメリカ中を回る講演旅行は、大勢の読者が殺到したせいで、最も途方もない見込みをも上回った。今度はフランスだった。同様の成功、同様の評価。他の人々と同様、レオン・ブルムやコレットが、彼女にお祝いの言葉をかけた。一般大衆は彼女を奪い合った。

＊

スペインでの戦闘に、人民戦線政府が中途半端に介入したせいで動揺が広がっている上に、学術研究のために予定されていた大臣のポストが削減された。どうしたらそんなことになるのか？　再軍備しつつある世界、そして枢軸国が戦略部門に相当の予算を認めている世界で、進歩と主権の証である科学研究を、フランスがさらに、どれほど推進していかなければならないか。イレーヌはそれをよくわかっており、その点についてレオン・ブルムとかなり議論した。彼女はもう政府にいなかったので、異を唱えるにはペンを執るしかなかった。

あなたが設置した科学研究政務次官のポストが廃止されると聞いて、科学界が失望しているということを、まず言わせてください（……）。まだやるべきことがたくさんあります（……）。これほど望まれ、国家にとって有用であると同時に利益を生むはずのこの協力体制は、やっと輪郭が描かれたに過ぎません。科学研究政務次官というものは、革新的な精神のうちに、この壮大な計画を最も実現できるポストであると、私たちには思えたのです。[*33]

イレーヌはどうしていいのかわからなかった。世界情勢は緊迫しており、彼女には、ストックホルムでのノーベル賞授賞式の時、彼女たちの目の前で、一九三五年のノーベル生理学医学賞受賞者であるドイツ人ハンス・シュペーマンが、ナチス式敬礼をしたことが忘れられなかった。

そしてフランスでも、翌一九三八年には、気がかりな事態がいくつも生じた。まず、一族と医療にかかわることに関して。キュリー財団それ自体は、癌と戦い人命を救うことを目的に、「医療の研究、知識の保護とその伝承という三つの使命」を柱に据えて、一九二一年に彼女の母の尽力で設立されたものの、お金がなかった。閉鎖しなければならないかもしれなかった。エーヴとイレーヌは協力して立ち向かう覚悟だった。二人は三月四日に寄付を呼びかけた。エーヴのことは、多くの人が彼女を雑誌で目にしていたし、大西洋の向こうで本がベストセラーになっていることがフランスまで伝わってきていた。彼女は、いくつかの新聞で取材に応じた。「もし母のこの病院がなくなったら彼女がどんなに悲しむだろうかと思います。（……）自分自身のためには何一つ要求せず、何一つ受け取らなかった母は、自分の活動のために助成金を得ることには、極めて熱心でした」[*34]。実際には、ラジウムの価格が著しく高騰していたので、これにはたいてい財団への寄付が充てられ、給料や社会保障負担金は削られた。十一グラムのラジウムを必要とする放射線照射装置は、昼も夜も休みなく稼働していなければならなかった。百五十人もの人が交替で働いていた。財団の設立に国が援助した他、ジョン・D・ロックフェラーやアンリ・ド・ロチルド博士〔一八七二－一九四七。パリのロスチャイルド家〕のような気前のいい寄付者の支援もあったが、資金は常に不足し、財団は破産の危機に瀕していた。

「実際に治療に当たる医師たちが、現在、身体の外側の癌の場合九十五パーセントが完治するが、進行が中程度の場合は八十パーセント、非常に進行している場合は完治するのは十二パーセントであると明言している」[*35]のを人々が知った時には、本当におしまいだ。病院設立前の一九一九年から一九三五年まででさえ、キュリー財団は八十床を有し、八千三百十九人の患者を治療したと、エーヴは強調した。

こうした議論は有効だったとわかった。というのも、直ちにパリ市と当時の公衆衛生大臣が乗り出してきたからだ。キュリー研究所は救われた。今日では、パリ、オルセー、サン゠クルーの三か所から成る、最先端の癌研究の複合医療施設になっている。また、それは八十八の研究チームを持つ世界でも威信を誇る癌研究センターの一つでもある。エーヴとイレーヌは協力して目的を達成したのだ。

*

以上のような成り行きから、イレーヌは、スペインの内戦に対するフランスの左翼の態度に失望した。イギリスからの圧力に屈して、こうした中立的な態度を取ったことに、イレーヌもフレデリックも納得がいかなかった。レオン・ブルムは彼らの期待を裏切ったのである。ドイツではヒトラーが、フランコが率いるスペインの右派陣営を軍事援助した。ファシズムは拡大し続け、ドイツやオーストリアの多数のユダヤ人がヨーロッパから逃げ出した。ジークムント・フロイト〔一八五六－一九三九。オーストリアの精神科医。精神分析の創始者〕はマリー・ボナパルト公妃〔一八八二－一九六二。フランスの精神分析学者〕の尽力のおかげで、ぎりぎりのところでロンドンへ逃れた。フランス国家が何もしないことに、イレーヌとエーヴは不安を感じていた。ポーランドはナチス・ドイツと国境を接していた。そして、もし彼女たちの母親や先祖の国が、またしても侵略されたら？　ある夜、彼女たちはそのニュースを知った。ミュンヘンで、当時の閣僚評議会議長エドゥアール・ダラディエ〔一八八四－一九七〇。フランスの政治家。急進社会党党首。三度にわたって閣僚評議会議長（首相）を務めた〕が、チェコスロヴァキアの少数民族であるドイツ語を話すドイツ人の住むズデーテン地方を、第三帝国に併合することを認めるヒトラーとの協定に署名したのだ。これは、ヴェルサイユ条約での正式合意に反していた。ヒトラーに譲歩するなど、キュリー家の娘たちにはありえないことに思えた。二人は自問した。ズデーテン地方の後、ヒトラーは次にどこを要求してくるのだろうか？

　エーヴは愕然としていた。彼女は当時、カルチエ・ラタンからは遠く離れたセーヌ川右岸のヴィーニュ通りのアパルトマンで、モーリス・バレス〔一八六二－一九二三。フランスの作家、ジャーナリスト、政治家〕の息子で政治記者のフィリップ・バレス〔一八九六－一九七五〕と暮らしていた。射抜くような鋭い眼差しのこの男は、一年間のベルリン特派員を終えて帰国したところだった。彼はベルリンで、ヒトラーを始めとするナチスの指導者たちに会っていた。彼は、ヒトラーの側近たちが、フランスの軍事思想や、フランス国民がその名前さえも知らないシャルル・ド・ゴール司令官〔一八九〇－一九七〇〕の革新的な構想に通じていることに唖然として帰国した。彼はドイツが精神的にも物質的にも再武装することを心配していたが、フランスはもっぱら防衛を重視する方針を取り、ドイツ軍が迂回することになるマジノ線〔フランスがドイツ国境を中心に構築した長大な要塞線。一九四〇年、ドイツ軍はマジノ線を迂回し要塞の手薄な北方から侵攻し国境を突破した〕に、膨大な費用を投じつつあった。

　エーヴとイレーヌが、政治に落胆するのはこれで終わりではなかった。彼女たちは、一九三九年夏、自分たちを打ちのめすニュースを知った。イレーヌとフレデリックにとっては、ファシズムとの戦いを象徴する人物であるヨシフ・スターリン〔一八七八－一九五三〕が、ナチス・ドイツとソ連との間に不可侵条約を締結したのだ。スターリンや共産主義に対するイレーヌの楽観的な見通しは砕け散った。今回彼女は、共産党の見解に同調することができず、一九三九年八月三十日、『ルーヴル』と『ル・タン』両紙に声明を発表した。ポーランドの主権が、またしても心配になってきたからだ。[*36] 九月一日、彼らの懸念が現実となった。ヒトラーがソ連と示し合わせてポーランドに侵攻したのだ。その二週間後の九月十七日、ソ連のポーランド東部への侵攻が始まった。二つの戦線で攻撃を受け、ポーランド軍はルーマニアまで後退した。十月六日、ヒトラーとスターリンは、ポーランド共和国に終止符を打つことに成功した。エーヴとイレーヌは悲嘆に暮れ、またしてもワルシャワに残っている親類を案じた。ブローニャが、一九三九年四月に亡くなるまで率いていたラジウム研究所はどうなるのだろう？　とはいえ、彼女たちの伯母は、数か月前に亡くなったので、再び占領されたポーランドで生きる苦しみを味わうことはなかった。ドイツがポーランド東部と旧ダンツィヒ〔現ポーランド共和国グダニスク。ヴェルサイユ条約によって第一次世界大戦後からナチス・ドイツに占領されるまで国際管理下に置かれていた〕を併合する一方、ソ連は占領地域をウクライナとベラルーシ〔第二次世界大戦勃発時、ウクライナ、ベラルーシともにソ連邦の構成国であった〕に組み入れた。おびただしい数のポーランド人が逃亡し、ワルシャワは激しい戦闘による大勢の死者を悼んだ。彼女たちの母の生きた世界、彼女たちの先祖が生きた世界が、再び崩れ去った。

第7章　第二次大戦の混乱の中で生き別れたイレーヌとエーヴ

エーヴにとってもイレーヌにとっても、胸が張り裂けるような思いであった。妹はナチズムとの戦いで、共産主義者は信用できないという確信を得ていた。イレーヌもその点については同じ思いであり、母の祖国ポーランドに対して侵された二重の犯罪に憤慨していた。姉は全体主義体制に直面した民主主義の弱体化を心配し、ファシズムに対して中立的な立場を取ったり、介入しない姿勢を取ったりする国を嘆いていた。イレーヌは、何でも話せる友となったミッシー・メロニーに書いた。「私は大きな失望を感じざるをえません。昨年のさまざまな出来事は、ファシズムや共産主義が国際的であることをはっきりと証明しました。複数の国のファシストが助け合っていますし、共産主義者も同じです。もし民主主義陣営が国際的な連帯感を育まなければ、必ずや民主主義は打ち砕かれてしまうでしょう[*1]」。

ならば、どうすればいいのか？　前年エーヴは、フランスのために役立てることができる国際的名声を手に入れた。彼女は、政治情勢、つまりヒトラーの側近たちの狙いをよく理解しており、新しい恋人フィリップ・バレスとそのことについて進んで話し合っていた。彼女は、じっとしているつもりはなかった。役に立ちたかった。彼女は常日頃から講演を行い、記事や母親の伝記を通して知られていたので、フランス人女性としては珍しく世間から注目されていた。行動しなければ、そして問題に積極的にかかわらなければ！

エーヴは、すでに一九三九年三月に、『キュリー夫人』のプロモーションのためにアメリカ全土を巡る華々しい旅を行っていた。警察のオートバイ隊員に護衛された彼女は、ニューヨーク市長フィオレロ・ラガーディアに迎えられ、彼に自作を一冊贈った。二十年も経っていないのに、何というこことをやってのけたのか！　一九二一年、母親を称える歓声の中、彼女はニューヨークのこの同じ埠頭に着いた。それから十八年後、集まった人はやや少ないが、本当に熱烈に喝采を受けるのは、今度は彼女だった。今回の熱狂には人々の憧れが加わっていた。それほど、この若い女性は、洗練された美しさと繊細な仕立ての衣装によって、フランスのエレガンスを体現していたのだ。彼女は列車でアメリカを横断してサンフランシスコまで行き、観衆の大歓迎を受けた。ゴールデンゲート国際博覧会に参加し、数日間で二千人と握手をした。そして、人気のある大統領の夫人で、とても愛されている一方物議をかもしているエレノア・ルーズヴェルトと会った。彼女は、人権や女性の権利のために積極的に活動していた。もちろんこのファーストレディは『キュリー夫人』を読んでいた。これが二人の女性の、友情と協力関係の始まりとなる。このように戦争は、思いがけない縁を繋いだ。今、エーヴはマスコミから「世界で最も有名な五人の女性のうちの一人」とされていて、別の一人がエレノア・ルーズヴェルトだった。エーヴが到着すると、オーケストラが彼女のために

『ラ・マルセイエーズ〔フランス国歌〕』を演奏し、そして彼女は、熱狂的な観衆の前で「女性と科学、女性と健康」について講演を行った。

フランスでは、各新聞が彼女のアメリカの旅とその成果を詳しく報じた。彼女は国の誇りとなり、アメリカでの快挙という栄光に包まれてパリに戻った。ル・アーヴル港では大群衆が彼女を待ち受けていた。七月十四日には、レジオンドヌール勲章のシュヴァリエ章を、次いでポーランド復興勲章〔一九二一年に制定されたポーランドの勲章。教育、科学、スポーツ、文化、芸術、経済、国家防衛、社会活動、公職活動、外国との関係強化の分野において優れた功績のあった国内外の人物に授与される〕のシュヴァリエ章を授与された。フランスは彼女に、外交面で大いに協力を請うつもりであった。彼女はフランス人作家ジャン・ジロドゥが率いる外務省情報統括局に採用された。彼女の講演は世界の注目を集め、肖像写真は新聞に繰り返し載ったのだから、彼女は、できるだけ早い機会にラジオに出て考えを述べ、そして、書いて書いて書きまくるべきなのだ。一日も無駄にはできなかった。戦争なのだ。彼女はすでに九月十五日のラジオで、彼女の母親が、独立を失っていた当時のポーランドを決して見捨てず、いかにその国の力を信じ続けようとしていたかを語っている。彼女は、マリー・キュリーが、子供の頃から学校で抵抗運動を続けていたことを力説した。次女は、自分の母親なら、今日でも祖国の解放のための戦いを続けていただろうと考えるのだ。「一九一四年のように、やはり彼女なら勝利を信じるでしょう[*2]」。「母は、一九一九年にポーランドが解放され、蘇ったのを見て強い喜びを感じていました。もし母が生きていたら、ポーランドが侵略され、多くの人々が殺されるのを見て胸が張り裂けそうになったでしょう……それでも、ためらわず、一九一四年にそうしたように、戦いに身を投じ、自分の力を二つの祖国のために役立てようとしたでしょう[*3]」。

イレーヌも妹と同様の発言をした。いわゆる奇妙な戦争〔第二次世界大戦初期、一九三九年九月から一九四〇年五月まで、ドイツとフランスは戦争状態にあったにもかかわらず、実際の戦闘がほとんど行われないという奇妙な状態が続いた〕の不気味な雰囲気の中、研究所を守ることが彼女の最優先事項であった。彼女はトリウムとウランという重い元素に中性子を衝突させて得られるリン放射性同位元素についての実験を行っていた。一九三九年一月、彼女は原子核の分裂の発見に近づいていた。彼女の研究は着実に進んでいた。しかし、優先しなければならないことが別にあった。自分自身の身体を労ることだ。健康状態が悪化し、すぐに疲れるようになっていた。結核の治療のために、数年前にメが亡くなったサンセルモスのサナトリウムに滞在しなければならなかった。パリとオート＝サヴォア県を絶えず行き来しなければならないのはつらかったが、このいやおうなしの休息は、美しい風景と山間部のさわやかな気候、緑や山々のおかげで心休まるものになった。確かにそれは、ラルクエスト、彼女がそこで、夫や子供たちと一緒に英気を養いたいと強く願っていたあのブルターニュの楽園、読書したり物を書いたり、研究について考えたりできる穏やかな憩いの場の景色とは違っていた。家族がいなくて寂しかったが、手紙のおかげで少しは慰められた。何が何でも、彼女は生きたい、情熱を持ち続けたいと思っていた。だから、立ち止まることは考えられなかった。

＊

エーヴは外務省と情報統括局から、もう一度アメリカへ行き、アメリカ国民に、将来フランスに味方したいと思わせるよう頼まれた。一九四〇年一月十八日、相変わらずエレガントなエーヴは、アメリカの大衆が憧れるフランスの有名デザイナーの服を纏い、「女性と科学」についての新たな一連の講演をスタートさせた。実際は、依然としてベストセラーのリストにある彼女の本『キュリー夫人』を用いて、改めて母親の物語を広く知ってもらうとともに、ヨーロッパの複数の国で君臨する独裁者、とりわけスペインのフランコ、イタリアのムッソリーニ、ロシアのスターリン、そしてもちろんドイツのヒトラーに直面している民主主義の大義を擁護することが特に重要だった。ヨーロッパでは、月を追う毎に将来への見通しは暗いものになっていたのだ。

彼女は、ニューヨークの最もしゃれた場所で何回も講演を行った。そして、彼女のために千二百人もの人を集めて、ホテル・アストールで昼食会が催された。一九四〇年二月二日、エーヴはエレノアとフランクリンのルーズヴェルト夫妻の招待を受け、再びホワイトハウスの賓客になった。アメリカ大統領夫人は、自身のコラムでエーヴに賛辞を送った。

大統領は彼女との再会を非常にうれしく思っています(……)。彼女は常にその場に最もふさわしい姿で現れ、自分自身だけのためではなく、祖国のために人々と友情で結ばれたいという気持ちから、多くの人々と会っているのだと私は確信しています(……)。そして彼女は、皆がそれまで持っていなかった、彼女の祖国に対するより魅力的で親しみの持てる思い出を残していきます。(……)マドモアゼル・キュリーを派遣できたことは、フランスにとって幸運なことです。というのも、彼女は知り合うすべての人の心をつかんでしまいますし、彼女の母の科学における偉大な功績が、我が国の女性たちが感じている強い友情の土台となっているからです。[*4]

こうした称賛はこれに留まらなかった。その十日後エーヴは、アメリカを巡る旅を続けているさなかに、アメリカの有名な週刊誌『タイム』の表紙に縁取りのついた自分の写真が載っているのを見つけた。認められたのだ。こんなふうに母親の陰から最も注目を集める光になれるなんて、何と素晴らしい評価だろう！　全世界で読まれている雑誌から認められたのだ。キュリー家の三人の女性が、それぞれ自身の才能によって、高く評価されたという歴史的瞬間だった。マリーやイレーヌの写真が、国際的な刊行物に長い論文とともに載ることはあったが、二人のうちどちらも、この権威あるアメリカの雑誌の表紙を飾るという快挙を成し遂げることはないだろう。

六百万人のフランス人が動員されていた時、エーヴはアメリカで、「働くフランス人女性」についての記事を発表した。エレノア・ルーズヴェルトは、彼女がアメリカを回っていて、フランスに帰国する前に手紙を書いた。「私には、あなたがとても不幸で気の滅入る状況の中に帰国されるのがわかっています。私はあなたを思っていますし、このおぞましい状況が早く終わるように祈っています[*5]」。エーヴは彼女に対し、礼儀作法をほとんど気にしない姉には絶対に書けないだろう手紙で答えた。社交辞令が随所にちりばめられた、しかし不安な気持ちが溢れた手紙であった。「私は、自分の国が最後には勝つと思っています。そうでなければ、今もなお善悪の観念を持っている人々にとって、人生はとてもつらいものになってしまうでしょう（……）。アメリカでは、国中で最も優れた人物、最も高貴で聡明な方が政権の座に就いています。それはごく少数の国にしかない幸運です[*6]」。

それから彼女は、ヒューストン、フォートワース、タルサ、ニューオーリンズ、トレド、アトランタ、シンシナティ、ニューヨーク、そして何よりワシントンを巡った旅を終えた。帰国すると、閣僚評議会議長ポール・レノー〔一八七八―一九六六。フランスの政治家。一九四〇年三月から六月まで閣僚評議会議長（首相）を務める〕が彼女に賛辞を送った。フランクリンとエレノアのルーズヴェルト夫妻は、ワシントンのフランス大使に、彼女の旅について話したがり、その行動を称賛することを望んだ。これは、フランス政府主導には見えず、個人の自主的な行動という装いだったが、実際は、戦略的な性質を帯びた外交の仕事であった。成果を生むことが期待された政治活動だったのだ。エーヴは祖国の防衛に身を投じていった。一九一四年から一九一八年の時の母や姉のように、戦い、もっと戦い、行動するのだ。

*

一九四〇年五月十日、フランスに対するドイツの本格的な攻撃が始まった。ドイツ軍の機甲師団《パンツァーディヴィジョーン》がアルデンヌ〔ベルギー南東部、一部ルクセンブルクおよびフランスにまたがる地域。第二次世界大戦の激戦地〕の前線を突破した。一九四〇年六月十四日、ドイツ兵が首都に突入して、エッフェル塔に鍵十字の旗を掲げ、シャンゼリゼ通りを行進した時、イレーヌとエーヴはパリにいた。それでも軍人たちは、無名戦士の墓の上を歩かぬよう、エトワール凱旋門を迂回せよとの命令をヒトラーから受けていた。

耐え難い屈辱だった。一九一八年にドイツに勝利していたフランス軍は、勇猛果敢で準備の整ったナチス軍の前に壊滅した。エーヴはある記事の中で、アメリカ合衆国に助けを求めた。アメリカは動かないだろう。ではどうしたらいいのか？　レジスタンスに加わるか？　国を出て、軍隊に志願するか？　この下の娘には、武器としてはペン、つまり決して手放すことのないタイプライターと、二か国語でスピーチできる才能しかなかった。彼女には、検閲委員会が間もなく報道を規制するとわかっていた。自由に発言するためにはどこへ行けばいいのか？　ドイツとの緒戦には敗れたのだ。

一九四〇年六月十八日、エーヴはボルドーで、かつての恋人アンリ・ベルンスタンや元空軍大臣ピエール・コットを含む千三百人の避難民とともに、積載量をオーバーしたイギリスの貨物船マドゥラ号に乗り込んだ。彼女は、他の大勢の人々同様、幾夜も外のベンチで眠ることになるだろう。イギリスの海岸へ向かって航行中に、一人の若い船員が、ある将軍がラジオで呼びかけを行うと知らせて来た。ド・ゴール将軍だった。フィリップ・バレスがベルリン駐在中に、ヒトラーの側近たちが、その戦術に先見の明があると褒めるのを聞いていたあの将校である。彼女はそのアピールを聞かなかったが、自分が彼の参謀部に加わりたいと思っているのは自覚していた。六月二十三日、彼女は、つらく危険な船旅を経てロンドンに到着し、ついに自由フランス〔第二次世界大戦中、ナチス・ドイツによるフランス占領に対抗して、ド・ゴールがロンドンで樹立した亡命政府〕の司令部にたどり着いた。彼女は狭い廊下に立ち尽くしていた。BBCによる六月十八日のアピールの再放送が待合室に流れていた。感動が彼女を捉えた。フランスを発ったのは正しかった。彼女の道は、ここ、すなわち、戦争という出来事の中にあったのだ。そこで彼女は、想像もしていなかった重要な役割を果たすことになる。

ド・ゴール将軍の方は、自分の信用を高めてくれる人物を必要としていた。ところが大部分の高官、司法官、とりわけ外交官はペタン元帥〔一八五六－一九五一。フランスの軍人、政治家。ナチス・ドイツ占領下のフランスでヴィシー政府の首席を務めた〕に職務就任の宣誓をしていた。何よりもまずキャリアなのだ！　多数のユダヤ人が、ヒトラーに追われ、ヨーロッパから逃れようとしていた。エーヴは仕事を始めた。ラジオ・ロンドン〔第二次世界大戦下の一九四〇年六月十九日から一九四四年十月二十五日まで、ロンドンBBCのスタジオから放送されたフランス語番組。ド・ゴール率いる自由フランスの主張を発信した〕で発言し、『ニューヨーク・ヘラルド・トリビューン〔一九二四年から一九六六年までニューヨークで発刊されていた日刊新聞〕』紙に記事を書いた。しかし彼女は、それだけでは満足できなかった。おそらく自由フランスのリーダーは、自分に新たな任務を任せてくれるのではないか？　彼女はそれを期待していた。じりじりしながら。役に立つこと。第一次世界大戦時に母や姉がそうだったように。キュリー家の女性たちにとって、第二次世界大戦は自分たちの戦争となるだろう。

＊

パリではイレーヌが仕事に忙殺され、疲れ果て、不安な気持ちでいた。幾多の研究がドイツ人の手に渡る前に、ラジウム研究所を救わなければならなかった。一方、フレデリック・ジョリオ＝キュリーは、コレージュ・ド・フランスの放射能と原子力に関する研究を守り、重水とラジウムのストックを守らなければならなかった。エーヴがイギリス行きの貨物船に乗り込んだ頃、一九四〇年六月十七日にフレデリックとイレーヌは、車でボルドーに向かった。しかし、二度目の結核の発作を起こしたばかりだったイレーヌは、この旅で疲れ果て、ドルドーニュ県ペリグーの近く、クレールヴィーヴルにある小さなサナトリウムで休養することになる。[*7]　そして彼女は、その夏中そこに留まるだろう。

キュリー家の姉は、一九四〇年九月までパリに帰らなかった。子供たち、エレーヌとピエールは、ブルターニュのラルクエストに疎開していた。ジョリオ＝キュリー一家は離れ離れになってしまったが、それでも生きていた。フレデリックは占領下のパリに戻った。彼の実験室はすでに、優秀なドイツ人科学者の一人の立ち合いのもと、ドイツ兵に虱潰しに調べられていた。そのヴァルター・ボーテ〔一八九一－一九五七。ドイツの物理学者、化学者〕は、フレデリック・ジョリオ＝キュリーのことを知っていて、実験室ですでに、地下にあるサイクロトロンに関する情報を入手していた。それを持っていないドイツにとっては、重大な発見なのだ。フレデリックは、パリに戻るやいなや、物理学者ヴァルター・ボーテを常に伴ったドイツ人将官から尋問を受けた。このフランス人科学者は躊躇なく嘘をついた。重水は、おそらく貨物船でイギリスへ輸送中です。どの貨物船か？　彼はすでに沈没している二隻の船の名前を教えた。ウランは？　行き先はわかりませんが、軍事省によって運ばれて行きました。ドイツ人たちは、彼らにとって非常に価値があり、協力させたいと思っている科学者である、イレーヌの夫に対して、慎重な態度を取ることにした。フレデリック・ジョリオ＝キュリーの方は、協力するつもりはなかった。ドイツ人に情報を一切漏らさずフランスの科学を救うことは、危険な行為であり、そのためにこの学者は、強制収容所へ送られることになるかもしれなかった。実験を再開した時、彼は核分裂とその連鎖反応に関するその実験がうまくいかないように気を配った。彼にもわかっていたが、それは彼とイレーヌ、それにフランス人の同業者たちが、国際的な科学の世界での主導的な地位を失うことを意味していた。いつの日か再び取り戻すことができるかどうかわからない地位だった。しかし彼は今やっていることを続け、国が解放されるのを待つつもりだった。

「したがってジョリオは、危険で消耗する二重、あるいは三重の生活を送っていた――ドイツ人たちのいる研究室、大学と研究の命、実業家たちや高官たち、レジスタンス運動――直接行動主義、組織網、指導的役割――そこを生き残れるならだが、科学界の『リーダー』の地位がかかっていた」[*8]とミシェル・ピノーは書いている。フランスの科学を救うということが、彼の行動を決定していたし、その後も決定していく。ド・ゴール将軍は一九四四年八月の、パリ解放後の数日間に彼の働きを思い出し、そして彼に信頼を寄せ、フランスの科学研究の再建において最も戦略的な地位を与えるだろう。

＊

一九四〇年九月七日の夜、ロンドンに何百機というハインケル社製のドイツ軍の爆撃機が、絶え間なく爆弾を投下した。家々が破壊され多数の死者が出たが、イギリス人は諦めなかった。九月十五日、ヒトラーは、より殺傷能力の高い作戦のもと、二百機の爆撃機と数百機の戦闘機を送り込んだ。これで大英帝国をひざまずかせることができるはずだった。イギリス人の抵抗を考慮に入れていなかったのだ。イギリス空軍も同様の激しさで対抗した。ドイツ人に制空権を取られるなどもってのほかだ。ヒトラーは新たな戦略を取った。それは、可能な限り多くの都市を、何度も何度も夜間に爆撃することだった。エーヴは六か月間、爆撃を受けながら、戦火の中、破壊された街に留まることになる。しかし、それでも彼女は、記事を書き、BBC放送に出演し、チャーチル〔一八七四－一九六五。イギリスの政治家、軍人。一九四〇年－一九四五年、一九五一年－一九五五年の二度にわたって首相を務める〕やド・ゴール、そしてイギリスに避難して来た多くのポーランド人と会い続けるだろう。

前にも述べたように、ド・ゴールは、外交的駆け引きで影響力を発揮するために、アメリカの世論を左右するような有力な名前を持ったスポークスマンを必要としていた。世論の後押しがなければ、アメリカ大統領をもってしても、自由フランスやイギリスの大義を支持することは困難だろう。厄介で時間のかかる仕事だった。エーヴは、もう何度もしてきたように、大衆を惹き付けることができ、政府高官とも話ができた。ド・ゴールは彼女に自由フランスの声の一つになるよう正式に委任した。一九四一年一月、彼女はアメリカとカナダを講演して回るために、破壊されたロンドンを離れた。インタビューを受け、会見を行い、何千人もの人々の前で声明を発表した。彼女のカリスマ性と知性が人々の心を虜にした。それにアメリカでは、『キュリー夫人』が、『ニューヨーク・タイムズ』のベストセラーのリストに一年間入っていた後も、売れ続けていた。彼女の評判は、相変わらず衰えていなかったので、それを利用できた。

ヴィシーでは、ペタン政権の対独協力者たちが激怒した。彼女の影響力は深刻に受け止められ、懸念された。彼女の評判を貶めなければならなかった。そこで彼女は、ヴィシー政権の言いなりになっている新聞とラジオの両方から、フランス国民が苦しんでいる飢えと寒さから逃げ出したと、猛烈に批判された。しかし、彼女は釈明でき、そして、彼らのドイツ占領軍への協力を非難した。アメリカで彼女は、例外的にメディアを味方につけていた。キュリーという名前が尊敬の念を起こさせたのだ。彼女はアメリカのすべての地方を隈なく回ろうと思っていた。そのために中西部を訪れ、満員の会場で、民主主義存続のために大西洋の向こう側で繰り広げられている戦いについて語った。東海岸へ戻ると、彼女は再びホワイトハウスに身を寄せた。エレノア・ルーズヴェルトは、何百万人ものアメリカ人を読者に持つ自身のコラム『マイ・デイ』で、改めて彼女の人となりを紹介した。

我が国を訪問中、マドモアゼル・キュリーは中西部に行きましたし、そして間もなく、西海岸を隈なく訪問する長期にわたる講演旅行を始めるところです……。彼女はフランスを離れて以来、イギリスで生活していました。したがって、我が国の精神状態が、彼女にとっては現実離れした夢のように思えるに違いない時があるはずです。爆弾が投下されるのに遭遇すると、たとえそれが実際自分に当たらなくても、爆弾があなたの物の見方を変えてしまうことを否定してもしかたありません。エーヴ・キュリーと話していて私が強い印象を受けるのは、あれほど大勢のイギリス人が厳しい状況に陥っている中で、必要な組織が綿密に作られているということです。とりわけ工業都市ではそうなのです[*9]。

一九四一年五月、エーヴはホワイトハウスに戻ったが、今回ばかりは、あえてフランクリン・ルーズヴェルトと話さなかった。彼女は、無言で、受け取ったばかりの電報を差し出した。ピエールとマリーのキュリー夫妻の娘は、ド・ゴール将軍と時を同じくして、フランス国籍を剝奪されたのだ。彼女は昔フランスで買ったシックなスーツを纏い、まったく隙のない格好で、背筋を伸ばして微動だにせず立ち、アメリカ大統領がどう反応するか待っていた。彼は椅子に座り、それを読んで青ざめ、彼女に返した。一言も発せずに。エーヴはなおも待った。励ましの言葉を期待していた。

ルーズヴェルトは他の客たちの方に行ってしまった。彼は、二人が友好的な関係であるにもかかわらず、今回の試練に関して公式に彼女への支持を示さないだろう。ワシントンは依然としてフランス政府との関係を維持していた。つまり、ペタン政府との関係を。そもそもこの時点では、ペタン元帥に信任されたヴィシー駐在のアメリカ大使がいたのである。

しかし考えてみれば、自由フランスのリーダーと同時にフランス国籍を剝奪されるのは名誉なことではないか？　エーヴは動揺しつつも、その夜の間中、冷静さを保っていた。それでも、フランスで自分に何が待っているのだろうかと考えた。やがて、ヴィーニュ通りの彼女のアパルトマンは、ヴィシー政府当局によって、めちゃくちゃにされるだろうし、彼女の財産は押収され、売り払われるだろう。彼女の親族が、かろうじて、いくつかのちょっとした思い出の品を、買い戻すかもしれない。この若い女性はどうしていいかわからなかった。ワシントンの指導者たちの周りには、ドイツ人のスパイやペタンに近いフランス人が大勢いて活動していた。彼女はそれを感じていたし、危険は常に彼女の周りに付きまとっていた。そして、連れ去られ、フランスに送り返されたなら、裁判にかけられ、拷問され、銃殺されるのか？　そうは言っても、ペタン元帥に宣誓したフランスの法廷も、ド・ゴール将軍に死刑宣告は下さなかったではないか？

それでもエレノア・ルーズヴェルトは気にかけてくれていた。エーヴに改めて賛辞を送った。エーヴをホワイトハウスに滞在させるというめったにない特別な待遇は、ファーストレディによる保護を示しており、ヴィシー政権は攻撃を弱めざるをえなかった。とは言っても、彼女のフランスの身分証明書とパスポートは、もはや無効だった。この身分のない状態をチャーチルが即座に解決した。彼女は英国保護民用のパスポートを手に戦いを続けることになるだろう。そして彼女はそれを一九四九年まで所持することになる。フランスでは、一九四一年九月から一九四二年一月まで、パリのベルリッツ館で行われた人種差別的で反ユダヤ的な展覧会『ユダヤ人とフランス』に、エーヴの姿があった。そこでは、アンリ・ベルンスタンのパネルの後ろのパネルにエーヴの肖像画が描かれ、注目を集めていた。この劇作家との関係ゆえ、『半ユダヤ人』との説明があった。パネルには『フランスの美的感覚と精神の堕落』という題名がついていた。小学校の先生たちは、この吐き気を催させるような展覧会を見せるために子供たちを連れてこなければならなかった。

しかし、アメリカを巡るだけでは、つまり、国中を駆け巡って自由フランスのためにロビー活動をするだけでは、もはやキュリー家の妹は満足できなかった。それにそもそもフランクリン・ルーズヴェルトが、エーヴの批判的センスと文体があれば、もっと違ったやり方で行動できるだろうし、戦場で何が起こっているのか多くの情報をもたらすことができるだろうと思っていた。彼女は戦争のルポルタージュをするために、戦地特派員として新聞業界で大きな力を持つヘラルド・トリビューン・シンジケートとイギリスのアライド・ニュースペーパー、二つの新聞社と契約した。一九四一年十一月十日深夜、パンナム〔パンアメリカン航空〕の大西洋横断大型飛行機に、彼女は密かに乗り込んだ。実際には戦場の連合軍を秘密裏に助けに行くアメリカ人の機械工とともに、搭乗を許されたただ一人の女性であり、唯一のジャーナリストだった。彼女は戦場へと向かい、自分の手記で「戦士」と名付けることになる男たちに話を聞き、そして彼らの日常を書き記した。たった一つの身分証明書である英国保護民の書類と、エレノアとフランクリン・D・ルーズヴェルトの複数の推薦状を携えて、一般大衆に戦争の現実を知らせるために、彼女は北アフリカからアジアにいたるまで戦闘地域を駆け巡るだろう。実際、闘いをともにし、そして、連絡を取り続けているルーズヴェルトやチャーチル、ド・ゴールら連合軍の指導者たちに、密かに戦況分析を送るだろう。貨物船、つまり船の後、今では別の方法で旅をするようになっていた。飛行機だ。

*

その年一九四一年、フレデリックにとっても、その妻にとっても状況は込み入っていた。イレーヌは、健康上の不安を押して、ソー公園のすぐ近くにあるアントニー〔パリの南に位置する都市〕の自宅に帰って暮らしていた。フレデリックはコレージュ・ド・フランスの自分の実験室で、ドイツ人の科学者たちに厳重に監視されながら研究を続けていた。科学者の中にはこんなふうに考える者もあった。どうして彼らはフランスに留まったのか？　どうしてアメリカへ逃げなかったのか？　それでもエーヴは、飛行機で戦場へ向かう前に、ミッシー・メロニーがしたのとまったく同じように、アメリカで合流しましょうと説得した。しかしうまくいかなかった。イレーヌにとっては、ラジウム研究所や自分の研究、フレデリックにとってもコレージュ・ド・フランスの実験室を離れることは論外だった。二人は、自分たちの発見を守り、ドイツ人科学者たちの動向をうかがうことができる限り、自分たちは役立っていると感じていた。

フレデリックは、ドイツ人との戦争が近いことを予見して、一九三九年に原子炉の原理と炸薬の改良を含む三つの特許を秘密裏に取得していた。この炸薬に関しては、連鎖反応の際、中性子を減速させるために重水が必要であった。不可欠な材料だった。一九四〇年二月に、イレーヌの夫は、ノルウェーで世界有数の重水のストックを手に入れるために、フランス政府からの支援を取り付けていた。フランスがドイツに侵攻された時、このストックは、度重なる冒険の末、ドイツのスパイの目をかいくぐり、大英帝国へと密かに運び出されたため、ナチスの手に落ちなくてすんだ。フレデリック・ジョリオ゠キュリーは同様に、フランスのウランの備蓄をモロッコの鉱山に運び出していた。こうして、この物理学者に近いフランス人科学者たちは、一九四四年までケンブリッジでのイギリスの核開発研究に寄与することになる。[*10] イレーヌの夫は肩の荷が下りた。彼は他の数人の人々とともに、フランスのレジスタンス運動で初期の二つの快挙を達成したのだ。この物理学者はドイツ人に対して何も知らないふりをして、うまく立ち回った。イレーヌは彼のことを誇りに思ってよかった。彼の粘り強さと勇気がキュリー家の女性たちの社会へ働きかける姿勢に加わったのだ。

*

一九四一年十二月、風と砂とやりきれない暑さの中、何キロもの道のりを兵士たちが移動していた。エーヴは、東アフリカ、チャド、ナイジェリア、そしてリビアと、膨大な距離をチャーチルの息子が自由に使わせてくれているジープで走り回っていたが、ある夜、一晩のうちにそのジープからいくつかの所持品が盗まれた。エーヴは疲れ切って、車の座席で直に眠った。朝は身体を洗うのにもコップ一杯の水しか使えなかった。暑さで息が詰まったが、彼女は、戦場の相棒、昼も夜も肌身離さず携行しているタイプライターで、いくつもルポルタージュを書き、アメリカとイギリスの報道機関に送っていた。それらは何百万人というアメリカ人に読まれるだろう。「ミス・キュリーは語る」欄は、朝早くから、まず最初に読まれた。連合軍の軍人たちは、ドイツが彼ら以上に飛行機や戦車を所有していることを強調して、アメリカからさらなる軍事物資を受け取れるよう、至る所で繰り返し求めた。絶望的な状況にある戦線もあるようだった。それをエーヴは漏らさず証言した。彼女はすべての指導者の中で最も偉大な大統領だと思う人物、すなわちフランクリン・D・ルーズヴェルトに、非常に丁寧な言葉で、敬意を表するのを忘れなかった。彼女は毎回可能な限り、アメリカ国民はこのような人物をトップに頂き幸運だと強調した。占領され、疲弊したフランスにはペタンしかいないというのに……。毎回のルポルタージュは、アメリカ人が一層力を貸してくれるようにするための機会として役に立ったが、アメリカ合衆国は依然としてドイツやその同盟国に宣戦布告しなかった……。

彼女は、その時エジプトへ向かっていた。アレクサンドリアでは、すぐには信じられないほどの衝撃が待っていた。占領下のフランスから遠く離れたその場所で、彼女は、いくつものフランスの軍艦を発見したのだ！　信じられなかった。それらは、新しく立派で、フランス史にちなんだ名前がついていた。それこそナチスが消し去りたいと思っている歴史だ。彼女にかすかな希望が再び湧いてきた感動の瞬間だった。たとえ前線からのニュースがほとんど希望の持てないものであったとしても。彼女は大急ぎでカイロに向かった。急性マラリアの発作に見舞われ、寝込まざるをえなかった。夜半に誰かがドアを叩いた。大きな音だった。叫び声もした。それは攻撃ではなく知らせであった。日本人がハワイのパールハーバーにある海軍基地を爆撃したのだ。アメリカ人は甚大な損失を被った。船、男性、女性、軍需品、それはアメリカ合衆国史上、アメリカ軍が被った最悪の惨事であった。爆撃機が二波に分かれて次々とパールハーバーに襲いかかり、五隻の戦艦を沈没させ、他の約十隻の軍艦に損害を与えた。確かに即効があった。というのも、できるだけ多くの船と飛行機を破壊して、太平洋におけるアメリカの影響を、事実上抑えることが目的だったからである。しかしエーヴは、他の大勢の人々と同様に、ここまでドイツとその同盟国が優勢であったパワーバランスが変化していくだろうと思った。その夜、彼女はイギリス人将校たちと合流した。皆驚いていたが、希望に胸を膨らませていた。フランクリン・ルーズヴェルトは、日本とドイツに宣戦布告せざるをえなくなったのだ。ようやく！　一九四〇年以来彼女がそのために戦ってきたことが現実になる！　今回は、怒ったアメリカ国民が、大統領を後押しするだろうと、彼女は確信していた。

鮮やかな手腕でパールハーバーへの攻撃を計画した日本の連合艦隊の山本〔五十六〕司令長官は、将校たちに宣言するだろう。「われわれは巨人を目覚めさせてしまった。六か月の間にこの戦争に勝利しなければならない。そうしなければ……」[*11]。日本の攻撃は始まったばかりだった。太平洋の米軍基地は数日のうちに、次々と壊滅していった。一九四二年二月、パールハーバーの一か月後、日本軍はオランダ領東インドを占領した。日本は石油とゴムという戦略的に重要な物資を備蓄できるようになった。アメリカと連合国にとっては二重の敗北であった。それでもエーヴは、それに他の大勢の人々も、確信していた。彼女は、いつの日か、フランスはついには解放されると信じていた。ただ今のところ、戦闘艦隊は縮小しており、連合国が枢軸国に対して再び力を盛り返すには時間が必要だろう。

レバノン、シリア、そしてイラン。エーヴは戦争記者としてだけではなく、諜報員として、さらには影響力のある人物として再び旅に出た。ベイルートでのカトルー将軍〔一八七七－一九六九。フランスの軍人、外交官〕やフランス人将校たちとの会談は、彼女を暗澹たる思いにした。ド・ゴール派とペタン派、二つのフランスが真っ向から対立し、互いにやり合っていた。もはやイランでも少しも安心していられなかった。姿は見えないながら、ドイツ人が至るところに存在し、バザールではドイツ製品が売られていた。イラン人たちはヒトラーを、強い男、真の反ユダヤ主義者、どんな軍隊も抵抗できない勝利者と崇拝していた。彼の数々の勝利が中東全域で彼を英雄にしていた。歴史を書くのは勝利者だというのが真実ならば。一九四一年には、ナチスの指導者が無敵の勝利者を体現していた。そしてその力は中近東の人々を魅了していた。エーヴは不安だった。自国を近代化しようとしている二十二歳の若き国家元首であるイラン国王《シャー》は、丁寧だが人間味のない発言をし、彼女を安心させはしなかった。彼は西洋化したいと思っているこのオリエントの中で、少々行く先を見失っているようだった。これほど若く、経験もない彼が、スターリンやチャーチル、ルーズヴェルト、そしてもちろんヒトラーという国際政治の巨人たちに立ち向かうことができるだろうか？　彼女にはそうは思えなかった。しかし彼女は、中近東の位置は戦略の要であると力説した。もし石油がドイツ軍の手に落ちたら、ヒトラーとの戦いの行方はおぼつかないものになるだろう。彼女は、ドイツ軍が奪取しようとしているバクー〔アゼルバイジャン共和国の首都。第二次世界大戦時はソヴィエト連邦構成共和国の一つアゼルバイジャン・ソヴィエト社会主義共和国の首都〕に到着した時、それを強く感じたのである。

彼女は、ソヴィエト政府当局のビザを取るために、何日も待たねばならないだろう。それでも最終的には、ソ連に向けてテヘランを離れた。彼女は、姉が共鳴し義兄を魅了する、しかし彼女自身は信用していないこの共産主義国を、どうしてもこの目で見たかった。アンドレ・ジッドを含む、フランス人のジャーナリストや作家たちの報告が、ロシア国民の置かれている状況やスターリンが打ち立てた専制体制に対して、彼女に警戒心を起こさせた。戦前から民衆にはすべてが不足していたので、状況はますます困難になっているだろうと、彼女は予想していた。ソ連のプロパガンダが、ソヴィエト国民を苦しめている困窮という現実を、彼女から隠すための策略であるとわかっていても、彼女は自分自身で考えてみたかった。

凍てつくような寒さであった。ナポレオン軍の兵士たち、その多くが凍死したかの有名なロシアからの退却で、引き返さざるをえなかったような寒さだった。それは、ロシア人に希望を持たせる気温であった。ロシアの冬は、忠実な同志であり、征服しようとする者にとっては敵なのであって、ドイツ軍に引導を渡してくれるか、少なくとも、その進軍速度を遅らせてくれるに違いなかった。北アフリカでと同様、とは言っても、今回は気候が異なっていたが、エーヴには前線に近づけるという特権があった。彼女は、侵略者を追い払う覚悟を固め、懸命な、闘志溢れる男性たちや女性たちを知った。言葉を交わすと、彼らは彼女に祖国への愛を声高に訴えた。もっとも、NKVD〔ソ連時代スターリン政権下で、刑事警察、秘密警察、諜報機関を統括していた組織。後のKGB〕の警察官の前ではあったが。しかし、強固な意志、すなわち、侵略者に抵抗するため領土中に築かれている「輝かしい城塞《クレムリン》」*12の人民であるという誇りが、見て取れた。

しかし、この愛国心を黙って見過ごすことはできなかった。というのも彼女は、独ソ不可侵条約が結ばれた時、フランスの共産主義者たちが祖国を裏切って、フランスの軍需品製造機器を故意に破壊しようとしたことが忘れられなかったからだ。姉は問題にしていないようだったが、許し難い振る舞いだ！　あるいは、エーヴはイレーヌの公明正大さを否定しはしないが、それは彼女の、無自覚で見境なくなっているところだったのでは？　エーヴは、ロシア人女性の中に、理詰めで毅然とし、有能で頑固なイギリス人女性たちと同種の誇りを認めた。ロシアの女性たちは自分の国や国民に忠実であった。歴史の皮肉だが、彼女は、ロシアの占領下に子供時代を送った母親のことを思い返した。彼女の中に何と多くの入り乱れた感情が湧き上がってきたことか！　しかし今は、スターリンの独裁を批判している時ではなかった。何としてでも、恐るべきドイツの兵器を止めることが最重要課題だった。

エーヴはフランスの利益を忘れていなかったし、自分のルポルタージュがアメリカの反共産主義の読者に読まれることもわかっていた。それゆえ、彼女のペンは、暗示、イデオロギーにかかわらない賛辞、各人の勇気に対する讃歌の間を行ったり来たりし続けた。一九四二年一月十九日のその日、素晴らしいルポルタージュの素材が彼女にもたらされた。数時間前に、激しい戦闘の末、作家レフ・トルストイの領地が解放されたのだ。彼は、ロシアの民衆にとって、そしてエーヴにとってもまさしく象徴的存在であった。彼女は『戦争と平和』の作者と彼女の母マリーの間には、共通点があると指摘することを忘れなかった。二人は周りの貧しい人々の中で、自分は特に恵まれていると感じていた。トルストイは読み書きのできない子供たちを教え、まだスクウォドフスカだった若きマリーは、自身貧しかったが、それでも近隣のポーランドの農民ほどではなく、自分が家庭教師をしていた村の若者のために秘密の学校を作った。

エーヴは長く危険な旅の末、感動を覚えつつソ連を離れた。トルストイのおかげで、母の魂に再び触れることができた。彼女は、フランス文学に飢えているロシア人たちの魂が一層気になった。戦闘員たちはエミール・ゾラ、オノレ・ド・バルザック、ヴィクトル・ユゴーの名を口にした。彼女は、彼らの悲惨な生活環境についても知った。彼女の移動が、常にスターリンの不気味な警察の監視対象となっており、また、この政体のプロパガンダに有利に働くとしても、彼女は、連合国陣営の利益になるように行動していた。後に彼女は、この時のことを思い出すことになるだろう。しかし今は、いつか姉と交わすであろう会話を想像していた。彼女は姉に、なぜフランスの共産主義者は、ロシア人のように愛国心を示さないのか、そして、なぜ彼らはモスクワの指図を受けているのか、尋ねるだろう。一国の外国の指図を。しかし、日本人がアジア中に進軍していた。彼女は戦場に赴くために出発の準備をした。そこで死ぬかもしれないし、もっと悪ければ、捕虜になるかもしれなかった。家族の消息がわからないまま、彼女は証言するために生き続けようとするだろう。

＊

フランスではイレーヌが、占領下、多くのパリ市民よりずっとつらい生活を送っていた。一九三〇年以来、彼女の健康状態は悪化していたが、本人はそれを気にとめていなかった。科学研究は、彼女に力を与えてくれる麻薬のように、まるで疲労回復薬のような効果があった。しかし、この食糧難の時代のビタミン不足のために、病は、より密かに進行していた。栄養不足は彼女のおぼつかない健康状態を、ますます悪化させた。イレーヌは、母親と同様、泣き言を言わず、物事に立ち向かっていた。それよりも、子供たちや夫のことが心配だった。彼女は、夫がレジスタンスでさまざまな活動をしていることを知っており、そして、その夫とは、常には連絡が取れなくなっているのだった。一九四二年から一九四四年の間、イレーヌはエーヴの消息がわからないまま、体力を回復するために、フランスを離れ、スイスに避難しなければならなくなった。パリとスイスのサナトリウムとの往復は、彼女を疲れさせ、ひどく不安にさせた。それに、もし夫が逮捕され、銃殺されてしまったら？　彼女自身、もはや率いていくことができないと感じている研究所はどうなってしまうのだろう？　依然としてパリにいたフレデリックは、アメリカ合衆国に来るよう、つまり、フランス、そしてドイツによる占領から逃れるようにと、密かな誘いを受けていた。しかし、たとえイレーヌが、アメリカでならもっといい環境で治療を受けられるかもしれないとしても、彼はそうしたいとは思わなかった。フランスの研究装置をできる限り守るように努めなければならなかった。この物理学者は、イレーヌと遠く離れ、本当に孤独だと感じていた。彼女はしょっちゅう気管支炎に悩まされていたが、実は、激しい、そして痛みの伴う結核だった。結局、彼女は、パリより、サヴォア地方でよりよい治療を受けた。*13　パリでは、凍えるようなその年の冬、暖房もなく、配給される粗末な食糧で病状は悪化するだけだったのだ。彼女の夫の人生は、一九四二年、秘密裏にフランス共産党に入党したことで転機を迎えた。フレデリック・ジョリオ＝キュリーは、レジスタンス運動で大学の共産主義グループをまとめるための旺盛な活動に身を投じたのである。彼をマリー・キュリーに紹介したかつての師であり友であるポール・ランジュヴァンも、同僚の一人の死に反発して、共産党に加わった。フレデリックのバイタリティーや、男性女性問わず人の心を惹き付けるその能力のおかげで、他ならぬコレージュ・ド・フランス内部や複数の大学の中に、レジスタンスの組織が置かれた。こうした活躍によって、彼は、一九四四年のパリ解放で主導的な役割を果たすことになる。

*

インドへと向かう水上飛行機の機内で唯一の女性であったエーヴは、疲れ果て、寄港地のバーレーンでようやく目を覚ました。そこでの皆の服装は、彼女に戦前の社交界のパーティーを思い出させた。遠くに過ぎ去ってしまったように思える世界。さらにドバイに寄港し、ようやくカラチに到着した。これで一息つける、と彼女は思っていた。それは間違いだった。すぐに、ジャーナリストの一団が部屋のドアをどんどんと叩き、彼女との面会を求めた。彼女は、不意に眠ってしまうことを恐れつつ、結局は彼らを迎え入れた。しかし、彼女には眠るチャンスなどないだろう。興奮している彼らは、彼女に向かってイギリス占領軍を糾弾した。彼女が、日本軍の進軍に対して不安はないのかと質問すると、彼らは、もうすぐイギリスが負けて恥をかくのを望んでいる、と喚き散らした！　そうなのだ、彼らはヒトラーと敵対する連合軍を支持しないだろう。なぜなら、彼らにとって、インド人を虐げ侮辱してきたイギリス植民地帝国よりひどいものはなかったからだ。彼らにとって第三帝国の首相は友だった。

エーヴは、夜明けになってようやく眠れるだろうが、東洋での戦いの前途と、連合軍の戦線の堅固さへの不安が大きくなっていた。彼女は、日本軍の迫るビルマ〔現ミャンマー連邦共和国〕に行くべきだった。

イギリス人将校の助けを借りて、七百三十の寺院のあるかつての王国の都マンダレーへ、次いでラングーン〔ミャンマーの旧首都ヤンゴンのかつての名称〕へ向かった。何という光景！　前線に近づくにつれて、彼女は、逃げてくるビルマ人と行き違った。彼女はパニックに陥らなかった。しかし街は、風に吹き払われる砂のモニュメントのように崩れ落ちていた。彼女はいくつかのイギリス軍団と合流したが、そのメンバーの中には彼女が書いた『キュリー夫人』の伝記を読んでいる者もいた。イギリス人兵士たちは自分たちの動揺を隠さなかった。アジアでの戦争は、ロンドンやワシントンが想像している以上に厳しいものになりかねなかった。フランクリン・ルーズヴェルトとチャーチルという、彼女がよく知っている二人にそれを理解させることは、ピエールとマリーのキュリー夫妻の娘である彼女にかかっていた。そして、銀、亜鉛、鉛、スズ、金、銅、ルビー、タングステン、ビスマス、硫黄、原油という資源を産出するビルマの陥落は、連合軍にとって相当な痛手になるだろう。

彼女は、西洋の指導者たちに警告することにし、一晩中タイプライターで記事を打ち続けた。眠るのは後回しだ。アメリカやイギリスでは、彼女のルポルタージュと、そしてもちろん報告を待ちかねていた。ビルマは、彼女が出発する直前、日出ずる国の攻撃によって陥落した。今度は、中国へ行かなければならなかった。中国も、日本軍の残忍な戦いの標的となっていた。中国は部分的に封鎖されていた。鉄道を掌握している日本軍が、大きな港を抑えてしまっていた。すべての戦略的拠点を。莫大な数の中国人に食糧を補給するのは不可能だった。

エーヴは、イギリス、フランスそして中国と連絡を取り合い、うまく立ち回らなければならない。彼女は、日本軍の注意を引かないよう、照明をすべて消した飛行機で、夜の間にビルマを離れた。

彼女には、パリの社交界やラジウム研究所が、何と遠くに感じられたことか！　国際的なピアニストとしてのキャリアを夢見ていた、しかし今では、凄惨な戦闘についての彼女のルポルタージュが何百万人ものアメリカ人に読まれている次女のことを、母はどう思うだろうか？　安心はできないにしても、誇りに思うのではないか？　エーヴは、二十年前の母や姉とまったく同じように、行動すること、すなわち祖国を守ることに自分の道を見つけたのだ。そうであるからには、彼女が目の当たりにするのは戦火に包まれた世界だった。最初の寄港地は昆明《クンミン》、次いで果樹棚のように垂直に伸びる都市重慶《チョンチン》だ。彼女は、肩を後ろへ引っ張られ、脚は高く持ち上げられた姿勢で籠に乗せられ、高官のところへ連れて行かれた。この奇妙な格好を、彼女はユーモアを交えて描いている。戦前のパリ社交界の面々が、このとんでもない、ほとんど滑稽と言っていい格好を知ったらと想像しながら。近くにカメラマンがいなかったので、その姿が世界中を駆け巡ることはないだろう。中国人には他に気がかりがあったのだ。よかった。中国は、アメリカ、イギリス、インドと交わした協定によって、港から遠く離れた北方へと撤退している中国軍が、直面する敵の攻撃を持ちこたえるようになることを、期待していた。

彼女は、ヨーロッパがまだ気づいていない現実を発見し、その現実を最初に理解し文字にする一人になるだろう。「日本人から耐え難いほどの侮辱を受け（……）、白人は東洋で大いに威信を失った。中国で使われる表現を用いるなら、永久に『面目を失った』のである」[*14]。彼女が面会した中国の高官たちは、彼らの発言が報じられると知って、アメリカ製の飛行機を要求した。しかし、こうした会話の全体から、彼女は次のような結論に達した。すなわち、現在西洋諸国の監督下にある中国は、無視できないほど強大になるだろう。どのように？　何時？　はっきり言うことはできなかった。しかし彼女は、今は分裂し、貧しく、その多くは読み書きのできないこの国の民衆の活力を感じたのだった。

中国北部への旅を続けるうちに、エーヴは疲労困憊してしまった。中国人部隊は精彩を欠き、飛行機は古ぼけ、スクラップ同然だった。ある夜、彼女は、中国共産党の若き将軍の潜伏先を密かに訪れた。彼は西洋の一般大衆には知られていなかったが、ヨーロッパの諜報機関はその反対であった。というのも、彼が、十七歳の工員であった鄧小平とともにパリに滞在していた若い学生であった頃、彼らのデモや活動はフランスの警察や諜報機関からマークされていたからだ。この若き周恩来は、後に毛沢東の共産主義体制において、最も有力な人物の一人となり、外務大臣、次いで首相となるだろう。彼は、並外れた国際的素養を身に付けており、非常に若い時にドイツ、イギリス、フランスを旅して、各国の労働者を取り巻く環境を観察していた。才能豊かな交渉人である彼は、一九四九年にはすでに、国家元首や外務大臣たちと会うようになっていた。そして彼らはすぐに、自分が手強い人物を相手にしていることに気づくことになる。エーヴと会った時、この革命家は、共産党員が学校と工場を南から北へと移すと力説したが、人民軍の兵士たちにはすべてが不足していた。すぐにでも連合軍の助けが必要だった。と同時に、男性や女性、そして子供たちの中に身を隠し、極貧に近い状態にありながら、周恩来は、どうしても楽観的にならずにはいられなかった。彼には先見の明があったのだ。「ドイツが最初に敗北するだろう。なぜならヒトラーに対する戦いは止まらないからだ。それはブレーキのない車のようなものだ[*15]」。

彼の言葉を伝えるにあたって、エーヴは慎重な姿勢を崩さなかった。彼女にはアメリカの大衆を安心させる義務があった。周恩来とその支持者が提唱する共産主義は、ソ連の共産主義とは違うと、彼女は言った。それはずっと柔軟で民主的であるように見えた。毛が、何百万人の死と引き換えに、どれほど残忍な手段で権力の座に留まろうとするか知った時、このプロパガンダは人を思案に暮れさせた。彼はこの国の文化と歴史を破壊するところまで行くだろう。

エーヴは共産主義者のもとを離れ、強固な反マルクス主義者である中国の民族主義者たちのもとへ向かった。まず始めに、後に中華民国（台湾）の総統になる蔣介石のもとへ。エーヴが詳しく書いているが、この男は、非常に力のある女性たち、三人姉妹に囲まれていた。彼女たちのうち一人は中華民国の父である孫文と結婚し、もう一人は中国の銀行家と、そして三番目の女性は蔣介石と結婚した。彼女たちに近づくことは、勇気のいることかもしれなかった。それはエーヴには当てはまらないだろう。彼女は、意志が強く妥協というものを一切しない非凡な女性たちに慣れていた。この三人の中国人女性たちは、夫とともに、中国を封建体制と列強の植民地支配から脱却させ、強く現代的な国家にすることを望んでいた。国民の四分の三は読み書きができず、国土のあらゆる地方が軍閥の手中にあるというのに、何という挑戦であろうか！　エーヴは、二十世紀と二十一世紀における力関係を変えることになる戦略上の問題点と新たな力の台頭を、瞬時に理解した。彼女は、権力がどのように西洋から中国へと移っていくかを初めに感じ取った一人であった。そして連合軍は、エーヴ・キュリーのおかげで、現地から生の情報を得ることができた。

インドに行き、かつてのインド総督の邸宅に滞在すべき時だった。イギリス人は皆不安に思っていた。日本軍がベンガル地方の国境に向かって進軍しているのに、インド軍はイギリス人たちを見捨てようとしているように見えたからだ。もしベンガル地方が日本人に占領されても、インド人は焦土作戦を実行するのを拒むだろう。彼らは近いうちにインドが独立すると信じていたので、工場を無傷のままの状態で守りたいと望んでいた。そのうえインド人には、西洋の国々はたった一人の男とその軍隊の力、すなわちヒトラーに対して、いかにも非力に見えていた。世界は変化しており、欧米ひいてはイギリスは、その威信を失っていた。

うだるような暑さで、ここでは扇風機は何の役にも立たなかった。エーヴの洋服に湿気がまとわりついた。しかし、インド独立の指導者であるジャワハルラール・ネルー〔一八八九－一九六四。一九四七年にインドが独立すると初代首相に就任〕は、まったく隙のない服装で現れた。この男は、後のインド総督マウントバッテン卿と対立したために、少し前まで刑務所にいた。ネルーは娘インディラを数日後に結婚させることになっていた。未来のインド首相である。柔らかいそよ風がサロンの半透明のカーテンを揺らした時、エーヴは不意に孤独を感じた。そして、悲しみが彼女を満たしていった。ネルーは驚きながらも冷静に彼女を観察していた。この抜群に優秀で魅力的な人物は、イギリスに対抗するのに十分な力と政治的センスを持っていた。ガンジーと近い関係にある彼は、ヴィクトリア女王の国イギリスへの怒りを隠さなかった。彼によると、イギリスは、植民地におけるフランスとは異なり、道路も学校も作らず、実際には「本当の墓地の平和を確立する」ことを唯一の目的として、インドの発展に貢献しなかった。

日本人が侵攻してきた場合、どうしてインド人が圧制者であるイギリス人を守らなければならないのか理解できないと、ネルーが考えていることがわかり、エーヴはますます不安になった。そのうえ、ガンジーと親しい関係にあるこの男は、一九四二年一月十五日、国民会議派を前に次のように宣言していた。「英国支配下にあるインド帝国は、ファシズム的権威主義とまったく変わらない傲慢な帝国主義を、自発的に、あるいは喜んで助けることはできないだろう」[*16]。このインド人の怒りは、日本軍が侵攻してきた場合、何もいいことが起こらないと告げており、エーヴは、誰よりも、それを危険だと感じた。連合軍は極東での戦争で勝てないかもしれなかった。彼女は、英国系の新聞に発表する記事を通じて、人々に警告したいと思った。であるならば、抵抗を続けるもう一人の人物に会わねばならなかった。その人物、平和主義者ガンジーは、西洋諸国を魅了する、鉄の意志を持った小柄で華奢な男性だった。彼の声を広くメディアで報道する時だった。もし彼が彼女と会うことに同意してくれるならではあるが。彼は承諾するだろうか？　エーヴと会うことは、彼の主張にとってもいい機会になるかもしれない。

過ごしやすい夜、インド駐留イギリス軍を指揮するウェーヴェル司令官が見守る中、エーヴは受話器を置いた。そして、ようやくかすかに微笑んだ。彼女は、大英帝国の代表でもめったに会えない人物と、翌朝の会談の約束を取り付けたのだ。ナンバーワンの敵対者、ガンジーとである。司令官はマリー・キュリーの娘に、羨ましいと、正直に認めた。この一九四二年三月、連合軍にとって状況は深刻だった。数か月前の一九四一年十二月の、パールハーバーの壊滅と死者のことが、誰の心にも残っていた。同じ月に、九十砲の大砲と一五二一人の乗組員とともに戦艦プリンス・オブ・ウェールズが、巡洋戦艦レパルスとともに沈没した。日本の爆撃機と駆逐艦が二艘の主要な戦艦を撃破したのだ。アメリカの敗北に続いてイギリスが敗走したのである。ヨーロッパ諸国同様、エーヴもじりじりしていた。アメリカの兵器はなかなか配備されなかった。それでも彼女は、何度も接してきたこの大統領の決断力に、変わらぬ信頼を寄せていた。今や、連合軍は太平洋を退却しており、日本軍が南シナ海沿岸に進軍し、ビルマに向かって突き進んでいた。

ウェーヴェル司令官は、自分たちにはすべてが不足していると彼女に打ち明けた。ところで、制空権が握れなければ、制海権も握れない。そこでエーヴは、海を手中におさめるには、空を押さえる必要があると、記事の中で力説した。司令官はすぐにでも飛行機を必要としていた。日本軍はビルマを進軍しており、インドを奪取しそうだった。ネルーの二回の監禁の間に行われた彼との会談は、彼女を安心させることはなかった。逆であった。インド人たちは、自分たちを搾取し抑圧するイギリス人のためには戦わないだろう。ガンジーとの会談は難しいものになりそうだった。

その夜、エーヴはほとんど眠らなかった。質問の準備はできていたし、面会は怖くなかった。その反対だった。彼女は若い頃から、母の友人たち、皆が皆偉大な学者で、しばしば強烈な個性の持ち主である彼らが、彼女たちに話しかけたり、討論したり、自分を大切にしてくれることに慣れていた。彼らの話に耳を傾け、語り合うこともできた。そして何よりも、どんな名声の陰にも、たとえそれがいかに堂々たるものであろうと、一人の人間がいるということを、彼女は理解していた。夜明けに、彼女はヴィクトリア女王の後継者に抵抗しているこの小柄な男性を称賛していた母親のことを思い出した。そもそも、ネルー自身が、「穏やかで優しくどこか金属的な」[*17]マハトマ・ガンジーの声に強く心を揺さぶられたと、彼女に打ち明けていた。マリーはこの次女を誇りに思ったのではなかろうか？　夜明けに起き出したエーヴは、自分はキュリー家の人間だと、かってないほどに感じていた。

「止めてください！」。彼女は、ガンジーの住み家から数百メートルのところで、司令官付きの運転手に命じた。最後は歩いて行きたかった。自動車も、これ見よがしの贅沢もなしで。そもそも彼は、朝の散歩をともにしようと彼女を誘ったのではなかったか？　エーヴは、立ったまま、どうにかこうにかメモを取ることになるだろうが、その言葉は、自分の中に刻み込まれることになるとわかっていた。一方ガンジーは、発表される前にこの対談の記事に自分が目を通すことを要求した。条件は合致した。大西洋の向こうでは、新聞社が今か今かと待っていた。

眼鏡の丸いフレームで目の周りをぐるりと囲まれた、非常に華奢で小柄な男性が、彼女の前で微笑んでいた。まるで親しい友人のように。マハトマは、何が何でも非暴力主義を押し通してきた。彼は、イギリス人にドイツ人に侵略されるがままでいるよう勧め、パールハーバーで死者が出たにもかかわらず、アメリカは日本との戦争を始めるべきではなかったと明言したりしていた。彼はエーヴに繰り返した。「もし皆が非暴力でドイツに抵抗したら、その時ドイツ人は、相手が死ぬ前に和解するでしょう（……）。ある国が大砲によって解放されうると信じること、それはあまりにも性急だということを示しているのです。ドイツ人――あるいは日本人――に勝つためには、彼らより強くならねばなりません[*18]」。

エーヴは立ちすくんだ。唖然とした彼女は、彼と向かい合った。少しの間、ロシア皇帝の治める帝国に対して彼女の母親が行った抵抗運動を、占領下のポーランドを、一九一四年、次いで一九四〇年に侵略されたフランスを、戦場で、それも塹壕から遠くないところで、外科医たちを指導し、彼らが自分に従わざるをえないようにした十七歳だった姉イレーヌのことを思い浮かべた。精密なX線写真のおかげで、医師たちは、銃弾や砲弾の破片による傷の正確な部位を手術することができたのだった。戦争は、平和主義的な事柄ではない。それは、敵対する二者の間の戦闘である。そしてエーヴにとって、彼女の戦争は、あらゆる大陸、今現在はこの太平洋で繰り広げられている戦争であった。そして、彼女自身、家族の経験から学んだことを言葉にするのを恐れていなかったので、インドの独立を主張しているこの人物は、戦時には政権に参加しない方がいい、と書いた。

散歩の間中、ガンジーは彼女のことをブルジョワだと決めつけていた。エーヴはこんな無礼な態度を見過ごすことはできなかった。彼女の母、若きマリー・スクウォドフスカは、姉ブローニャを頼ってパリに行くのに、四等車で旅をしたこと、そしてソルボンヌでは、しょっちゅうお腹を空かせた一文無しの学生だったことを、彼女は伝えた。だめだった。ガンジーはヨーロッパ人の苦しみに対してあまりにも公正さを欠いていた。理解し合えぬまま会談は終わった。二つの相容れない考え方が対立していた。こうしたネルーやガンジーとの対談からは、日本軍との戦闘が非常に厳しいものになりそうだと予想された。ヒトラーや裕仁天皇と対決する軍隊は、インドの援助を期待できないだろう。自分のルポルタージュは、ワシントンやロンドンが、太平洋での兵力を強化しなければならないかどうかを見極めるために役立つだろうか？　エーヴはそう期待していたが、さっぱりわからなかった。彼女は、主要都市からあまりにも遠くにいたので、自分の記事の影響を推し測れないでいた。夜になると、彼女の指の間からはタイプライターのキーを打つ音が響いた。彼女は、自分の重いタイプライターを携えて、危険を感じながら旅を続けていた。連合国のために、そして自分自身のために。

エーヴと会った一か月後、ガンジーとネルーは、イギリス人によって再び逮捕され、投獄されるだろう。アメリカに戻る途上、この若い女性は、それでも希望を持ち続けていた。彼女は、世界で最も事情に通じている特派員の一人になっていた。それに政治家でもあった。というのも、彼女の分析は、第二次世界大戦の最もデリケートな点に関する戦略地政学的見地と、その指導者や彼らの精神状態についての考えを、西洋が見下していた中国やインドのような国々の未来についての鋭い展望とともに提示することになるからである。それらの分析は、二巻本の『ジャーニー・アマング・ウォーリアズ[*19]』(戦士たちとの旅)により詳細に書き改められ、収められる。実際、そして、これはエーヴ・キュリーがはっきりと示していることだが、植民地の独立が始まっていたのである。

カイロ、ハルツーム〔スーダンの首都〕、リベリアを訪れた後、飛行機の中で、一人の乗客が『ニューヨーク・ヘラルド・トリビューン』を一部、彼女に差し出した。彼女はこの旅の間それを一度も見たことがなかったので、自分の書いた記事がどのように紹介されているのか知らなかった。手渡された新聞は、彼女にとって宝物だった。彼女は、急に空腹を感じたかのように、数時間のフライトの間、一行一行すべてを、スポーツ欄やクロスワードパズルまで読みたいという欲求に駆られた。そして、一つ一つの言葉を通じて彼女に蘇ってくるのは、アメリカだった。他の乗客とは分かち合えない幸福であり感動。彼らもまた、読書に没頭していた。読むことで、戦争や死、怪我、耐え難い暑さ、前線を忘れられたのだ。アメリカ合衆国では、エレノア・ルーズヴェルトが、エーヴのルポルタージュを読み、まるで推理小説を読んだり、西部劇を見たりするかのように彼女の冒険を追っていた。ルーズヴェルト大統領夫人は彼女を待っていた。顔を合わせて話をすることに勝るものはなかった。エーヴには話すべきことがたくさんあった。この騒々しい飛行機で、まだ何回か寄航しなければならなかったが、彼女は、刻々とかの地に近づいていた。彼女は、丸窓から空を、その青い輝きと雲を、無限の喜びとともにじっと眺めていた。

＊

ようやくアメリカ合衆国に着陸できるのは何と幸せなことか！　ワシントンの街角には、エーヴがずっと長い間感じることのなかったエネルギーが、活気がみなぎっていた。一九四二年五月の春の空気。姉、義兄、甥や姪がドイツによる占領に耐えているフランスとは、何と対照的なことか。エーヴは再びホワイトハウスに滞在した。彼女は、いつもの部屋から街や公園、辺り一帯を眺めていた。数分後にはエレノア・ルーズヴェルトに会うことになっている。翌日、ファーストレディは自身の日々のコラム『マイ・デイ』で、そのことに触れるだろう。「（エーヴ・キュリーから）彼女がこの途方もない旅の間に訪れたさまざまな国について、その印象を教えてもらうのは、本当に興味深いことでした……」[20]。彼女はエーヴの真剣さに、旅行中の危険な瞬間にもエーヴが保ち続けなければならなかったその冷静さに、感銘を受けたと述べた。そして「エーヴ・キュリーは女性の評価を高めるでしょう」[21]と締めくくった。

ルーズヴェルト夫人は称賛を口にするだけでなく、ピエールとマリーの娘と長く会話を交わした。

彼女は、アメリカの民衆がエーヴを受け入れ、彼女の話に耳を傾けることを心から望んでいた。日本軍がパールハーバーを攻撃して以来、アメリカの若者たちは戦場で戦っており、女性たちが工場や会社を維持していた。一か月もしないうちに、エーヴはエレノア・ルーズヴェルトから、ニューヨークで四千人もの聴衆の前で話すよう勧められた。キュリー家の一番若い娘は、フランスを守り、その尊厳を取り戻すための言葉を発した。静まり返った聴衆の前で彼女は言った。「フランスは、ちっぽけな客船になったのではありません。大型客船のままです。ただ、側面を上にして横たわっているのです」。ファーストレディが、彼女に大いに敬意を払い、彼女の思慮深さや明敏さ、分析力、そして冷静さを褒め、さらに、女性の地位について、「私は女性として、女性たちが与えられた任務を見事に成し遂げた時、いつも誇らしい気持ちになります」[*22]と言葉を結んだこともあって、この出来事はアメリカ中のメディアで報道されることとなる。

エーヴは、自分の行動が皆に認められることはありがたいことだと思ったが、密かに自問していた。世界中を旅し、危険にも直面したが、結局のところ、ヒトラーによる爆撃に直接脅かされることのないアメリカからでは、もはやほとんどド・ゴール将軍の役に立っていないのではないか。フランスでは、レジスタンス活動家たちが逮捕され、強制収容所に送られ、処刑されたり拷問されたりしていた。彼女は行動したいという抑え難い欲求を、もっと何かしたいという猛烈な意欲を抱いていた。祖国解放のため、別の戦い方をすべき時が来ていた。彼女には一つの答えしか思い浮かばなかった。すなわち、自由フランスの義勇軍に参加することである。ロンドンでド・ゴールに再び合流するのだ。軍服を身に着け、戦うのだ。自由フランスのリーダーは、彼女に礼状を送った。部隊に信望のある名前が加わるのだ。それも、強調したり、模範として引き合いに出したりできる有名な女性だ。何と素晴らしいタイミングだろう！

今や、イギリスのトレーニングキャンプでトラックを運転し、諜報員になるべく偽装作戦や無線伝送を学んでいる彼女の姿があった。彼女は、フランスを奪還するにあたってどのような任務に就くのかまだ知らなかった。何でもよかった。彼女は、まるまる一ページを使って自分を紹介しようとしている『ニューヨーク・タイムズ』のロンドン特派員に、この四百人の志願兵からなる義勇軍の一員になることができて、どんなに誇らしい気持ちでいるかを語った。彼女のカーキ色の軍服にはロレーヌ十字〔第二次世界大戦中、自由フランスの公式なシンボルとして採用された十字〕が付いていた。「私たちはフランスを解放する軍隊に協力する準備ができていなければなりません。最もよい方法は、戦時に、制服を着て軍司令部の指揮下に入ることです（……）。私たちは、フランスの民衆と連合軍の間の意思疎通を助ける者でなければなりません[*23]」。エーヴは知らなかったが、ド・ゴール将軍にはマリーの娘への絶大なる賛辞の声が届いていた。そして、彼女は連絡将校の軍事訓練を終了することになっている。もちろん彼女は、まだ何時、どこで行われるかわからない上陸作戦に参加したいと思っていた。しかし彼女は、すぐにがっかりした。ラトル・ド・タシニ将軍がド・ゴール将軍に有能な連絡将校が一人欲しいと言ってきたのだ。それがエーヴとなり、彼女は直ちにアルジェ〔北アフリカ、アルジェリアの都市〕に行かなければならなくなった。一九四四年一月、彼女は司令部に到着した。戦闘が迫っていた。それがノルマンディではないことに、彼女は落胆したが、別の冒険が彼女を待っていた。彼女はそれを望んでいた。フランスの解放に参加すること、それこそ彼女を突き動かしていたものだった。

第一次世界大戦時と同じように、この第二次世界大戦でも、女性が工場や会社で男性の代わりを務め、国家の経済生産性を維持する上で、男性と同じくらい有能だということを証明した。有名な女性パイロットたちが、民間機や軍用機を操縦するために、進んで名乗りを上げた。彼女たちの中には世界記録を打ち立てた者もいた。しかしアメリカは、このような現状に不安を抱いて怯えている国民の気持ちを紛らわせることも望んでいた。ハリウッドはフル回転で稼働していた。チャールズ・チャップリンは、ついに映画『独裁者』を公開することができたが、ドイツと商売をし、ヒトラーが世界をソヴィエト共産主義から救い出してくれることを期待しているアメリカの保守的な人たちには非常に評判が悪かった。一方チャーチルは、この映画をロンドンや他のイギリスの都市の地下室で上映するよう強く求めた。これはもはや単なる娯楽ではなく、戦争の武器であった。

一九四二年十一月、メトロ・ゴールドウィン・メイヤー・スタジオ〔MGM。一九二四年に設立したアメリカ合衆国のエンターテインメント企業〕はエーヴに、彼女の母親のピエール・キュリーとの出会い、そしてこの二人の科学者の恋物語を映画化したいという意向を知らせていた。プロデューサーたちは、この作品はエーヴの書いたマリーの伝記に着想を得ており、必ず成功すると確信していた。撮影は一か月後に始まるということだった。彼らはエーヴがシナリオにお墨付きを与え、ナレーションに加わることまで望んでいた。マリー・キュリーの実の娘の声は、映画に大いに権威を与えるだろう！

彼女は激怒した。そのマリーの物語には、史実と異なる箇所や、意味のないところ、欠落がたくさんあった。そのうえ次女は、役者の選択に関してまったく相談されなかった。俳優たちは、彼女たちの母の科学者としての人生をまったく知らなかったのだ。エーヴは、こんな状態では、この映画にかかわることはできないと、プロデューサーに知らせた。それにそもそも、姉が許可しないだろう。一九四二年から一九四三年の間に、次々と手紙が届く。MGMは、撮影を続けながらシナリオにいくつかの修正を行った。何度も手紙のやり取りをしたので、監督のマーヴィン・ルロイは、エーヴが、最終的にはナレーションを引き受けてくれるだろうと期待していた。ところが、エーヴは再度断った。そして、この映画は「伝記『キュリー夫人』に着想を得た」に過ぎないと明示するようにと、彼女は要求した。一か月後、プロデューサーたちはエーヴが編集前のフィルムを観て、考えを変えてくれるようにと一層努力した。それは、彼女のことをわかっていないというものだ。彼女は拒絶した。この映画の台本は、一九〇三年にピエールとマリーが一緒に受賞したノーベル賞にも、一九一一年にマリーが一人で獲得したノーベル賞にも、一言も触れておらず、一場面も費やしていなかった。そんな映画を、どうして応援できるのか?

映画は一九四三年十二月に公開され、アメリカでの批評は好意的で、ハリウッドで、ピエールとマリーの役を演じた俳優も含めて、十余りの賞にノミネートされるほど成功した。しかし結局、一つのオスカーも取ることはないだろう。エーヴはこれにほっとした。それほどこの映画が気に入らなかったのだ。後に、フランスが解放されると別の問題が持ち上がるだろう。イレーヌは、エーヴが彼女たちの母親の伝記を映画化する権利を売ったことを知らされていなかったのかもしれない。もし、知らされていれば、彼女はそのことで悲しい思いをしたかもしれないが、二人の手紙のやり取りには、それについての失望はまったく書かれていない。

*

もう一つの夢、それは、パリ解放であったが、イレーヌもエーヴもその場に立ち会えないだろう。エーヴは自由フランス軍に入り、遠くにいた。イレーヌは、相変わらず身体が衰弱しており、パリを離れブザンソンの近くの村ル・リュセに滞在していた。そんな中、高校生の若いエレーヌは、あるフランスの学校でバカロレアの準備をしていた。しかし戦闘はパリに近づきつつあり、イレーヌも彼女の子供たちももう安全ではないと感じていた。彼らは、レジスタンスの運動員の助けを借りて、スイスに行くつもりだったが、もう一分たりとも無駄にはできなかった。運動員たちが、スイス国境に至る最後の数キロを超えるために選んだ日にちが、彼女たちに幸運をもたらした。一九四四年六月六日、ドイツ兵はノルマンディ上陸の知らせに動揺し、徒歩で越境するフランス人は眼中になかったのである。ところが、スイス人たちがこの家族に警戒の目を向けた。イレーヌとピエール、そしてエレーヌはスイス当局によって、疑わしいと見なされた他の入国者とともに収容されてしまった。しかしながら、イレーヌはノーベル賞受賞者であり、やがて彼女の身元と、彼女の科学者としての名声が伝わると、ローザンヌへ避難するために出発できることになった[*24]。彼らは、パリから遠く離れたその地で三か月間を過ごすことになる。そのパリでは、フレデリック・ジョリオ＝キュリーが命を危険にさらしながらも、活発に運動していた。多くの共産主義者たちが、アンリ・タンギー大佐とともに蜂起の準備を進めていた。しかしながらド・ゴールは、共産主義者たちによるパリ、ならびにフランスの掌握に不安を抱いていた。一方エーヴ・キュリーは、家族とまったく連絡を取っていなかったので、何が画策されているのか、わずかな情報も得られていなかった。自由フランスのリーダーは、二十九歳の若き将軍で、未来の国民議会議長ジャック・シャバン＝デルマスを、レジスタンス部隊の兵力を見積もるために、パリに派遣した。彼らの多くはまったく軍事訓練を受けていないのに対し、街には訓練された二万人のドイツ兵がいた。

一九四四年八月十九日、アンリ・タンギー大佐が蜂起を呼びかけた時、フレデリック・ジョリオ＝キュリーにとってそれは、八月の蒸し暑さの中を、警察官たちが行動を起こそうとしているパリ警視庁に、爆薬をいっぱいに詰めた二つのかばんを持っていく時だった。イレーヌの夫は、数日前から、コレージュ・ド・フランスの上階の教室で、密かに強力な爆薬である綿火薬二百キロを乾かしていた。銃撃が始まっていた。それゆえ、この火薬の粒子が大気中で爆発して、レジスタンス側の人間や彼自身も一緒に殺してしまうかもしれなかった。悲劇はぎりぎりのところで避けられた。彼がコレージュ・ド・フランスで一年以上保管していた、レジスタンスに必要なそれらの物資を届ける時が来たのだ。ドイツ人たちは、建物の別の場所を占有していたのに、この権威ある施設がレジスタンスの基地や移送拠点にもなっていようとは疑いもしていなかったので、これは抜け目のないやり方だった。*25 第二次世界大戦が始まった当初、ノルウェーの重水のストックを移動させるのに成功した後、フレデリック・ジョリオ＝キュリーは、パリ警視庁での蜂起で梯団長になっていた。彼はじめじめする地下室で、アルコールの瓶を空にさせ、その一本一本を火炎瓶に改造させた。それは、ドイツ軍の戦車の破壊に威力を発揮した「ジョリオ＝キュリー式」火炎瓶として人々の記憶に残ることになる。この火炎瓶は、破壊する際に点火する必要のない物質で作られていた。二千人の警察官が警視庁を占拠し、戒厳令が敷かれている中、広場の反対側の、ノートルダム大聖堂にフランス国旗をはためかせた。イレーヌは、夫の身を案じながら、遅れて届く戦いの様子を、遠くから追うことになるだろう。キュリー姉妹はパリにいなかったとしても、フレデリック・ジョリオ＝キュリーが、この一族のレジスタンス精神を忠実に守ることになるに違いなかった。そして、一九四四年八月二十六日、すなわち、ド・ゴール将軍とルクレール将軍が民衆の大喝采の中、シャンゼリゼ通りを行進した日、イレーヌの夫はすぐに、国民教育省の臨時委員によって国立科学研究センター（CNRS）の所長に任命され、その一年半後には原子力庁の最高顧問になった。

フランスは、瞬く間に再び歩き始め、イレーヌもまた、それに貢献できるようになる。しかし彼女は、フレデリック同様、心配していた。五年に及ぶ戦争の間に、アングロサクソン諸国の科学研究は進歩していた。フランスは、疲弊し非常に遅れてしまっていたし、イレーヌはそれらの研究の成果に通じていなかった。彼女と夫を待っていたのは、途方もない再建という仕事だった。しかし同時に、その挑戦に、彼女自身、貢献できると感じていた。

*

一九四四年六月六日、エーヴは、ノルマンディから遠く離れた場所にいた。彼女は、その戦闘に本当に参加したいと思っていた。というのも、訓練を受けた将校であったからで、戦いたかったのだ。彼女はすでに、イタリア奪還作戦において、連絡将校として任務に就いていた。数日後、ローマから遠くないところで、彼女が乗ったジープが、アメリカ軍の戦車シャーマン〔第二次世界大戦中にアメリカ軍で開発・製造された中型戦車〕に向かって突進し、衝突してしまった。ジープは壊れ、運転手は重傷を負った。エーヴも怪我をした。顔が腫れ、血腫ができ、唇が膨れ、片脚が化膿した。運よく、すぐに彼女は、解放されたばかりのローマにある、献身的で忍耐強いシスターたちが手厚い看護をしてくれるクリニックに移送された。シスターたちは、前線に戻って戦いたいと、じりじりしているこの若き女性戦士をなだめることに努めた。

彼女は少しずつ体力を回復し、やがて次の上陸作戦、南仏上陸作戦の準備にとりかかった。将官たちは、彼女をオフィスに縛り付けておけないことを理解した。戦場で身体を使って行動すること、それが彼女の望みだった。今や彼女はある司令部に配属されていた。それは、リヨンそしてアルザス地方へと北上していく、南仏の自由フランス軍を指揮する将軍の一人、ディエゴ・ブロセ将軍の司令部だった。そして、彼女は彼付きの将校になった。ディエゴ・ブロセは温かく人間味のある人物で、戦略に対する鋭い感覚を持ち、兵士たちから愛されていた。彼は、エーヴ・キュリーの一週間後、一九四〇年六月二十七日からすでに、ド・ゴール将軍に合流していた。彼の戦況は目を見張るものだった。エーヴは、南仏上陸から、続く北上、予想より早い一九四四年九月三日から四日にかけての解放、そして最終的に九月八日のオータン〔フランス中部の都市〕まで、彼に付き従った。彼女は急いで、何年間も連絡を取ることができなかった姉に手紙を書いた。彼女は姉に、ゆったりとして読みやすい筆跡で、かいつまんで伝えた。自由フランス軍に所属し、アメリカに滞在した四年間のこと、アジアの前線での戦闘のこと。しかし多くの冒険に満ちた物語や、チャーチルやルーズヴェルト、ド・ゴール、周恩来はじめ多くの第二次世界大戦の鍵を握る人物たちとの関係は詳しく説明しなかった。彼女にはこの手紙を送るのにわずかな時間しかなかった。行動！　出発して、再び北に向かって進む時だ！　この時、ブロセ将軍はエーヴ・キュリーに歴史的な任務を託した。民衆の大喝采の中、ジープで解放されたディジョンを通り過ぎた後、ブロセ将軍は、リヨン出身の伯母の一人を訪ねたいと思っていた。彼はエーヴに、二つの部隊、南仏とリヨンを解放したばかりのこの部隊と、パリを解放した直後のルクレール将軍率いる第二機甲師団を、確実に合流させよ、と指令を出した。

何という信頼、何という名誉だろう！　将校たちは彼女のことを知っていて、彼女の写真を撮った。彼女は彼らと話し合った。彼女は、ノルマンディ上陸作戦やパリ解放の話を聞きたかった。彼女は謙虚に、しかしプロ意識を持って、連絡将校としての報告書を作成した。そして、将軍のもとで戦い続けた。しかし九月末、ディエゴ・ブロセはがっかりするような郵便を受け取った。エーヴ・キュリーが、パリの参謀本部に配属されることになり、職務を離れなければならなくなったのだ。それは、栄誉ある軍の要職であった。彼は彼女の異動がどう考えても残念で、陸軍省官房に手紙を書いた。「親愛なるマッソン、キュリー中尉の異動は、わが第三作戦部にとって大きな痛手です（……）。彼女がそちらで役に立つ人材であろうことは私もよく承知しています（……）。私は彼女を高く評価しておりまして、どれほど彼女が私の部隊の仕事に適任だったか、よくわかっています。というのも、聡明で落ち着いていて、理路整然と物事を考え、そのうえ誠実な将校を見つけるのは簡単ではないからです[*26]」。

ドイツに占領されていた数年間、イレーヌとエーヴはワルシャワの消息をほとんど知らなかったが、おそらくその方がよかった。かの地では戦争は熾烈を極め、ラジウム研究所もまたその被害を免れえないだろう。一九四四年八月、百人余りのナチス親衛隊員が研究所に押し入ってきたと、ナターシャ・ヘンリーは記している。「建物内には、九十名の患者と八十名の職員およびその家族がいた（……）。親衛隊員たちは破壊し、汚し、殴り、凌辱した。彼らは地下室や暖炉の中に人々が隠れているのを見つけると、ブローニャがあれほどの情熱を傾けて作り上げた研究所に火を放った。百七十人の人々のうち、生き残るのは三名ほどだろう」[*27]。一九二九年に、マリーが二回目のアメリカ旅行から持ち帰った一グラムのラジウムは、無事だった。そして戦後、イレーヌとエーヴがこの破壊を知った時、二人はその再建を助けるために精力を傾けることになるだろう。この試練に対しても、彼女たちが立ち止まることはないだろう。一つの世代から次の世代へと、築き上げること、そして築き直すことが、キュリー家の女性たちのモットーとなるだろう。

第8章　冷戦下の軋轢で引き裂かれた家族

パリでジープを走らせながら、エーヴは大きな犠牲によって勝ち取られた自由を満喫していた。それは、一九一四年から一九一八年の間に母や姉が多くの人命を救った戦争と同様、真の戦争であった。車が、アンヴァリッドからトロカデロ〔パリ十六区にあるトロカデロ広場〕へと進んでいくと、エーヴは、明るい陽射しの中に、再びエッフェル塔を見た。ヒトラーが、フランスをさらに辱めるために自分の写真を撮らせることに執着した、まさにその場所だった。もっと先には破壊された街角があり、彼女は、荒廃した街中を抜け、モーツァルト通りを南下し左に曲がると、すぐにヴィーニュ通りの自分のアパルトマンの前に出た。急いで車から降りると、心臓が激しく鼓動するのを感じた。恐る恐る鍵穴に鍵を滑り込ませたが、扉はドイツ人たちにこじ開けられていた。アパルトマンは荒らされていた。家具はナチスに持ち出され、売られていた。彼女の身の回りの品々はなくなっていた。その時彼女は、ロシアのトルストイの家のことを思い出しただろうか？　そこでは、ドイツ人たちが、彼の部屋をカジノ場にし、床板まで薪にして火にくべていた。彼女はそのようなショックを覚悟していた。

少なくとも自分ではそのつもりだった。それでも彼女は、身体の内に凶暴なものを感じた。戦ったことは間違っていなかった！　やがてフランス、そしてヨーロッパはナチスの支配から解放されるだろう。

エーヴは、仕事がなくなり、はっきりした目的もないままに日々を送っていた。これから、何をすべきか？　一九四四年十一月、彼女は恋人のフィリップ・バレスとド・ゴール主義の日刊紙『パリ・プレス』を刊行した。かくしてエーヴは、権威ある肩書を持って報道の世界に戻ってきた。一九四五年六月十八日、彼女は、ロンドンの自由フランス軍司令部に復帰した時の話をするために、ロンドンのラジオ局からではなく、ラジオ・フランスから招かれた。実は記録文書が、ドイツの潜水艦に撃沈された船に積まれていて、なくなっていたのだ。

まだ他にもさまざまな試練が二人の姉妹を待ち受けていた。一九四五年八月六日と九日、二発の原子爆弾が広島と長崎に投下された。イレーヌとエーヴは同じ思いを抱いた。それは、母親がこの悲劇を知ることがなくて、本当によかったということだ。エーヴは、原子力の目的は、人を殺すことではなく、人命を救うことにあったと新聞で表明さえするだろう。二十世紀初頭に彼女たちの両親が研究を重ねていた世界とは、かけ離れてしまったようだった……。

＊

エーヴは、もう長い間、何年も姉に会っていなかったが、今では姉が共産党員たちとますます近い関係にあると知っていた。彼女は、ド・ゴール主義者の友人たちに教えられて、イレーヌが、フランス共産党の発案で一九四四年十二月二十一日の大会で創設された、レジスタンス共産党女性委員会から生まれたフランス女性同盟に加わったことを知った。その同盟は、一九四四年十一月には、会員総数十八万人であったが、一九四五年九月には六十二万七千人を記録した。同盟のトップは、フランス共産党書記長モーリス・トレーズ〔一九〇〇－一九六四。フランスの政治家。一九三〇年からその死の一九六四年までフランス共産党書記長を務めた〕のパートナーであり、彼との間の子供の母親である、ジャネット・ヴェルメルシュ〔一九一〇－二〇〇一。フランスの政治家。共産党員。モーリス・トレーズとは一九四七年に結婚〕であった。しかしモーリス・トレーズ自身、レジスタンス運動の模範であったわけではなかった。というのも、ヒトラーとスターリンの間で交わされた独ソ不可侵条約に忠実であり続けるために、戦争中モスクワに避難することを選んだからだ。一九四一年にヒトラーが条約を破り、共産党員の中にレジスタンスに加わる者が出てきても、モーリス・トレーズは戦争の間中ソ連に留まっていた。

　フランスが解放されると、フランス共産党は、スターリンに支援され、選挙で二十六パーセントの票を獲得し、ド・ゴール将軍が組織した臨時政府に圧力をかけられるようになった。政府は、社会の安定のため、四人の共産党員を入閣させざるをえなかった。ジャネット・ヴェルメルシュは影響力を取り戻し、議論、とりわけ女性の権利に関する問題における議論の中心人物となった。この団体の創設者の中には、ジョリオ夫妻の友人で、一九四五年の発足時から国際民主婦人連盟の会長を務め、また、世界平和評議会の副議長を務めることになるウジェニー・コットンもいた。実際、共産主義者たちは、当時ソ連に存在したような、親ソ的で親共産主義的な圧力団体や宣伝団体を、非常に巧みに作っていた。しかし、エーヴは心配していた。イレーヌはすっかり感化されているように見えた。彼女の姉は一九四五年にモスクワに赴き、『ソ連の印象』を書いた。それは、一九四五年九月、直ちに、共産党系雑誌『ファム・フランセーズ〔共産党系週刊誌。一九四四年発刊。タイトルは『フランス人女性』の意〕』に発表された。彼女は、肉体労働も知的な仕事も含めた、あらゆる職業に女性たちが就けるという、女性の解放や平等のためのこの国の取り組みに感銘を受けていた。多数の女性医師がおり、それは戦後の西洋諸国ではまれなことだった。要するに彼女は、ソ連では平等が申し分なく達成されているので、もはやフェミニストたちが戦う理由がないという幻影に惑わされていた。ソ連の女性たちにはすべてが足りていないことを皆が知っていたので、こうした発言はあまりにも無邪気過ぎるように思えた。当時、理論的説明に満ちたプロパガンダに魅了されたフランス知識人の大多数が共有していた無邪気さだった。

イレーヌは、一九四四年十一月十八日のフランス女性同盟の大会で宣言した。「すべての女性たちが教育を受け、政治にかかわっていく準備をしなければなりません。なぜなら、女性たちには物事の本質を見抜く力がありますし、寛大で、良識もあるからです」[*1]。教育の問題、それこそがドイツ人女性たちが、こぞってナチスの理屈や反ユダヤ主義を支持した理由だったと、彼女にはわかっていたので、一層重要だと思えた。また彼女は、何年か後、フェミニストとしての自分の立場が正しいことを証明するために、母親の例を持ち出すようになるだろう。一九五四年十二月に発表された雑誌記事『わが母、マリー・キュリー』に、彼女は書いた。「母が自分の考えを絶対に譲らない問題がありました。例えば、母は、女性は男性と同等の権利を持っていて、そして同等の義務を負わなければならないと考えていました（……）」[*2]。そして彼女は、一九五四年五月に出版された『ウール・クレール』誌の記事にはっきりと記すだろう。「女性が男性との平等を獲得するためには、国政に参加する権利を得ることが必要であり、不可欠です」。確かに彼女には、ノーベル賞受賞者というステイタスがあったが、同時に妻、そして母という立場によって、共産主義者たちを安心させた。同様に彼女は、ソ連で女性たちが獲得した平等は、フランスの女性たち、特に「中産階級の女性たち」にインスピレーションを与えるに違いないと評価していた。他方、キュリー姉妹の姉は、晩年、ジャネット・ヴェルメルシュが、避妊に反対した時に、女性の権利に関する共産主義者の見解から遠ざかることになる。イレーヌは、それとは反対に、健全な性生活を送る権利や子供を産むことに関する権利を支持した。

一方エーヴは、これらの表明に関しては依然として懐疑的で、プロパガンダと見なしており、スターリンの独裁政治に姉や義兄が心酔していることを憂慮していた。確かに彼女は、レニングラード——今日のサンクトペテルブルク——の凄まじい包囲戦や、ロシア国内での戦闘時のソ連女性たちの勇気を忘れてはいなかった。しかし、モスクワ駐在のフランス外交官を通して、ロシア人女性には、石鹼や生理用ナプキン、薬のような最低限の衛生用品を始めとして、洗剤といった家庭用品がまったくないのは言うに及ばず、お湯、浴室、すべてが不足していることを知っていた。主要なポストは女性ではなく、彼女たちを監督する男性が占めていた。若い女性たちは徴兵され、未来の母親という彼女たちのあり方が、母なる大地の象徴として持ち上げられていた。革命的な言葉のもとで、女性のために変わったことはほんのわずかしかなく、当時のロシアは、結局は保守的なままだった。

妹は不安だった。姉の活動が非常に共産党寄りであることや、義兄がソヴィエト共産党を支持するこの政党のメンバーとして活動していることが、ド・ゴール派やアメリカに近い高官たちの中で働いている自分のキャリアの妨げになるのではないだろうか？　彼女は、大学に職があるわけではなかったので、不安定に違いない民間での仕事を作らなければならなかった。ところが、エーヴが母親や姉の業績を称える講演会のためにフィラデルフィアに滞在していた時に、何と、そのイレーヌもアメリカにやって来たのだ。妹は、心の奥底では心配していた。姉は、自分が認めていない国に何をしに来たのか？　スターリンの君臨するソ連に並々ならぬ親近感を抱いている彼女が。

＊

一九四八年三月、ひんやりとした灰色の空の下、イレーヌはニューヨークのラガーディア空港で飛行機を降りた。キュリー家の姉は待たれていた。スペイン人で共産主義者、『ゲルニカ』を描いた画家、パブロ・ピカソが名誉総裁を務める反ファシズム難民救済委員会からだけではなかった。アメリカ共産党に近い左翼の著名人たちも、彼女を出迎えに来ていた。ところが、待っていたのは彼らだけではなかった。税関職員も彼女を待っていた。彼女は、パリのアメリカ合衆国大使館によって認められた二週間の滞在ビザを持っていたにもかかわらず、アメリカ領内への入国を拒否された。尋問、そして身元と訪問動機の確認。おそらくこのノーベル賞受賞者は、コミュニスト排除を推進しているジョン・エドガー・フーバーが、ＦＢＩのトップだということを忘れていた。それにハリー・トルーマン大統領は、フランクリンおよびエレノア・ルーズヴェルト夫妻ほど、キュリー一家に好意的ではなかった。イレーヌは啞然とした。彼女は、合衆国の安全保障に対する危険人物であるかのように、二十世紀前半、何百万人の移民の選別受け入れ口であった、自由の女神像の近くの島、エリス島に連行された。威信のある名を持ち、世界中で感謝されたり、歓声を浴びたりするのに慣れている女性ノーベル賞受賞者にとっては、何とも不似合いな場所だった！

　しかしアメリカの情報機関は、何年も前から、彼女が共産主義に忠誠を誓っており、それゆえ危険だと考えていた。ＦＢＩでは、Ｊ・エドガー・フーヴァーが彼女の書類に注意深く目を通していた。どうしてイレーヌ・ジョリオ＝キュリーは、反体制派と見なされている団体のメンバーにわざわざ会いに来たのか？　ちょうどその頃アメリカは、フランコの独裁政権と非常に良好な関係を保っていた。幸運にも、彼女を迎えに来ていた国連のフランス常任代表団のフランス人外交官が、すぐさまワシントンのフランス大使に知らせた。翌朝、外交ルートの介入の結果、イレーヌは解放された。

　フィラデルフィアでは、エーヴが途方に暮れていた。今回の姉の勾留は、アメリカの友人という彼女の評判を台無しにする恐れがあった。その評判のおかげでルーズヴェルト夫妻の支援を得られていたのだ。母への敬意を分かち合うべきなのに、彼女は不安だった。もし記者たちが姉についての面倒な質問をしたら？　彼女は、第二次世界大戦中の身体的な危険には冷静に立ち向かったが、今やパニックに陥っていた。彼女は友人の一人で、他の女性ジャーナリストたちの地位を上げるために尽力した、有名な女性記者に手紙を書いた。彼女は、ヘレン・ロジャース・リード〔一八八二－一九七〇。アメリカの新聞社ニューヨーク・ヘラルド・トリビューン社長〕には、真実を隠さなかった。

私と姉や彼女の夫との関係は、本当のところよくありませんし、著しく悪化しています。私たちは年に二、三回会いますが、私は、彼らと政治の話はしないようにしています。それに、他の筋からの情報で、義兄があちらこちらで私の新聞のことを「アメリカに買収されている」と繰り返しているのも知っています。しかし、それは公にすべきことではありませんし、姉自身が窮地に陥っている外国の地では特にそうです。そういったことすべてのせいで、母の思い出までもが巻き添えになり、そんなかわいそうな母のことを思うと心が痛みます。*3

エーヴは、ずっと以前から、戦争中連合軍に志願したことを、必要とあれば強調してきたように、いかに自分が共産主義に反対し、アメリカを支持してきたかを主張し、自分の身を守るつもりでいた。彼女は、このフィラデルフィアへの旅を党派的目的のためではなく、母の業績についての話をするために行った。しかし実際は、彼女は弁明しなければならなくなるだろう。それほどジャーナリストたちは知りたがっていたのだ。彼女は、時にかなりの数にのぼる公式行事を姉妹二人で分担し、別々に行っていることを強調した。

ニューヨークで、イレーヌは釈放されると直ちに、アメリカやその他の国々の記者の方へ、静かに進んでいった。彼女は、はっきりとした声で、自分はエリス島のこの陰気な施設で、よい扱いを受けたと説明したが、アメリカの政策は、彼女の言うところによると、ファシズムに反対する人よりファシズム信奉者を守っていると、ためらわずに批判した。冷戦の真っただ中にあって非常に神経質になっているアメリカ当局に対する、このような批判的な発言にもかかわらず、彼女は、アメリカ中を講演して巡ることを許可された。旅に出る前に、イレーヌは、ニューヨークの南に位置するエレガントな学園都市プリンストンの、マーサー・ストリートにある白い家に、アインシュタインを訪ねた。二人が並んで写っているその夜の写真は、世界中を駆け巡った。たとえジャーナリストの中に彼女を疑惑の眼差しで見る者がいようとも、彼女はもはや怯えることはないだろう。

エーヴは、フィラデルフィアから不安な気持ちでパリに戻った。二人の姉妹の間の断絶は、決定的だった。彼女たちには、もはや語り合うべきことは何もなかった。その時エーヴは、彼女の姪や甥のことを思った。お互い、定期的に会う機会がなくなれば、彼らと親しい関係でい続けることはできないだろう。彼女は寂しかった。彼女には子供がいないので、ピエールやエレーヌともっと親しく付き合いたかった。彼女自身の生活にかかわってほしかったし、彼らをかわいがり、愛情を注ぎ、力になりたかった。そんな夢は遠くに行ってしまった。一九四八年は彼女にとってつらく思われた。

そして、不安な年でもあった。アメリカ合衆国では、九月末のフランスの選挙結果が、人々を落胆させた。共産党員が国民議会の三十パーセントの議席を獲得したのだ。ソ連人と密接な関係にあるモーリス・トレーズの率いる政党が、フランスの第一党となった。トルーマン大統領をトップとするアメリカの指導者たちは、フランスで原子爆弾が製造されることを恐れ、今後、フレデリックとイレーヌのジョリオ゠キュリー夫妻に、ほんのわずかな情報も渡すことはできないと考えた。彼らは、ソヴィエトに科学研究における機密を知らせるかもしれない。したがって、彼らに対して最大級の警戒をしなければならなかった。

パリではその選挙結果が、エーヴを苦境に陥れた。ド・ゴール派、親米派としての彼女の信条と対立する共産党の勝利によって、彼女が立ち上げたド・ゴールを支持する日刊紙の発行は危うくなるかもしれなかった。彼女には大学での仕事も、あるいは公務員としての仕事もなかったので、その生活はますます先が見えなくなった。独身の彼女は、不安定な生活を送っていた。誰を頼ればいいのか？　何を仕事にすればよいのか？　彼女には、もうわからなかった。

*

一方イレーヌは、戦後、仕事の面では彼女の能力に見合った地位についていた。ようやく。確かに彼女は、一九三七年に、夫がコレージュ・ド・フランスの教授に選任された後、それに伴って空席となった助教授のポストに就いてはいた。ところが一九四五年になって、新たなポストに抜擢されたのだ。すなわち、イレーヌはついにパリ科学大学〔一九七〇年までパリに存在した大学。その後統合され、ピエール・エ・マリー・キュリー大学となる〕の正教授に任命されたのである。しかしそれは、十年前になされるべきだった。というのも、フランスの大学は、ノーベル賞受賞者なら誰に対しても大学教授のポストを即座に与えるのが、通常の習わしだったからだ。そして一九四六年、ついに、アンドレ＝ルイ・ドゥビエルヌが、ラジウム研究所所長の職を退職し、彼女がこれを引き継いだ。

私生活では、イレーヌは家族内のことで、およそ忘れることのない現実に立ち向かわねばならなかった。ソー公園の近くにあるアントニーの自宅の扉は開かれており、すでに多くの招待客が集まっていた。この集まりに、イレーヌがその出席を恐れていた重要なゲストが入ってきた。しかしながら、イレーヌとフレデリック・ジョリオ゠キュリーの家に足を踏み入れたその高齢の女性は、微笑み、礼儀正しく挨拶を交わし、椅子に優雅に腰かけた。イレーヌは、動悸を感じながら彼女にゆっくり近づいた。嘘や偽善に耐えられない彼女は、そつなく立ち回れるだろうか？

老婦人は冷静さを保っていたが、彼女にとっても気まずい時間だった。イレーヌ・キュリーとポール・ランジュヴァンの未亡人は、身動きできずにいる他の客たちに囲まれ、向かい合っていた。彼女こそ、一九一一年に新聞・雑誌でマリー・キュリーの名声を貶めたその人であった。マリーを侮辱し、イレーヌを震え上がらせた女性だった。当時十代だった彼女は、フランス人の夫を盗んだ「ポーランド女」を非難する野次馬の罵りを浴びて、家から逃げるしかなかった。ならばどうして、ジョリオ゠キュリー夫妻は、自宅にジャンヌ・ランジュヴァンを招待したのか？　そう、完璧に礼儀作法を心得たこの人物は、一九四八年十一月のこの日、エレーヌ・ジョリオ゠キュリーと結婚した、ミシェル・ランジュヴァンの祖母だったのである。彼女を招待しなかったとしたら、礼儀を失することになっていただろう。それでもイレーヌは胸が張り裂けそうだった。この人物を家に迎えることは、マリーの思い出に背くことではないか？　何事もなく数時間が経ち、イレーヌがジャンヌ・ランジュヴァンを家の門まで送り、老婦人は微笑みながら、優雅に立ち去った。扉が再び閉じられると、実の娘エレーヌの記憶によると、イレーヌは、ほっとしてため息をついた。そして突然、笑い、冗談を言い、招待客の世話をし、この結婚を祝い始めた。自分自身に戻ったのだ。ようやく。

またしても、科学者同士の結婚であり、一族の精神は受け継がれた。実際、物理学者であるエレーヌは、パリ市立高等工業物理化学学校の学生の時に、ミシェル・ランジュヴァンと出会った。父フレデリック・ジョリオ＝キュリーが卒業し、祖父母ピエールとマリーがラジウムを発見した学校である。エレーヌはフランスでもトップクラスのこの学校をその翌年卒業した。彼女は、一九五六年には国家博士号論文の口頭審査を受け、オルセー原子物理学研究所の原子物理学部門を率い、一九八一年から一九八五年まで、原子物理学委員会の委員長を務めた。科学と研究に身を捧げるキュリー家の次なる世代である。情熱的に、そして幸福な気持ちで。というのも、後にエレーヌの弟ピエール・ジョリオが書いているように、科学研究は何よりもまず、喜びであるからだ。科学の世界から遠く離れているエーヴも、これには納得するだろう。

＊

花また花、素晴らしい花束。アメリカ大使館の正面、コンコルド広場に面したホテル・クリヨンのスイートルームで、エレノア・ルーズヴェルトは微笑んでいた。添えられたエーヴ・キュリーからのカードは、彼女を驚かせなかった。第二次世界大戦中、彼女は、何度もエーヴをホワイトハウスに迎えたではないか？　自由フランスの大義を主張し、ヒトラーとの戦争にアメリカ合衆国が介入するよう訴えるために、何千人ものアメリカ人の前でスピーチを行うよう、エーヴに勧めたではないか？　戦前に英語で出版されたエーヴの母親の伝記に感動したではないか？　ルーズヴェルト大統領の未亡人は、キュリー家の皆が好きだった。母と二人の娘たちだ。この女性たちは、自分自身の手で自分を作り上げ、自分たちの夢を実現し、それらの夢以上のことさえやってのけた。そして女性は、科学者であると同時に母親であり、社会問題にかかわることができると示した。

元ファーストレディがガラス窓に近寄ると、遠くにセーヌ川の向こう側の国民議会や、その右側のアレクサンドル三世橋、そしてエッフェル塔が目に入った。しかし彼女は、ぐずぐずしてはいなかった。凍えるような激しい風が吹いていた。この一九四八年十二月、エレノア・ルーズヴェルトは興奮していた。翌十二月十日には、国連に加盟している国々に世界人権宣言を採択させるのだ。もっとも、この宣言は、女性の権利にもかかわっているのに、このように名付けられていた〔フランス語ではDéclaration universelle des droits de l'Hommeと表記される。ここで用いられているフランス語hommeは、「人間」という意味でも「男性」という意味でも使われる〕。結局、最終的に基準になるのは相変わらず男性だった。この宣言の作成は長く、骨の折れるものだった。彼女は、人権宣言起草委員会の委員長として、世界中でたくさんの会合を行わなければならなかったし、女性が条文から忘れられることがないように、そして女性が明確に言及されるように戦わねばならなかった。彼女は、これから再会することになっている一人の女性のことを考えていた。インド独立の歴史において重要であるにもかかわらず、今、自分の国で忘れられ、消し去られている人物だ。結局、その粘り強さや勇気、それに投獄されたということで、インドの歴史に確かな足跡を残した二人の大物、ネルーとガンジーばかりが取り上げられていた。しかし、彼らの傍らにおり、彼らと同じくらい勇敢で社会問題に打ち込んできた一人の女性、ハンサ・メフタも、イギリス人と戦い、彼女もまた逮捕された。そして彼女は、インド憲法起草委員会を統括することになるだろう。ハンサ・メフタ、世界中の女性が知っておくべき名前だろう。

エレノア・ルーズヴェルトは、人権宣言の本文に「すべての人間〔フランス語ではtous les hommes〕」の代わりに「すべての人類〔フランス語ではtous les êtres humains。êtreは「存在」という意味で、中立的〕と明記するように認めさせたこの女性のことを思っていた。このことがなければ、インド人男性は、この宣言はインド人女性には関係ないと言い出したかもしれなかった。この新たな言葉を採用するのに一年近く余計な協議が必要になった！　世界中の女性たちは、自分たちがハンサ・メフタの恩恵を受けているということさえ知らないだろう。このインド独立と人権宣言の偉大な女性は、今なお人類史上忘れられた重要人物の一人であり続けている。今日では、男女を問わずインドの若者ですら、彼女が成し遂げたことを知らない……。

　エレノア・ルーズヴェルトは、歴史は男性の名前しか留めおかないということをよく知っていた。一九四〇年六月にヒトラーが写真に納まったエッフェル塔の前で、一九四八年十二月十日に、この宣言を採択させるということは、国際舞台に民主主義が戻ってきたことを、見事に示した。キュリー姉妹はパリにいたが、この国連の会議には出席しなかった。エーヴは一九六二年十一月にエレノア・ルーズヴェルトが亡くなるまで、彼女との手紙のやり取りを続けた。次女は、可能な限りすみやかに、講演会や会見の中で、彼女への追悼の意を表するだろう。

*

　一方イレーヌの方は、病気が密かに進行し、体力を奪われていたが、それでも仕事は続けるつもりだった。原子力庁（ＣＥＡ）の建設が進んでおり、それだけでなくラジウム研究所でもさまざまな新たな実験にとりかかっていた。彼女は、一九四六年以来、アンドレ＝ルイ・ドゥビエルヌの後を継いで、彼女の母が作り率いてきたこの研究所のトップになっていた。したがって、気管支炎になろうが、疲労困憊していようが、気にしてなどいられなかった。彼女の生きがいは仕事だった。それに自分の命は長くはない気がしていたし、病気がさらに進行し、自分を打ちのめしてしまうかもしれないと感じていたので、仕事を進めたかった。原子力の研究を少しでも早いスピードで続けていきたかった。それでも彼女は、研究所の職員一人一人と彼らの研究について、時間をかけて話し合った。かつてのスタッフたちは皆、彼女は一見冷たく見えるが、人を受け入れる柔軟性があり、親切だったと語った。

常に女性の利益に敏感で、とりわけ職業を選ぶ際に男性と同じように選択することができるということに関心を寄せていたイレーヌは、フランスで女性が男性と平等の権利を獲得することに関して時代を画することになるスキャンダルが巻き起こった時、ド・ゴールが新しく創設した原子力庁の六人の委員の一人であった。一九四九年春、書店やカフェは、ある一冊の書物の出版の話題で持ちきりだった。シモーヌ・ド・ボーヴォワールの『第二の性』第一巻が刊行され、フランスの世論や各政党、教会に衝撃を与えた。どうして、生まれつき従順で慎み深い女性の性質をあえて疑うのか？　フランスで毎年、女性たち、特に、工員や農婦、しかしそれだけでなく第三次産業で働く女性たちなど、不安定な職に就いている女性たちの健康に、痛ましい影響を及ぼしている非合法の妊娠中絶を、どうしてあえて告発するのか？　どうして結婚を、父親への隷属に続く、夫への、女性たちの第二の隷属と、あえて定義するのか？　ジャーナリストたちが、男女間の平等は、今ではすでに解決済みの問題だと主張しているのに、ジャン＝ポール・サルトルとの、法的拘束を受けず個人の自由意志を尊重する自由結婚で、世間の評判になり憧れられてもいたこの哲学者は、女性が疎外されている状況を指摘した。シモーヌ・ド・ボーヴォワールは、ごった返した市場近くの、ビュシー通りのホテル・ルイジアナの小さな部屋で何時間もぶっ通しで執筆した。通りを突っ切って数十メートル行くだけで、カフェ・ド・フロール〔一八八七年創業のパリ六区にある老舗カフェ〕やカフェ・デ・ドゥー・マゴ〔一八八五年創業のパリ六区にある老舗カフェ〕のテラスに着いた。シモーヌ・ド・ボーヴォワールは、中国人役人の人形が見下ろすカフェ・デ・ドゥー・マゴの革張りのベンチに腰掛け、彼女がアメリカ人の恋人ネルソン・オルグレン〔一九〇九－一九八一。アメリカの作家。一九四九年頃、ボーヴォワールと恋愛関係にあった〕に宛てた手紙で「女性についての小冊子」と呼んでいるこのエッセイの決定稿に、書き込みを入れ、校正した。この小さな本は、世界中で最も翻訳されたエッセイの一つとなり、七十年後にも、新たな言語、とりわけアジアの言語で出版され続けている。

この作品の刊行は、教会やフランス人カトリック信者、「フランス人男性を笑いものにした」と批判したアルベール・カミュのような作家や知識人ばかりか、共産主義者たちの不評も買った。「保守的な人たちは私の本を毛嫌いすることしかできませんでした……極左の人たちからは歓迎されると思っていました*4」。致命的な間違いだった！　一九四九年には、共産主義者のモラルは、さまざまな点で、カトリック信者のモラルと一致していたのだ。共産党を支持していた多くの女性工員たちが、非合法に中絶手術を受けていたのに、中絶という言葉そのものがタブー視されていた。フランスにおける非合法の中絶件数は、年間数十万件以上に上ると推定されていた。シモーヌ・ド・ボーヴォワールはあえて結婚を批判していたが、これに関しては、三人の子がありながら二人の関係を公にしていなかったモーリス・トレーズやジャネット・ヴェルメルシュも納得できたかもしれない。しかし、フランス共産党のかつてのリーダーの一人の娘、ジャネット・コロンベルは、まだジャネット・プルナンであった頃、レーニンの考え方をもとに、このエッセイを激しく攻撃した。「実存主義哲学なるものの偏見を通して、小市民の反応を分析すること……」。

しかし特に、共産党を激怒させたのは、女性は何よりもまず母であるのに、すべての女性にとって母となることが務めとされていることに、疑問が呈されていたという点であった。そこがおそらく、イレーヌ・ジョリオ゠キュリーと対立しかねない点であった。マリーと同様、このノーベル化学賞受賞者も、母としての人生と職業とのバランスをしっかり取ることが大切だと考えていた。シモーヌ・ド・ボーヴォワールは、哲学者ジャン゠ポール・サルトルと結婚もしていなければ、母でもないという誤りを犯しており、出産を望まない権利をあえて主張しているのだった。共産主義者によれば、「これは、怪物染みた個人主義の殻に縮こまっているこの実存主義者が、すべての女性たちの最も自然な感情を、いかに理解できていないかを表している」[*5]。イレーヌ・ジョリオ゠キュリーとシモーヌ・ド・ボーヴォワールという、二十世紀フランスの二人の偉大なフェミニストは、おそらく出会うことも言葉を交わす機会もなかっただろう。残念である。

＊

ソ連とアメリカはより進んだ核開発計画に着手し、潜在的な対決という事態に備えていたが、民衆は何よりも平和を望んでいた。平和という言葉は人々の心の中で、家庭の中で響いており、皆がそれを理解していた。あれほどつらかった第二次世界大戦が、まだつい最近のことだと思い出させる言葉だった。最終的に、イレーヌにとっては、長崎と広島に投下されたアメリカの原子爆弾が、何万人もの民間人を殺し、至る所を破壊し、災厄を振りまいたという戦争であった。原子力が人々を殺し、街を破壊した。イレーヌは、一九〇三年にピエールとマリーがノーベル物理学賞を受賞した時の父のスピーチを思い出した。この科学の新発見が死の商人の手に落ちないとよいのだが。

ヒトラーに勝利した栄光に包まれ、我が物顔で独裁者として君臨するスターリンは、モスクワから戦略家として行動する術を心得ていた。彼は、ソ連の核開発と軍事拡張計画を全速力で進める一方、それらを成し遂げるためにロシアの科学者に莫大な資金を与えた。そして一九四九年八月二十九日、初のソ連製原子爆弾が炸裂した時、このクレムリンの権力者は、西洋諸国の共産党を通して、ソ連邦はもっぱら平和を希求しているのだと主張する世界規模の情報操作を行わせた。こうして、一九四五年以来毎年、「平和のための」世界規模の組織が作られたが、現実は、将来ソ連の支配下に置かれないように、同じく軍事計画に再び力を入れていた西洋諸国やアメリカ合衆国の権威を失わせるための組織であった。冷戦の緊張が高まっていた。

したがってイレーヌは、フレデリックがフランスで運動しているだけになおさら、自分は、共産党による「平和のための」キャンペーンにかかわっていると感じていた。彼は一九四九年四月、パリで行われた世界平和会議に参加した。しかしとりわけ、一九五〇年は、「ジョリオ゠キュリー夫妻にとっては、平和主義に関して重要な年」であったと、ルイ゠パスカル・ジャックモンドは語っている。アメリカや西洋諸国に揺さぶりをかけるために、一九五〇年三月、平和擁護世界大会がストックホルムで招集された。フレデリック・ジョリオ゠キュリーもその大会に出席していたが、とりわけパブロ・ピカソが支持する中、世界平和会議は、「核兵器の無条件使用禁止」を求める「ストックホルム・アピール」を発表した。最初に署名したのはフレデリック・ジョリオ＝キュリーで、イレーヌがそれに続いた。それは大きな反響を引き起こした。というのも、大部分は共産主義者であったが、理想主義者も含む何百万人という男女がそれに署名し、絶大な宣伝となったからである。ルイ・アラゴン、マルク・シャガール、デューク・エリントン、イヴ・モンタン、エディット・ピアフだけでなく、若き日のジャック・シラク〔一九三二－二〇一九。フランスの政治家。一九九五年から二〇〇七年までフランス大統領を務める〕やリオネル・ジョスパン〔一九三七－。フランスの政治家。シラク政権で首相を務める。社会党員〕……のような大勢の著名人が署名している。世界情勢は、新たな世界規模の紛争を引き起こしかねなかった。というのも、二か月後の六月には朝鮮戦争が勃発したからだ。緊張は頂点に達していた。

イレーヌは、この声明の成功に自信を深め、アルベルト・アインシュタインに署名するようにとメッセージを送った。七十歳を過ぎ、プリンストンのマーサー・ストリートの自宅にいるこの物理学者は、二度の世界大戦、反ユダヤ主義、アメリカ合衆国への逃避、殺すぞという強迫、その他多くの試練を経験してきた。独裁者には、もううんざりだった。彼は人生の中で、真の意味を捻じ曲げた言葉や歪曲された情報、憎しみを煽ることで民衆を操作する力をじっくり分析してきた。そして、アメリカとソ連の間の軋轢が激化していくのを、注意深く見守り、「平和」という言葉が、もっぱらソ連の再軍備に有利に、その本当の意味からどれほど歪められているかを理解していた。

アルベルト・アインシュタインは、丁寧にそしてうまく、この声明文に署名することを断った。彼にすれば、この運動の真の主導者は共産主義者であった。そして、独裁、特に反ユダヤ主義から逃げてきた彼は、あらゆる全体主義体制を、そしてその中でも特にソ連の全体主義を警戒していた。*6

イレーヌに私欲がないことは認めていたが、彼女は、彼女自身の人のよさにつけ込まれた犠牲者だと、彼は思っていた。彼が断ったのはいいタイミングだった。というのも、ちょうどその頃、FBIがこの物理学者とその周囲の人々について捜査していたからだ。J・エドガー・フーヴァーもまた、ドイツ出身のユダヤ人で、そのうえチャールズ・チャップリンの友人でもあるこの学者を警戒し、危険な共産主義者ではないかと疑っていた。一九五〇年から始まったマッカーシー上院議員の運動によって、いわゆる「共産主義者アインシュタイン」に敵対するキャンペーンが巻き起こり、その一方で、プリンストン高等研究所所長の物理学者ロバート・オッペンハイマーが、初めは密かな、次いで直接的で大っぴらな攻撃の対象となった。そしてこうした攻撃はやがて拡大していった。

パリでは、イレーヌとフレデリックのジョリオ＝キュリー夫妻がこうしたレッドパージと、アメリカ大統領ハリー・トルーマンが軍拡競争に再び乗り出す決定をしたことを注意深く見守っていた。このような東側と西側の緊張は、フランスの科学者の生活に重大な影響をもたらすのではないか？イレーヌはそれを恐れていた。

＊

一九五〇年のクリスマスのこの日、粉雪がクルシュヴェルの道々を覆っていた。イレーヌは、エレーヌやその子供たちと家族水入らず、この山で一夜を過ごす準備をしていた。彼女は皆をいとしく思っていたので、心からくつろげる時間だった。イレーヌはクルシュヴェルの道をすべて知っていて、その隅々まで愛しており、ここにいると穏やかな気分になった。しかし、病気や疲労に襲われることもあった。彼女は五十三歳になったばかりであったが、時には疲れ果て、ぐったりしてしまうこともあった。夫婦二人の間では、政治と科学に関する生活が優先された。この数か月前、フレデリックはキャリアの中で最もつらい経験をしていた。それは、まだ立ち直れない耐え難い屈辱だった。クレムリン、つまりはスターリンに近いフランス共産党に所属しているという理由で、フランス政府は彼を原子力庁最高顧問の職から解任したのだ。イレーヌは、いつもはとても明るく潑剌としている夫が、傷付いているのを見て取った。彼女自身は、原子力庁で、他の委員たちの中でもちろん唯一の女性として、権威ある委員の職を変わらず務めていた。確かに、彼女はフランス共産党に入党はしていなかった。しかし彼女は共産党色の濃いイベントに何度も参加していた。自分はどうなるのだろう？

この一九五一年一月の寒さの中、パリに戻って間もなく、ニュースが飛び込んできた。イレーヌの原子力庁での任期が更新されなかったのだ。彼らの人生とキャリアの上で、大きな一ページがめくられた。重水がナチスに渡らないように、この夫婦が、特にフレデリックがした努力をどうして忘れられるのか？　夫同様イレーヌも、これはフランスの政治家たちの、彼らに対する恩知らずな行いだと感じた。一方、共産主義者たちは彼女を支持し、抗議した。家族の忠実な友人で、占領下、ヴィシー政府にセーヴル女子高等師範学校の校長のポストを奪われたウジェニー・コットンは、フレデリックとイレーヌが、原子力が平和目的で利用されるよう歩んできた道について改めて言及した。

イレーヌとフレデリックのジョリオ＝キュリー夫妻は、人工放射能の発見によって、原子力研究の分野での、フランスの先駆的な地位を保持してきました。偉大な愛国者である彼らは、一九四〇年にはドイツ人から自分たちの最新の発見の数々を隠し切り、そして、戦争が終わるとすぐに、彼は原子力庁最高顧問に、そして彼女は、この同じ指導的機関の委員となり、原子力の平和利用のために働くという、同じ信念を持った研究者のチームを組織しました。フランス政府は、このことで彼らを熱烈に称賛し、彼らが自分たちの特許と個人的に所有していたウランを、寛大にもシャティヨンの研究所に寄贈したことに謝意を表していたのです（……）。しかしながら、原子物理学の研究によってノーベル賞を受賞したフランス人学者で唯一存命中である彼ら二人が、現在、フランスでこの分野の研究を牽引する組織から締め出されているのです！[*7]

一方、エーヴは気が気ではなかった。彼女のド・ゴール主義の新聞『パリ・プレス』は、アシェット・グループ〔一八二六年創立。多くの出版社、印刷所を傘下に置くヨーロッパ最大規模の出版社〕に買収されリニューアルした『フランス＝ソワール〔一九四四年に創刊された夕刊紙〕』との競争に直面していた。『ラントランジジャン〔一八八〇年パリで創刊された夕刊紙〕』も徐々に読者を増やしていた。エーヴとフィリップ・バレスは、ジャーナリストたちを解雇しないで済むよう、自分たちが辞職した。彼女はイレーヌへの手紙で、自分は「失業中」であり、民主主義諸国は危機に瀕していると書いた。彼女は、自分は何をすべきか、仕事を見つけるためにどこに向かうべきかわからない、どんなテーマについてかはわからないが本を書く、と言っていた。このように何をしていいかわからない状態だというのに、世界情勢の方もあまり安心できるものではなかった。スターリンは、ポーランドを含む中欧と東欧の複数の国々に独裁体制を強いていた。監視塔や引金を引ける状態にある共産国の兵士たちに見張られた、電流が流れる有刺鉄線が設置されることになるのだが、ウィンストン・チャーチルは、一九四六年にすでに、スターリンが、西側のヨーロッパと共産党の支配下にあるヨーロッパの間に、「鉄のカーテン」を引いた、という歴史に残る言い回しを用いていた。実際、この「カーテン」は、ソヴィエト陣営のヨーロッパ人が西側へ行こうとしないようにすることが、真の目的であった。一九四九年四月四日、度重なる外交交渉が、ワシントンで、フランス、イギリスを含む西ヨーロッパ十か国[*8]とカナダ、アメリカとの間の防衛軍事同盟である、北大西洋条約機構（NATO）という形で結実した。戦後、ヨーロッパは経済的、軍事的に脆弱な状態にあり、ソヴィエト連邦は権勢の絶頂期にあった。当時、原子爆弾を保有していたのはアメリカだけだったので、この条約は、事実上、アメリカが、共産国からのあらゆる潜在的攻撃から西ヨーロッパ諸国を守ることを保証するものとなった。

この条約が調印される数週間前、エーヴは、今一度、母親や女性科学者についての講演旅行を行うために、ワシントンに滞在していた。彼女は、マリーやイレーヌを称賛するだけでなく、歴史から消し去られた優れた女性科学者たちを、表舞台に押し出そうと努めていた。確かに、彼女の家族の場合は十分過ぎるほど認められていたが、さまざまな発見をした世界中の大勢の女性研究者たちは、科学の歴史から消され、往々にして存在しないものとされてきた。男性の学者ばかりが、新聞雑誌やラジオ、歴史書でその価値を認められ、そのため、いわゆる第一の性である男性だけが人類の進歩に貢献してきたかのような印象を与えていた。彼女は、自分をフェミニストだと明言してはいなかったが、彼女の態度は、女性の権利に関して母や姉イレーヌと同じ立場を支持するという意志を示していた。そして彼女のキャリアは、彼女が思ってもいなかった新しい方向へと進んでいく。

NATOの創設に伴って、十か国の代表者のために外交面、軍事面および戦略面でのポストが新設された。機構の初代事務総長は、イギリスの将軍であり外交官であるイスメイ男爵その人であった。エーヴは彼をよく知っていた。彼は、第二次世界大戦中、チャーチルの軍事主席補佐官だった。軍人とイギリス首相との間に絆を作り、特に首相の、フランクリン・ルーズヴェルトとの会談のための外国訪問に同行していた。外交官と軍人を一緒に働かせることのできる、豊かな才能を持った人物であった。しかし一九四九年には、イスメイ男爵もエーヴも、彼が間もなくこの戦略的な職務に就くと確信していたわけではなかった。実際、このイギリス人外交官は、一九五一年にチャーチルが再度首相になる時まで、再び政治にかかわることはない。その間も、キュリー家の下の娘は職を探していた。NATOの創設は自由主義陣営に希望を取り戻させた。エーヴはこの新しい組織に価値を認めており、そして、世界で共産主義者が勢力を拡大していること、特に、一九四九年十月に中国で、共産主義者の毛沢東と周恩来が政権に就いたことに、公然と懸念を表明していた。彼女の新聞雑誌での発言や、彼女が多数のイギリス、アメリカ、そしてフランスの要人、とりわけド・ゴール将軍と付き合いを続けているということから、フランスや外国の外交官たちは、NATOを組織することになるスタッフに彼女を加えてはどうかと考えた。

それは、冷戦のさなか、パリで行われた多くの夕食会と何ら変わらない夕食会であった。姉やフレデリックが、政権や決定権から遠ざけられながら、自分たちの科学研究を続けている時、エーヴは、アメリカ大使館での夕食会にたびたび招待されていた。彼女がそこにいるのは、彼女の名前や人気のためだけでも、一九四〇年から一九四五年の間に、ナチスの軍隊との戦闘に参加したためだけでもなかった。母親と同じように、独裁というものに直に触れたためであった。彼女は不安を覚えていた。二つの陣営の間の緊張状態はピークに達していたのだ。そして、もし超大国の間に危機が発生したとしたら？　ソ連では、依然としてスターリンが国を掌握していた。

間もなくパリ中を噂が駆け巡った。エーヴ・キュリーは自由主義世界の防衛における戦略的ポストの一つに就くだろう。そしてそれは、女性が、かつて決して望むことができなかった責任ある地位であるという噂だった。こうして彼女は、ある晩、格式高い夕食会において、アメリカ大使館の外交官の隣に座っていた。立派で感じのいい男性で、エーヴはその声に聞きほれた。何という巡り合わせ！　ヘンリー・ラブイスは、マーシャル・プランをフランスで実施するという任務に就いていた。このマーシャル・プランこそ、共産主義者たちが、アメリカはフランスに対して帝国主義的な政策を取ろうとしていると告発し、声高に非難しているものだった。彼女の姉や義兄の政治活動の同志たちが激しく批判している計画であった。しかし、この経済援助プランのおかげで、疲弊したヨーロッパ経済を立て直し、戦争中に爆撃された街や施設を再建することができた。マーシャル・プランは製造機器の近代化を可能にするだろう。それと引き換えに、融資は、アメリカ製品を輸入するために使われることになる。そしてそれは多くの場合、高品質であった。この処置は、フランスを復興するために有効だったと証明されることになる。

　事実、一九四八年から一九五一年の間に、西ヨーロッパの国民総生産は、三十二パーセント跳ね上がった。農業生産は十一パーセント、工業生産は約四十パーセント上昇した。こうしてフランスでは、すべての機関車と鉄道路線の近代化が可能になった。フランスの農業従事者は、戦前にはなかった最新のトラクターを手に入れた。こうした成功は、ソ連人を、そしてもちろんスターリンを激怒させた。これが冷戦の主要な原因であり、共産党独裁に対抗する西洋の成功の原動力であったと考えられる。

　ヘンリー・ラブイスはこの成功に満足していた。そしてその夜、エーヴの隣に座っていることに感動していた。彼らには互いに話したいことがたくさんあった。人生について、キャリアについて、外交で遭遇したさまざまな出来事について。そのうえ、彼らは同い年だった。一九〇四年にニューオーリンズで生まれ、ルイジアナ出身の家系の出であるこのアメリカ人外交官の名は、祖先がケイジャン〔ルイジアナのフランス系住民〕であることに由来していた。満面の笑みを湛え、人生をつかむ準備ができている大きな手を持ったこのハンサムな男性は、悲しみを内に秘めていて、それをエーヴにそっと打ち明けた。彼の妻は、十年前にとても若くして癌で亡くなっていた。したがって、彼は独り身であった。つまり自由の身だった。自分が一人で育てている娘にお勧めの学校がありますか？　エーヴはあっけに取られた。彼女には子供がいないのに、どうしてこんなことを尋ねたのだろうと、後に彼女は、何でも話せる相手であるピエール・ジョリオの妻、姪のアンヌ・ジョリオに話すことになる。エーヴはまだ気づいていなかった、と言うか、たぶん認めようとしなかった。その夜は、彼にとって、何か特別の趣を持っていた。まるで、多くのことを共有できると思える女性との夕食を、また楽しんでいるような。そして彼の娘のために学校を探すというのは、彼女にもう一度会うための何とうまい口実だろう……。今度は二人きりで。そして彼が望むように、二人は死ぬまでもう決して離れないだろう。

ヘンリー・ラブイスは恋に落ちた。一方エーヴは、フィリップ・バレスと別れており、彼はその後すぐに結婚していた。さしあたって彼女は、NATOで働きたいと思っていた。スターリンや共産党の教えに忠実に従っている姉や義兄の態度が、西側諸国の政府による人選に影響しなければいい、と彼女は思っていた。この任務によって、自由や民主主義といった、それまで自分がそのために戦ってきたすべてのことを実現できるかもしれない、と感じていた。そして、このためにイレーヌやその家族とあまり付き合えなくなったとしても、それはしかたがない。いずれにせよ、彼らとは年に一、二回しか会っていなかったし、そうした時も、何でも話していたが、考えてみるとむしろ何も、特に政治的なことは何も話していなかった。

ついに連絡が来た。イスメイ男爵は、エーヴをNATO事務総長付きの特別顧問として、彼のチームに迎えることを決定した。何と素晴らしい評価だろう！　一九〇四年生まれの彼女の世代の女性にとって、外交や軍事の世界において、何という進歩であり、抜擢だろう！　四十五歳で、彼女は、フランス人女性として、最も戦略的な外交ポストの一つに抜擢された！　エーヴは、NATO

加盟十か国と事務総長が彼女に示した信頼にしっかりと応えるつもりだった。

最大の目的は、ありうるソ連の侵略から西側ヨーロッパを守ることだった。そのために、取るべき戦略について考えなければならなかった。彼女は、それを概要報告書に、実際は、三十ページもの行動計画書に書いて、イスメイ男爵に提出した。彼女によると、NATOは脆弱で、その結束はうわべだけのものだった。民衆は再軍備を望んでいるのではなく、戦争によって痛めつけられた祖国を再建することを望んでおり、仕事や家、今より穏やかな生活を再び手に入れたいと望んでいた。共産党は、当然、反NATOのキャンペーンを行っており、労働者階級の大半がその共産党に投票しているので、民衆にこの軍事組織の必要性を納得させるのは易しくはないだろう。

エーヴが発表した広報戦略は、イスメイ男爵と加盟十か国の代表に了承されることになる。実際、彼女は、NATOの権威を失墜させようとするソ連や共産主義者の策略を、いかに封じ込めるかについて巧妙に分析していた。彼女の意見や提案は、男性の外交官や軍人たちに受け入れられるだろう。彼らは、戦後、西側世界が存続していけるかどうかのまさに鍵になるこの組織の樹立に参加していた。このことで彼女は感謝されたのだろうか？　NATOにかかわるいくつもの外交機関の中で、彼女の名前が言及されることはなかった。そして現在、その記録文書の内容から明らかになった、緊迫した冷戦時代における彼女の戦略的な活動は、まったくとは言わないまでも、形式的な関心しか示されていない。実際、何十年もの間、大多数が男性で構成されてきた組織であるNATOの中で、一人の女性が、影響力を発揮し、NATOの戦略の方向付けを行い得たことをどのように考えればいいのか？　もう一度言うが、一人の女性の、彼女の思想や知性、そして洞察力に基づく断固とした行動は、この組織が設立されて七十年経った今も、まだ正当に評価されていないのである。

＊

ある朝、エーヴは怒りを爆発させた。彼女が仕事上無視しようとしている姉、彼女が戦っているあらゆる共産主義者と非常に親密な関係にある姉が、もう我慢できないほど彼女の感情を逆なでした。実際、彼女たちの母親が言ってもいないことを、どうしてわざわざ発言したことにするのか？エーヴは、『キュリー夫人』を書くために母親の記録を読み抜いたので、彼女のスピーチや声明を憶えていた。しかし、二人の姉妹はもう会うこともなかったので、彼女が裏切りだと思っていることを美しい便箋に書いて、姉に手紙を出すしかなかった。

死者を敬う心は、とりわけ、存命中にその人自身が公に口にしないと決めた判断や意見を、彼らのものとしないようにすることだと思います（……）。同様に、マリー・キュリーも、政治的な立場を取ることを、常に差し控えていました。同じことが婦人の投票権についても言えます。おそらく彼女は賛成だったのでしょうが、さまざまな圧力を受けても、フェミニストのデモに、それを応援する意味で参加するのを常に断っていました。というのも、彼女は自分の名前が、科学者としての仕事にのみ結び付いていてほしいと願っていたからです。[*9]

今回、彼女は本当に怒っていて、姉が、原子爆弾の使用を告発する際に、政治目的でマリーの名を利用したことを非難した。当時、共産主義者たちは、西側諸国が武装し、そうすることでそれぞれの領土を守るということがないようキャンペーンを進めていたのだ。エーヴによれば、姉はすぐにこの誤りを正さなければならなかった。このように真実から外れてしまったのは、フレデリック・ジョリオ＝キュリーの影響だとは考えられないだろうか？　ちょうどその頃、エーヴは、共産主義からの攻撃とそれによる西側への脅威に関する秘密報告書を手に入れていたので、このタイミングでの姉の発言は、耐え難く思えた。

女性の権利やフェミニズムに対するマリーの考えについて、イレーヌは確かに少し強調し過ぎているように見えた。そうは言っても、である。長女は、イギリスで母とともにイギリス人フェミニストたちと一緒に過ごしたことを忘れてはいなかった。彼女の母は、科学者としての仕事を軽んじられないよう、口には出さなかったけれど、実際、フェミニストであったと、彼女にはよくわかっていた。二十世紀前半においては、この言葉自体が、一般大衆にとっては非常に軽蔑的な意味を持っていた。そして、その後百年以上そうであり続け、今日でもなお、しばしばそうなのである。エーヴは、自分の人生に一人の男性が現れたことを姉に知らせるために、より穏やかな調子で手紙を締めくくった。

*

ヘンリー・ラブイスはとても早くから、自分はエーヴに、妻になるよう求めるだろうと思っていた。いくつもの恋愛を経験しながら一度も結婚していない彼女に。彼女は、自分の信念のために仕事をしてきた、身も心も自立した女性で、才能に溢れたパイオニアであり、他の女性たちの模範であった。しかしこの結婚の前には、まだ一つ留保があった。ティーンエイジャーである彼の娘アンにそのことを伝えなければならなかった。彼女は、東海岸の良家の子女たちが通う学校に通っていたが、その学校を嫌っていた。上流階級の少女たちのうわべだけの気取った態度に我慢できなかったのだ。コネチカット州ファーミントンにあるその有名な「ミス・ポーター・スクール」は、ジャッキー・ケネディが卒業していた。アンはすぐにこの学校が嫌いになったが、とにかく三年間通うことになる。そしてその後、ヘンリー・ラブイスは彼女を、アメリカで最も優れた女子大の一つ、スミス・カレッジに行かせるだろう。マサチューセッツ州ノーサンプトンにあるこの大学は、「セヴン・シスターズ〔アメリカ東部名門女子大学のかつての総称〕」に含まれていた。

　十四歳のアンは、とても幼い頃に母を亡くし、兄弟姉妹もおらず、父親も職務に忙殺されており、とびきり上品なアメリカ東海岸で、迷子のように感じていた。母親代わりになってくれる人などいるのだろうか？　彼女にはわからなかったし、もはや期待してもいなかった。母親しかいない子供だったのに、その母親も死んでしまった。彼女には、自分がどうなっていくのかわからなかった。確かに、反抗的な少女だった。今回、父親が彼女と一緒に昼食をしようと、急にやって来ることになった。父は彼女に何を言うつもりなのか？

　食事の途中、彼は、不安で震えそうになりながら、娘にエーヴと結婚することを承諾してほしいと頼んだ。少女は、彼がこんなふうに自分に許可を求めたことに感激した。そして承諾した。ヘンリー・ラブイスは、ほっとしてニューヨークに帰っていった。彼は婚約し、人を愛し、そして幸せになる権利を得た。

したがって、エーヴの方は、このことを手紙で姉に知らせる時だった。「私は、十年ほど前に妻に先立たれた未来の夫の十五歳になる娘が出席できるよう、ニューヨークに結婚式を挙げに来ています（……）。人生のこれほど遅い時期に結婚する決心をするなんて、自分でも、いまだに驚いています。しかし、私は大きな幸せと心の平穏を手に入れられるだろうと思っています[*10]」。

二人とも、とりわけエーヴは、熱心な信仰は持っていなかったが、彼らは五十歳にして、友であり相談相手でもある神父の前で、結婚を誓った。若いアンも出席し、皆に囲まれていた。娘を癌で亡くした、ヘンリーの最初の妻の両親が、昼食を振る舞った。趣味のよいコートに身を包み、地味な色の手袋をはめ、ハンドバッグを持ったエーヴは、アメリカ人たちにはパリを象徴しているように映った。フランスのエレガンスだ。エーヴは、実の娘はもういないのに、細やかな心遣いで自分を迎えてくれた彼らの方を振り向いた。本当に幼い時に孤児になってしまったので、父親の思い出がまったくないエーヴは、自分の父であってもおかしくないような男性と言葉を交わした。この男性は、自分の娘を亡くしており、彼女を実の娘のように扱った。こうして彼らは、ずっと昔からの知り合いであるかのように、冗談を言い、語り合った。

ヘンリー・ラブイスとの結婚は、その一日目から、自分には受ける資格がないと思っていた支えをエーヴに与えてくれた。そして、イレーヌへの手紙に書いた平穏ももたらしてくれた。こうして彼女は、希望を持つことができるようになった。ヘンリー・ラブイスは他にも幸福を与えてくれるだろうか？　彼女はそれを期待していた。そして彼女は、じっとしているつもりはなかった。外交活動を熟知していたし、影響力を駆使した戦略にも通じていた。彼女は、存命で、それも五十歳で、最も大勢の国家元首や首相、軍人や権力者と交流を持ち、話し合った女性だったのではないか？人の役に立とうと思っていたし、自分の経験を夫と共有したいと思っていた。

いいわ。あなたのアドバイザーになりましょう。無給で。それでも彼女は、夫のそばにいたかった。それはラブイスにとっても、至極当然のことのように思われた。未来はすでに見えていた。ベイルートへの旅立ち。彼らはこのレバノンの首都を拠点として、中近東で、二年間過ごすことになる。彼女の夫は、国際連合からの信頼の証としてばかりでなく、アメリカ政府当局の後押しもあって、国際連合パレスチナ難民救済事業機関（ＵＮＲＷＡ）の任務を与えられた。この機関への支援金は、その大部分をアメリカ合衆国とイギリスが拠出していたのだ。一九四七年二月、パレスチナにおけるイギリスの委任統治の終了が発表され、国際連合の加盟国によって、ユダヤ人国家とアラブ人国家への分割案が採択された。しかし当事者双方がこれを拒否したことで、アラブ人の流出が起こったが、彼らと同じアラブ人たちは、助けようとしない。ヘンリー・ラブイスは、ＵＮＲＷＡで、避難民への援助を統括する任務に就いた。そして、エーヴが第二次世界大戦中の旅行の際にすでに出会って知っていた、その土地のアラブ人のリーダーたちと交渉を重ねた。したがって、会談には彼女も同席し、夫とともにレバノンやヨルダン、それにシリアの難民キャンプを訪れた。そこでは人々が身の毛もよだつような環境で命を繋いでいた。ラブイスは、テントを建設し、医療機関や、簡易トイレを整備させたが、あっという間に壊されてしまった。後の調査で、パレスチナ人たちがキャンプとその国から出ていくように、こうした生き延びるために必要なあらゆる物が、アラブの国家元首たちによって破壊されていたことが明らかになった。彼らはすべてに反対し、このような行為を続けるだろう。そして、この骨の折れる、不毛な、罠が至るところに仕掛けられた仕事は、主にワシントンに引き継がれた。

当時、アメリカ東海岸の高校に通っていたアン・ペレツは、クリスマスを一緒に過ごすため彼らのもとにやって来た。ここでも関係は緊迫していた。エーヴは、パリ、ニューヨーク、そしてベイルートでも、反抗的なティーンエイジャーの継母という、今までまったく知らなかった役割に向き合っていた。どのように振る舞えばいいのか？　皆目見当がつかなかった。彼女は自分自身の甥と姪、ピエールとエレーヌが成長していくのをあまり見ていなかった。彼らとは年に一、二回夕食を供にするだけだったし、その時はどっさり贈り物をしていたが、だからといって、親しくなることはなかった。姉の子供たちは、遠くにいる甥姪でしかなかった。それに今では、上の娘は結婚して子供もおり、姪の息子たちにいたってはもうほとんど知らなかった。

エーヴは、継母という新しい役目に悩み、自身の母親の教育法を手本にして、アンに真っ向から対決した。まるで、親を亡くして道から逸れた十代の少女が、マリー・キュリーのような人物を理想とする道徳の重圧に耐えられるかのように。優しさと愛情を求めている少女を一層苦しめるまずいやり方だった。エーヴは不安になって自問した。いつの日か、パリにいる家族やアメリカにいる家族の子供の一人とでも、親密な関係になれるだろうか？　彼女は失望感のようなものを抱いた。そして今は、夫との関係だけに専念することにした。

＊

パリでは、イレーヌが別の悩みを抱えていた。自身の体力の衰えを感じていたにせよ、彼女にとって、研究所が最も優先すべきものであるのに変わりはなかった。彼女は、自分の健康について、つまり、時にはへとへとになるまで疲れ果ててしまったり、病気がぶり返したりして疲労が取れない状態が続いていることについて、人に触れてほしくはなかった。家族の間でもそうで、そのことに触れるのは論外だった。一九三〇年以来、彼女には、衰弱の兆候が見られ、時には気を失うこともあった。しかし彼女は進み続けた。サクレの研究センター建設にも取り組んでいた。フレデリックと彼女にとっての大きな目標の一つは、フランスに、新しい研究センターを、とりわけ原子力庁を作ることだった。ピエール・ジョリオは、両親が「研究チームがパリ大学の実験室を手狭に感じていることや、新しい設備を設置するためのスペースがないことを、戦前でさえ、心配して」いたのを耳にしたことを覚えている。「とりわけ原子物理学の分野で、こうした問題が顕在化していました。このため、一九五〇年代から、私の母は、新しい土地を探し始めました（……）。そして私を運転手代わりにして、その調査を続けました」[*11]。

地所については、売りに出ている城も含む土地が、パリの真南に見つかる。イレーヌは、平然とした口調で、怪我をするかもしれなかったのに、鉄門を乗り越えて中に入るよう息子に命じた。彼は文句を言わず母親に従った。うまくいかなかった。最終的に確保されたのはオルセー駅近くの地所である。フランスの科学の取り組みは続けられ、より希望の持てる未来が開かれた。イレーヌはそう願っていた。

＊

パリを覆うじっとりした八月の暑さの中、野次馬や一般大衆が、パレ・ロワイヤルの中庭に安置されたコレットの棺の前で列をなしていた。その中庭は、彼女がパリの人々を観察していたアパルトマンの窓の向かいにあった。彼女の作品はキュリー家の女性たちを楽しませ、彼女たちはそれぞれの本について、感想を言うのが好きだった。とりわけエーヴは悲しんだ。『キュリー夫人』を読んだ後にコレットがくれた、心がこもり、そして愉快な手紙を思い出していた。一九五四年は、女性作家たちにとって、特別な年になるだろう。その数か月後には、哲学者であり小説家でもあるシモーヌ・ド・ボーヴォワールが、小説『レ・マンダラン』でゴンクール賞を受賞することになる。メキシコでは、かつてバスの大事故で負傷したメキシコ人画家フリーダ・カーロが亡くなった。このように、芸術の分野では女性たちが国際的に活躍していたが、世界は、ソ連の厳しい支配下にある共産圏と、いわゆる西側と呼ばれるブロックに分断されていた。一九四六年三月五日のミズーリ州フルトンでの、「鉄のカーテン」に関するチャーチルの演説は、その先を予感させるものであった。核戦争が起こるかもしれないという脅威が人々の頭から離れなくなった。

ポーランドは、一九四八年以来、再びつらい時代を迎えていた。二十年前にマリー・キュリーが亡くなった時以降、世界は変化していた。イレーヌは、ワルシャワ訪問に応じたが、それを確認するだけに終わった。マリーは、第二次世界大戦も、それによる何百万人の死も、ルーズヴェルト、チャーチル、スターリンによるヤルタ会談で、中欧と東欧の国民が分割されたことも、知ることはない。したがって、ポーランドがロシアに再び占領されたことも。またしても！　冷戦は家族を分断し、以後何年もキュリー姉妹を疎遠にした。第二次世界大戦が終わった時、エーヴとイレーヌは、もはや互いを信頼することができなくなっていた。敵対的態度、反共産主義的発言、原子力庁によるフレデリックとイレーヌのジョリオ＝キュリー夫妻に対する冷遇、これらさまざまな屈辱が、家族の間を鉄のカーテンで隔てた。関係がますます悪くなるかもしれないのに、話し合ってみようなどと、彼女たちはどうして思うことができただろう？　二人には、互いに話すことがもはやほとんどなかった。前年のスターリンの死後、ニキータ・フルシチョフが、かつての「人民の小父さん〔スターリンのこと〕」の死刑執行人であり秘密警察を統括していたベリヤを排除して、ソヴィエト社会主義共和国連邦の政権の座についたにもかかわらず、脱スターリン化はまだ行われていなかった。さらに悪いことに、一九五四年に、ポーランドは、「人民共和国」であることを正式に宣言させられた。それは大熊ソ連への服従を意味していた。エーヴは、耐え難い、新たな痛みを感じた。

　イレーヌには、かの地の親族を放っておくなんて考えられなかったし、母に敬意を払い続けなければならなかった。彼女は、生物学を学ぶ若き学生である息子のピエールに付き添われて、キュリー博物館を開館するためワルシャワに赴き、親族の人々と再会したが、現行の体制を批判することは避けた。彼女は、夫と違ってフランス共産党の党員に決してなろうとしないが、彼の共産主義の理想を共有していなかったのか？　彼女はロシアの支配について一言も発言しなかった。まさにそれこそが、ロシア皇帝の時代に、ロシアの視学官によって地位を奪われたマリーの父をあれほど苦しめたというのに！　イレーヌは、母の涙を思い浮かべただろうか？　彼女は少女だった時、クラス皆の前で、大ロシア帝国皇帝の人生と功績を、もちろんロシア語で、暗唱しなければならなかった。おそらくイレーヌは思っただろう。一人の女性科学者を称えるこの博物館は、王家の血筋を引いていない一女性のための、世界でも数少ない博物館の一つだった。それ自体、例外的であり、女性科学者に光を当て、認知させる振る舞いだった。イレーヌもエーヴもそれを知っていた。世界中で注目されるのは、一般的に、男性科学者の業績だったのだ。

＊

エーヴが、遠くパレスチナのキャンプで難民たちに囲まれながら陰惨なクリスマスを迎えていた翌年、一九五五年の一月以来、フランスでは、イレーヌがますます疲れを感じていた。放射線の影響がひどくつらくなってきていた。この二十年の間、彼女は、休養のためにいったい何度仕事を中断しなければならなかったか？　彼女には、もうわからなかったし、もはや数えてもいなかった。彼女は、科学アカデミーの会員に認められるために、四回目の試みをしていた。ノーベル賞を二度受賞した彼女の母が拒否された栄誉である。とはいえイレーヌは、それが自分にふさわしい評価であると思っていたので、諦めるつもりはない。一九五一年は、彼女が原子力庁でのポストを失い、夫の職務も終了した非常に厳しい年であったが、彼女は、エメ・コットンが占めていた椅子に自分が選ばれると思っていた。彼は、自分と同じ政治信条を持ち、母の忠実な友でもあり、その妻ウジェニー・コットンは若い頃から母を知っていた。科学アカデミーは拒絶した。

二年後の一九五三年六月も、勝ったのは彼女ほど有名でないエコール・ポリテクニーク〔理工科学校。フランスの理工系グランゼコール。最も権威のある高等教育研究機関の一つで各界の指導者を養成する〕出身者であった。屈辱だった。さらにその一か月後の一九五三年七月、イレーヌは幼友達の一人フランシス・ペランが、彼女に対抗して、ためらいもせず会員に立候補したことを知った。彼が彼女に勝利し、選出された。こうした男たち、若い頃からの昔の友人たちは、彼女のライバルになることに躊躇せず、彼女に対抗して立候補した。栄光を目指す競争は決して止まらなかった。彼女が友人だと信じていた人たちであっても、休戦も遠慮もなかった。一九五四年十一月、彼女は再び立候補するが、わずかの差で選出にはいたらなかった。

彼女は、この一九五五年の春にも挑戦を諦めていなかったが、ほとんど楽観視はしていなかった。母に次いで、彼女もまた団結する男たちという同じ壁に阻まれたのだ。イレーヌは、コレットがアカデミー・フランセーズ〔一六三五年に設立されたフランス最古の国立学術団体。フランス語の保存と純化を目的とする〕に入会できなかったことを思い出したのではないか？　ピエールとマリーの長女は、ソ連はもちろん、ポーランドなど、外国の科学アカデミーの会員には選出されていたが、フランスでは選出されなかった……。そしてまた彼女は、オスロ、ニューデリー、クラクフはじめ、いくつもの外国の大学の名誉博士でもあった。フランスでは、数学者イヴォンヌ・ショケ＝ブリュアが、女性として初めて科学アカデミー会員に選出されるには、一九七九年まで待たねばならない。それは、マリー・キュリーが初めて当選を目指した時から、六十八年後であった。

＊

イレーヌはもう何年も、体力の衰えから、森での本格的なハイキングや長い散歩を諦めていた。確かに、戦後ペニシリンが使用されるようになると、時には痛みを和らげることができた。彼女は、堅苦しい上下関係を取り払い、共同で研究している仲間たちと意見交換をしていると、いつも幸福で穏やかな気持ちになった。それでも彼女は、第二のベッドとなっている研究室の長椅子で休息を取った。研究所が彼女の第二の家だったのではないか？　一方、フレデリックも体調が優れず、彼女は彼の健康を心配していた。医者は彼女に、気分転換に外の空気を吸いに行くことを勧めた。行き先は一家の山小屋があるクルシュヴェル。そこでイレーヌはスキーに挑戦した。エレーヌとその夫ミシェル、そして彼らの子供たちも一緒だった。突然、イレーヌが高熱を出し、倒れた。彼女は数日後、パリに戻ったが、その数日間は何一つ彼女のためにならなかったどころか、反対に彼女を疲弊させた。診断結果は容赦がなかった。すなわち、貧血ではなく白血病であり、検査結果は非常に憂慮すべきものだった。退院してきたばかりのフレデリックは、ようやく彼女に会ったが、自分の妻はもう助からないと知らされた。したがって、嘘をつき、信じ込ませ、そして自分たちは彼女の回復の望みを捨てなければならなかった。一九五六年三月十五日、彼女は息を引き取った。悲しみで茫然としているフレデリックを残して。エレーヌは、クルシュヴェルで、母が最期の苦しみに耐えていたことに気づかなかったことに傷付き、罪悪感に苛まれることになる。しかし、疲れ切って床に就いている母を、今まで何度も何度も見てきたので、これが最期だとどうして考えることができただろうか？

その年に、社会学者エヴリン・シュルロと婦人科医マリー＝アンドレ・ラグルーア・ヴェイユ＝

アレの提唱で、「幸福な妊娠」協会が、フランスに設立されたのを、イレーヌに知る時間はなかったろう。この協会は、産児制限についての知識を広めることを第一の目標としていた。それは、フランスの女性たちが避妊の知識を得る上で主導的な役割を果たすことになる。そして、一九六〇年には、アメリカ人活動家マーガレット・サンガーによって一九一六年にアメリカで創設された「ファミリー・プランニング」の影響を受けて「家族計画」となるだろう。おそらくイレーヌなら、このような主導的な行動を歓迎したに違いない。

科学アカデミーに立候補して五回退けられた、このノーベル化学賞受賞者の葬儀は、マリーの時のように内輪だけのものにはならないだろう。確かに、彼女の死に重きを置くかどうか検討する人たちや、決定権を持っている人たちは、全員男性であった。女性は一人もいなかった。彼らは何よりも、冷戦が頂点にある中で、フランス共産党員である彼女の夫フレデリック・ジョリオ＝キュリーにも、同じ規模の葬儀を行わなければならなくなるだろうということを、考えていた。実際、スターリンの死は、東側と西側の間の緊張を鎮めはしなかった。つまり、フランス政府当局にとっては、それがジレンマだった。フランス共産党は、依然としてフランスのさまざまな場面で影響力を持っており、そして、イレーヌの科学における業績は世界的に認められていた。マスコミは、彼女が、科学に対して献身的であり、そしてそれが、一九三〇年代からの健康不安の原因であったと伝えた。世を去ったばかりの彼女は、彼女の母親同様、伝説の人物、自分の好きな職業に就きたいという、夢を実現しようとしている若い世代の女性たちにとっての希望となった。最終的に、彼女のために国葬が執り行われることになるが、政府は、それがあまりにも盛大なものになり過ぎないように手筈を整えた。共和国大統領ルネ・コティも閣僚評議会議長も列席しないだろう。

目立ち過ぎない葬儀をという彼らの願いはかなえられるだろう。少なくとも彼らはそう思っていた。フレデリック、エレーヌ、そしてピエールは、儀仗礼を固辞することで、政府の面々の気持ちを楽にした。一九四五年に広島と長崎で二つの原子爆弾が爆発したことに大きなショックを受けていた、この平和主義を信条とする女性科学者は、おそらくそれを受け入れなかっただろう。同様に、宗教的行事もアンヴァリッドでの式典もなかった。ミサもなかった。イレーヌの唯一の信仰は、科学と科学研究を愛する心であった。しかし、すぐさま高官たちは失望した。イレーヌの遺体は、女子学生や女性研究者、博士号を取得することを目指している女性たちに交替で見守られながら、二日間ソルボンヌの大ホールに安置された。彼女たちの中には、女子高等師範学校の卒業生で、その頃、国家博士号取得審査を終えて化学の教授資格を獲得したジョジアンヌ・セールがいた。彼女は、マリーの長女と顔見知りだった。彼女は、とても若い頃、キュリー研究所からも遠くない、ロモン通りの高等師範学校の実験室で、化学の博士論文のための実験を行っていた時に、化学物質の爆発による大事故に遭っていた。片手が、ガラスの細かい破片で傷だらけになり、不自由になっていた。それでもその夜彼女は、他の科学を志す女性たち同様、棺の傍らで数分間威儀を正していたかった。男女を問わず大勢の研究者に影響を与えた、この偉大な婦人の遺体を夜通し見守りたかった。女性の権利と科学研究のために戦うという意志が明白だった彼女のそばにいたいと思ったのである。ジョジアンヌ・セールは、後に、マリーやイレーヌが教師を務めた女子高等師範学校（旧セーヴル）の校長となるだろう。

政府高官たちが彼女の葬儀をなおざりにしても、人々が彼女のことを忘れてはいなかった。名もなき女性、男性、それに一部の共産党員、その他、ただ単に、彼女がその生涯を通じて成し遂げたすべてのこと、ラジウム研究所で、母親とともに、そして後には一人で、自分の健康を犠牲にしてまで他の人々の命を救ったことに感動した人たちである。葬列が、エコール通りからパリを抜けてソーへと動き出した時、そよ風に旗が揺れる中、突然、喪服を着た人々が現れ、流れ出した。音はなくても深い感動を与えるオペラ座のバレエのようだった。そして、おそらくその時、キュリー家の人々は、マリー同様、いかにイレーヌが、男女を問わずフランス人に大切に思われているか思いいたった。彼女の死によって、フランス国民は、自分たちをキュリー家に、キュリー家の女性たちに結び付ける強い絆を発見した。エーヴは、参列していたが、到着が遅れてイレーヌが亡くなる前には会えなかった。彼女は、悲しみ、穏やかさ、そして優しさの入り混じった雰囲気の中を行くイレーヌの最期の旅のために霊柩車に乗っていた。イレーヌは、葬儀の際にこのような敬意を表された最初の女性科学者だった。彼女は、自身の生き方を通して、さらにはイレーヌ・ジョリオ゠キュリー賞の毎年の授与を通して、この二十一世紀になお影響を与え続けている。この賞は、フランスの学術研究や科学技術の分野で女性の地位を向上させることを目的に二〇〇一年に創立され、彼女自身が、少女の頃からそうであったように、自分たちそれぞれの発見を手に、科学研究に情熱を傾けている若い女性研究者たちが、その恩恵にあずかっている。再びパリに、今回のような民衆の共感と愛着、そして感謝がうねりとなって高まり、一人の女性の葬儀が行われるまでには、イレーヌが亡くなって後、三十年を待たなければならないだろう。一九八六年のその時、公式の葬儀はなく、世界中からやって来た男性、女性が、『第二の性』の作者であり、哲学者にしてフェミニストのシモーヌ・ド・ボーヴォワールを、パートナーであった哲学者ジャン＝ポール・サルトルの隣に埋葬するために、モンパルナス墓地まで送ったのだった。

第9章　エーヴ・キュリー——亡くなった人たちへの誠実な行動

イレーヌの死から三年足らず、ソー公園の近くの家に、今では一人で住んでいるフレデリックはすっかり落ち込んでいた。スキー場のゲレンデ、ブルターニュや山での散歩、あるいはラルクエストの海での水遊びの折には、イレーヌを喜ばせ、陽気にはしゃぎ、その情熱で彼女を元気づけていた彼が、深い悲しみに沈んでいた。そして病気がちになっていた。

亡くなる数か月前、すでに身体が弱っていたこの物理学者は、第四共和政が崩壊し、ド・ゴール将軍が政権に就いたのを知った。確かに、ド・ゴールは政治的には彼と相容れなかったが、フレデリックは彼の来し方、勇気、公明正大さには敬意を払っていた。というのも、彼はド・ゴールの来歴の詳しい一こま一こまを、そして、フランスを敗北から救うために彼が取った行動を知っていたのだ。彼は、イレーヌの妹とは疎遠になっていたが、ピエールとマリーのキュリー夫妻の唯一生存している娘エーヴが、ジャーナリスト、そして報道員としてアメリカで、次いで、アフリカや中近東、さらにはアジアの戦場でド・ゴールの特派員であったのを忘れてはいなかった。まさしくそのド・ゴール将軍がアメリカ国民やフランクリン・ルーズヴェルトに抵抗したのは、彼のような共産党の活動家を刺激しないようにするためであった。この物理学者はかつての自由フランスのリーダーを深く尊敬する気持ちを持ち続けており、そしてそれは意味があった。

一九五八年八月十四日、フレデリック・ジョリオ＝キュリーは息を引き取った。当時政権の座に就いていたド・ゴール将軍は、数年前のイレーヌの時のように国葬にすることを、直ちに宣言した。エーヴとその夫が、ワシントンから葬儀に駆けつけた。彼女は甥や姪と再会した。エレーヌやピエール、そして彼らの子供たちと一緒に、ラジウム研究所を歩いて回った。自分の感情を隠して。最初はマリーの、次にイレーヌとフレデリックのものであったこの場所は、彼女には馴染み深いと同時に見知らぬ場所でもあるように思えた。彼女は、いつでも歓迎されるだろうが、それはゲストとしてだ、と思った。ニューヨークとパリを行ったり来たりしている彼女の生活は、この研究所で働く研究者の悩みとはかけ離れているように感じた。彼女はこの研究所で、試験管に触ったこともなければ、ほんのちょっと混ぜただけで突然色が変わったり、指の間で爆発したりするかもしれない化学実験用フラスコに、ピアニストでありジャーナリストである自分の手を置いたこともなかった。しかし、イレーヌもフレデリックもいなくなった今となっては、感傷に浸ることもできないではないか？　彼女自身、評判を損なうようなことはしてこなかったし、何もしてこなかったわけではなかった。いくつもの大陸で持ち運び、時に大切に、時に手荒に扱い、そして時には激しくぶつけたりしたタイプライター。それを打ち続けたために痛む指で、休みなく働き続けたではないか？　母の伝記は世界中で翻訳されたではないか？　それに、姉や義兄にはショックを与えたかもしれないが、当時のフランス人女性として最も権威ある外交ポストである、NATO初代事務総長の最初の顧問として、その力量を十分に示した。

　母の簡素な研究室を見て回っている間、彼女は、マリーにも姉にも先立たれた、二重の孤独感に苛まれていた。同じ時を過ごした世代の唯一の生き残りになってしまった。悲しみに押しつぶされそうになった彼女は、背後の夫の存在に気づいた。彼女を気遣っているヘンリーがそこにいた。彼女はこの数年間に自分が歩んで来た道について考えた。彼女はもう一人ではなかった。彼女が結婚した男性は、どんなことがあっても自分を支え、尊重し、励ましてくれる。彼が恋をしているのは、誰が見てもわかった。そして彼は、両親を亡くしたピエールとエレーヌにも、言葉をかけるのを忘れなかった。それにしても、何という両親だろう！　こうしてこのアメリカ人外交官は、熱心に彼らと話し、彼らに好意を寄せ、イレーヌとフレデリックの存命中には存在しなかった絆を結ぼうとした。

　エーヴは、悲しかったが、微笑んでいた。姉や義兄とは何年も疎遠だったのに、今は何たる違いか！　ピエールとエレーヌは、すぐに打ちとけて、エーヴとおしゃべりした。ともかく、彼らの叔母は一族の唯一の生き残りであり、彼らはその後継者なのだった。新しい繭を作ることができないなんて、そんなこと誰にわかるのか？　何年も離れていたことと、政治に対する考え方のせいで壊れてしまった絆は、たぶんもとに戻せるだろう。今やエーヴは、赤旗が列をなし、『パルチザンの歌〔第二次世界大戦中、ナチスドイツ占領下のフランスでレジスタンス運動の闘士たちの間で歌われた歌〕』や『インターナショナル〔パリ・コミューンの直後（一八七一年）に誕生した社会主義・共産主義を代表する曲〕』が歌われる中、果てしない行列に加わり、義兄の葬列についていた。パリ中からやって来た共産党員の男性たちや女性たち、幹部から一般人までの途絶えることのない人波が強く印象に残る葬儀だった。ピエールとマリー、そしてイレーヌがすでに眠っている、花に覆われ木々に囲まれたソーの墓地に到着するまでに、群衆に囲まれた葬列は、止まったり、再び動き出したりを繰り返さなければならなかった。地下墓地には、エーヴのために用意されている場所はなかった。でも、そんなことは大したことではなかった。彼女は、自分は他所に、もっと遠いところに埋葬されるだろうとわかっていた。身体が思うように動かず、甥や姪の肘に摑まった。エーヴは、彼らの成長する様子はほとんど見てこなかったけれど、二人は現在と未来のキュリー家を代表する成熟した大人であった。彼女が持つことのなかった子供たちだ。イレーヌの機嫌を損ねるのを恐れてずっと我慢してきたが、彼らに優しくしたり、愛情を示したりしてもいいのだと、エーヴはその時思った。ようやく。たぶん彼らの方も、いつの日か彼女にもっと親しみを示してくれるだろう。確信があるわけではなかったが、彼女はそう願った。

＊

エーヴと夫はベイルートでの任務を終えると、アメリカに帰国した。一九六〇年十一月、若くカリスマ的な男性、ジョン・フィッツジェラルド・ケネディがアメリカ合衆国大統領に選出された。ヘンリー・ラブイスは、民主党の中心で精力的に活動していたので、彼とは接点があった。ラブイス夫妻は、ホワイトハウスでの夕食にも招待された。エーヴは、ここにはエレノア・ルーズヴェルトの招待で何回となく宿泊していたが、また戻ってこられて感激していた。あれから十五年以上の時が流れ、今日はジャッキー・ケネディがエーヴをじっと見つめていた。フランス系の家系出身であるアメリカ合衆国の新しいファーストレディは、マリー・キュリーの下の娘同様、フランスの有名デザイナーの才能や洗練されたセンスに非常に目ざとかった。エーヴは、ジャッキーより年上であったが、依然としてフランスのエレガンスの象徴であり続けていた。その夜、ファーストレディは夕食の準備がすっかり整ったのを確かめると、エーヴとヘンリーを今晩給仕されるワインのある部屋へと案内した。ボトルを開ける時間だった。ジャッキー・ケネディはヘンリー・ラブイスの方を振り向いた。彼女はラブイスが、非常なフランスワイン通だという評判を知っていて、彼に向かって、ワインを味見し、その産地名と収穫年を当ててほしいと言った。少し心配そうなエーヴが見守る中、彼は従った。そして試験に合格した。これで夕食が始められる……。

一方、ジョン・ケネディの方は、フランスの美食とは別のことを考えていた。彼は選出されるとすぐに、ヘンリー・ラブイスに国際協力局（ＩＣＡ）の援助政策を統括し、世界各地のアメリカによる開発計画すべてを統合するように要請した。その時エーヴは、彼にこの新しい機関を、「ＵＳエイド」すなわち、「合衆国の援助」という名前にするよう提案した。単純で実際的で覚えやすく、しかも宣伝効果抜群の言い回しだった。ヘンリー・ラブイスは、その調整の仕事でケネディを満足させたので、その長官になれると期待していた。しかし、彼のことをあまりにも弱腰で、現実問題として、年を取り過ぎていると考えている、ホワイトハウスの若い高級官僚たちの反発を考慮に入れていなかった……。数か月後、ケネディは自分のブレインの意見に従ったことを後悔した。時として彼ら自身若過ぎるし、経験不足だった。そして結局、彼は、ラブイスにその指揮を執ってくれるように頼み込んだ。エーヴの夫は面目をつぶされたのだ、そんなことは論外だ。そこでジョン・ケネディは冷戦の間、戦略的ポストを彼に任せることにした。駐ギリシア・アメリカ合衆国大使である。ギリシアは、トルコ、共産国ブルガリア、そしてソ連に近い国だ。ソヴィエトが地中海に進出するのを阻止し、エーヴがつい最近まで所属し、その戦略的狙いを熟知している組織ＮＡＴＯの加盟国であるこの国の重要性を増すことが、どうしても必要だった。アテネで、ヘンリー・ラブイスのそばに彼女がいることは、アメリカと西ヨーロッパの外交にとってもっぱら有益であった。

エーヴとその夫がギリシアに着いて、大いに驚いたことは、ギリシア人は土地を耕すことを好まず、ブルガリアの共産党員に、その仕事を任せていると知ったことだった。そしてブルガリア人たちは、ギリシアの子供たちに西側の影響が及ばないようにしていた。こうした幼い子供や青少年の教育を支援し、同時に彼らが共産主義を支持することにならないようにすることが、エーヴとヘンリー・ラブイス夫妻にとっては大切なことに思われた。ラブイス＝キュリー夫妻は、善意の人、ある一人のアメリカ人クエーカー教徒によって設立された農場学校、英語で言うザ・ファーム・スクール〔アメリカン・ファーム・スクール。一九〇四年にアメリカ人宣教師ジョン・ヘンリー・ハウスによって設立された非営利の教育機関〕が成し遂げていることを知って、感動した。第二次世界大戦後の一九四五年に学校が再び開校された時、ついに少女たちが、少年と対等の資格で入学を許されていたのだ。子供たちの大半は孤児であった。エーヴとその夫はすぐに、若者を助け彼らに生きがいを与えるこの学校の活動に、親近感を覚えた。彼らは、生涯この学校を支援し、学校を拡張するための土地を提供し、若者たちの学業を、そしてその後の人生を見守ることになる。何年か後エーヴは、自分はキュリー家の女性の中で唯一ノーベル賞受賞者ではないけれど、自分にとってのノーベル賞は、この素晴らしい学校であると言った。彼女は、何時間も飛行機に乗ることや時差をものともせず、最晩年にいたるまでニューヨークからこの地を訪ねるだろう。現在、校舎の一つにはヘンリー・ラブイスの名がついている。こうして、母になることのなかった彼女に、ギリシアで、子供たちの利益という問題が人生に入ってきて、再び消え去ることはなかった……。そしてそれは、彼女にはまだ、思いもよらないことだったが、数年後には国際的な規模にまでなっていった。

＊

活気ある日々のざわめきに満ちたニューヨークで、セントラル・パークの木々の葉が秋の色に輝いていた。早朝、サットン・プレイスのアパートメントで、ヘンリー・ラブイスは妻に、受け取ったばかりのオスロからの電報を差し出した。二人は微笑み、呼吸を整えようとした。エーヴは興奮していた。若い頃の記憶が、一気に溢れてきた。もしユニセフが、数時間後に、一九六五年のこの年のノーベル平和賞を受賞するのが本当なら、今度こそエーヴは授賞式場に行くだろう。彼女は、家族に与えられた五つのノーベル賞の授与式には一度も出席することはできなかったが、ユニセフに与えられた賞を受賞する夫のそばを離れないつもりだ。

ヘンリー・ラブイスは、当時すぐ近くの、国際連合ビルの数階を占めていたユニセフの事務所に走って行った。そして職員たちに、まだ公にはなっていないそのニュースを広めないように命じた。無駄だった。すでに噂は各編集室に知れ渡っていたのだ。数分のうちに、ジャーナリストたちが駆けつけ、『ザ・ニューヨーカー』の一人の記者が潜り込むのに成功した。はじけるような喜びと笑い声、それに拍手喝采の中、エーヴの夫は、彼のインタビューに応じた。数人の同僚も同様だった。

私たちユニセフは、緊急救援組織から、各国がより包括的な独自の解決策を見つけ、それを推進していくのを援助することを目的とする機関へと進化しています。例えば、教育大臣と保険大臣が、互いに意思疎通の取れていない国があります！　私たちは、子供の栄養摂取について提唱したりキャンペーンしたりする前に、その大臣たちの考えが一致するように努めます。私たちの仕事は子供たちに牛乳を与えることだけではありません。現地の政治家たちに、子供は石炭や鋼鉄と同じように貴重な資源だということをわかってもらおうとしているのです。[*1]

エーヴの夫にとって、ノーベル委員会によるこの評価は、冷戦の緊張が本格化している今、子供を取り巻く状況が、一つの国、一つの政体だけの関心事に留まらないことを意味していた。第三世界の子供たち、発展途上国、共産国あるいは資本主義国の子供たち。国家元首間の対立を乗り越えて、ユニセフが、これらすべての少年少女たちにかかわってきたことが証明されたのだ。アメリカ人ジャーナリストは、ヘンリー・ラブイスに反論せざるをえなかった。そもそも、なぜアメリカは、共産主義諸国や無能な国々の子供たちの心配をしなければならないのか？　彼らはその共産主義や怠慢の犠牲者であるのに。ユニセフ事務局長は彼に猛然と反論した。

まさに、そういった子供たちの世話をすることが、とりわけ大切なのです。結局、世界中どこでも子供は子供です(……)。私がこのポストを引き受けたのは、確かに、加盟国がこのポストにアメリカ人を望んでいたこともありますし、ワシントンが私の立候補を支持したこともありますが、何にも増して、この国には、ほとんどの国が手にしていない、問題を解決するためのリソースがあるからです。[*2]

ところが実際には、最近この組織のトップに就いたばかりのエーヴの夫にとって、問題はとてつもなく大きかった。彼は、アドバイザーとしてエーヴを連れて多くの国に行き、大勢の子供たち——そのうちの多くは読み書きができず、劣悪な衛生環境で生きていた——を救うために、彼によれば必要不可欠なプログラムに着手するつもりだった。ところが、一九六五年時点、ユニセフの予算は微々たるものだったのだ。彼が夜遅く帰宅してエーヴと一緒になると、二人は、子供たちの利益を守るという途方もなく大きな問題が自分たちを待ち構えていると思うのだった。マリーやイレーヌなら同じように挑戦したいと思っただろう。もしかしたらそれにポーランドへの望郷の念が加わったかもしれない。というのも、ユニセフの創設者にして初代議長のルドヴィク・ライフマンは、ポーランド人の医師であり、細菌学者だった。彼は、マリーが、大戦間に、アルベルト・アインシュタインやポール・ランジュヴァン、それに他の学者たちと、第二次世界大戦後にユネスコとなる組織の基礎を作るのに躍起になっていた頃、国際連盟に保険局を作っていた。

一九六五年十二月十日、エーヴは夫に寄り添ってオスロにいた。キュリー家の三人の女性のうち、彼女はノーベル賞を受賞しなかった唯一の人間になるだろうが、世界中の子供たちのための戦いに身を投じようと決心していた。ジョン・フィッツジェラルド・ケネディが暗殺されて二年、西側と共産諸国との間の緊張は高まっていたが、やってみるだけの価値のある挑戦だった。二人は北ベトナムの子供たちも南ベトナムの子供たちも同じように援助することになる。そして、その数年後には、大勢の子供たちが餓死したビアフラとナイジェリアとの紛争で、命を危険にさらすことになる。この悲劇の後に、ユニセフの医師たちは、水分を補給して命を救うことができる塩分を含んだ混合物を開発することになる。そして世界に向けて「ビアフラの子供たちを救う」ためのキャンペーンを行い、目標の一部を達成するだろう。国連によって「国際児童年」が宣言されると、一九八〇年、ヘンリー・ラブイス個人が、外交交渉に対して世界が期待することをはるかに超えた数々の成功によって、褒賞されることとなる。分断させるのではなく一つにまとめるという彼の能力のおかげで、それ以降彼は、政治体制に関係なく世界中至る所に、ユニセフを設置することに成功した。常にエーヴ・キュリーと一緒に、およそ百回も世界中に出向き、国家元首と会った成果だった。

こうしてエーヴは、夫のそばで、アドバイスし、外交の経験や戦略的なセンスを生かすことで、自分の発見が万人のものになるようにと望んでいた母の仕事を引き継いだのではないか？　下の娘は、一人の少年も、そして一人の少女も教育が受けられなかったり、健康的に生活できなかったりすることがないよう戦ったのである。そして今度は彼女が、少しは自分は役に立っているのだと感じていた。

一九七九年に、ヘンリー・ラブイスが、十四年以上トップを務めたこの組織を退職した時、エーヴは彼とともに、キュリー博物館と、ギリシアのファーム・スクールの仕事に、間接的にでもきちんとかかわり続けていきたいと思っていた。ファーム・スクールにも、ギリシアの少女たちに向けた講座が設けられていた。自由と教育の理想のために、彼女は決して立ち止まらないだろう。

*

「恐れないでください！」。一九八〇年、多数の信者を前にして、元クラクフの大司教、ポーランド人初の教皇カロル・ヴォイティワ、すなわち、ヨハネ・パウロ二世が叫んだ。ニューヨークでは、エーヴとその夫ヘンリー・ラブイスが、驚愕していた。ポーランドがソヴィエトの支配に反旗を翻すことなどありうるのだろうか？　ラブイス＝キュリー夫妻は、ユニセフの任務で世界中を旅したので、共産主義諸国の経済が破綻し、若者たちが親ソ派諸国のリーダーたちを信用していないという現実をよく知っていた。四年前の一九七六年すでに、生活費の高騰に反発する暴動が勃発していた。ところがまた、ポーランド政府は窮地に追い込まれ、この一九八〇年七月に、肉類の値上げを行った。ストライキが起こり、国中に、そしてソ連との国境にまで拡大した。しかし、それはクレムリンによる厳しい弾圧を招く恐れがあった。この反乱は、一九五六年のブダペストや一九六八年のプラハのように、血の海で終わってしまうのか？　西側世界がさらに強力になる一方、共産圏は、工場が老朽化し、農業は経営的に行き詰まって、弱体化していた。ポーランドの政権は慌てふためき、怖気づいた。そして暴動勃発後三週間足らずの一九八〇年七月十九日、労働者の賃金の引き上げに応じた。モスクワの共産党中央委員会はほっと胸をなでおろした。これで軍事介入する必要はなくなった。

　クレムリンは何たる判断ミスを犯したのだろう！　ポーランド全土で、労働者たちはもっとましな生活を送りたいという希望を再び持つようになった。さらに、迂闊にも、グダニスクの造船所の所長が、危機はすっかり過ぎ去ったと思い込み、独立系労働組合の女性活動家を解雇した。これは、やり過ぎだった。労働者たちはストライキを開始し、検閲をかいくぐり、西側へ、アメリカやフランスを含むNATOの加盟国へ、情報を流した。この造船所の一万人の労働者によって、組合活動家で工員のレフ・ヴァウェンサがリーダーに選ばれると、直ちに交渉が始まった。そして数日のうちに、他の造船所でもストライキが始まった。国全体が一触即発の情勢になった。レフ・ヴァウェンサは交渉の末、八月三十日調印の協定により満足な結果を勝ち取ることになる。[*3] 二か月足らずのうちに、ポーランドの労働者たちは、独立自主管理労働組合「ソリダルノシチ」、すなわち「連帯」の設立に成功した。首相が辞職した。恐怖を感じているのは、向こうの方だった。

　マリー・キュリーがこの蜂起に加わることはないが、エーヴは、共産主義を抑えるために、自身がNATOで戦略的なポストに就いていた時のことを覚えていたので、アメリカからこの抵抗運動を注視し、希望を見出していた。喜び。心強さ。彼女は、民衆は必ず最後には自由を求めて反乱を起こすということを知っていた。冷戦の真っただ中で、休みなく走り回ったことは、無駄になりはしないだろう。とはいえ、である。彼女と夫は慎重な姿勢を崩さなかった。ポーランドは一世紀にも満たない間に、占領、解放、独裁という多くの激動に見舞われてきたのだ。共産主義体制は徐々に力を失いつつあったとはいえ、まだ地に落ちたわけではなかった。

ヘンリー・ラブイスは、癌に冒され、一九八七年三月二十五日、マンハッタンで亡くなった。ジョリオ＝キュリー一家を虜にしたこの思いやりに溢れたアメリカ人は、エーヴが生涯でたった一人正式に結婚した相手であり、彼のおかげで彼女は甥や姪と再び親密になることができ、胸を張って自分はキュリー家の一員だと感じられるようになった。ニューオーリンズでの夫の葬儀の後も、エーヴはサットン・プレイスのアパートメントに住み続けることにした。国連からほど近い、多くの有名人が住居にしていたシックで堂々たる建物だった。その二年後、フランスでフランソワ・ミッテランが共和国大統領に再選された直後から、共産党の統制下に置かれていたヨーロッパの国々で、人々がさまざまな要求をするのを、彼女は注意深く見ていた。そして彼女は、ド・ゴール将軍の予言をかつてないほど強く信じた。その予言とは、いつの日か、すべての民族が自らのアイデンティティを取り戻すだろうというものだった。

＊

ベルリンの壁の建設を胸が締め付けられるような気持ちで見ていた彼女にとって、一九八九年にその壁が崩壊したことは、歴史的な勝利だった。彼女の愛するポーランドも含め、中欧と東欧の人々が自由を再び手にするには、彼女がＮＡＴＯで指名を受けてから四十年近くが必要だったことになる。八十五歳にして、何とうれしいことだ！　しかし彼女の母親も姉も、そして夫も、このことを決して知ることはないのだ。あれほど共産党員と親しい関係にあったイレーヌなら、どんな反応をしただろうかと、彼女は静かに思いを巡らした。そんなことはどうでもいい。彼女には、自由が勝利したとわかっていた。新しいヨーロッパが動き出していた。そして彼女は、アメリカから、希望を持って見守ることしかできなかった。

＊

柔らかな陽射しがパリに降り注いでいた。ピエール・ジョリオは受話器を取った。エリゼ宮〔フランス大統領官邸〕からの電話だった。共和国大統領フランソワ・ミッテランは、翌日の国際女性デー〔三月八日。一九〇四年のニューヨークの婦人参政権を要求するデモが起源となり、一九七五年に国際連合が制定〕に、マリー・キュリーの遺体をパンテオンに移すことに決定したと、発表することを望んでいた。パンテオンの正面のペディメントには「偉人たちへ、感謝せる祖国より」という銘が刻まれている。それが、今回に限り「偉大なる女性へ」の敬意となるかもしれなかった。ピエール・ジョリオはすぐに同意できたのか？　マリー・キュリーの孫は驚いていた。どうしてまだ存命中であるマリー・キュリーの娘エーヴではなく、彼に問い合わせたのか？　エーヴは、九十一歳になっても、足取りも軽くニューヨーク、パリ、そしてギリシアの間を絶えず旅していた。水泳をし、講演会を行い、キュリー博物館の運営を軌道に乗せ、ポーランドに赴くなど、することがたくさんあった。数時間で答えを出すことは無理だった。この決定は、エーヴとピエール・ジョリオ、そして彼の姉エレーヌ・ランジュヴァンとでなされなければならなかった。ピエール・ジョリオは私的な席で、当局が彼に問い合わせてきたことに驚きはなかったと、語るだろう。父フレデリック・ジョリオ＝キュリーの死後、彼は一族で唯一の男性であった。すでにド・ゴール将軍は、ジョリオ＝キュリー一家と話す時は、彼に問い合わせるのが常であった。フランス社会では、男性が一族の長であるという基準が依然として残っていた……。

エリゼ宮は、その回答に失望した。大統領からのこの申し出は、このポーランド系フランス人女性科学者の名声を称えるものではないのか？　よろしい、だとしても、こうしたことは、もっと早く考えるべきことだった。三人の話し合いには時間がかかるだろう。しかしながら、一九九四年三月八日、フランソワ・ミッテランは例の構想を再び持ち出した。家族にプレッシャーを与えつつ、「マリー・キュリーのような女性は、もしご家族が同意してくださるならば、パンテオンに入るべきだと思います。私はお願いするつもりです」[*4]。

確かにこの提案は、一人の女性の才能に敬意を表するものだった。しかし、すぐに避けられない問題に突き当たった。キュリー夫妻は愛し合い、一緒に研究を行い、そして一緒にさまざまな発見をしたのだった。二人を離れ離れにするなど考えられなかった。したがって、パンテオンに入るのは、いかなる場合でもマリー一人ではなく、この二人の学者、ピエールとマリーだろう。エリゼ宮は大統領に意向を質さねばならなくなった。音沙汰がなかった。何週間も返事がなかった。突然、エーヴ、ピエール、エレーヌは承諾の返事を受け取り、急いで移送の準備をしなければならなくなった。

そこでまた、新たな困難が明らかになった。ソーの墓地に埋葬されている二人の学者の遺体は、被曝しているのではないか？　危険を冒すことは絶対にできなかった。検査の結果は安心できるものだろう。ラジウム二二六のごく軽度の汚染はあったが、まったく危険はなかった[*5]。それから、二人の棺が大き過ぎた。パンテオンでは、墓所がもっと小さかったのだ。早くことを運んで、エリゼ宮のいらだちに応えるには、何とたくさんの準備が必要なのか！　大統領の体調が悪いらしい、おそらく癌だろうと囁かれていた。しかし、これは彼が発案したことだった。彼は、式に出席し、演説をし、彼女に賛辞を送りたいと願っていた。まだイレーヌとフレデリックが眠っている静かなソーの墓地を離れ、各世代のキュリー家の女性たちが、何度も散歩したリュクサンブール公園に近い、パリの左岸に向かう時がきた。マリーは、フランスに着いた当初から最晩年にいたるまで、ソルボンヌの近くのこの公園に来ていた。

一九九五年四月二十日の今日、バッハのカンタータに合わせて棺を担ぎ、スフロ通り〔サン・ミッシェル大通りからパンテオンへと至る道の名前。パンテオンの設計者ジャック＝ジェルメン・スフロにちなんで命名された〕を上って来るのはピエール・エ・マリー・キュリー大学の男女の学生たち、すなわち若い世代であった。ソーのマリー・キュリー高等学校の二百名の生徒たちは、元素記号の模型を手に携えていた。「われわれが記憶を共有するこの神聖な場所に、ピエールとマリーのキュリー夫妻の亡骸を移すことは、フランスが示す感謝の一部でしかありません」とフランソワ・ミッテランは述べた。

ノーベル物理学賞受賞者ピエール＝ジル・ド・ジェンヌは、「二十世紀を力と責任による劇的な状況にした、一人の男性、そして一人の女性が懸命になした仕事（……）」について思い起こさせた。そして、「私たちや私たちの子供たちが、研究のために自分の健康や命まで顧みなかったこの夫妻の例を心に刻み、その挑戦に応えられますように。（……）本日の式典は特別な輝きを放っています。と言いますのも、私たちの歴史で初めて、自身の功績によって顕彰された女性がパンテオンに入るのですから」と強調して言葉を結んだ。

九十一歳のエーヴは、背筋をすっと伸ばし、フランソワ・ミッテランと当時ポーランド大統領であったレフ・ヴァウェンサの隣に立っていた。エレーヌ・ランジュヴァン、ピエール、アンヌのジョリオ夫妻、その子供たちも出席していた。共和国大統領は末期の癌に冒されていた。キュリー家の人々は彼の健康状態に気づいていたが、彼もまた直立して、フランス国民にその苦しみを隠していた。エーヴは式典の後、ピエールとその妻アンヌとともに、キュリー研究所まで歩いた。「彼女は私たちと同じくらい、軽快な足取りで歩いていましたので、私たちは歩く速さを遅くしたりしませんでした」と、ピエールは回想する。エーヴはフランソワ・ミッテランのスピーチを、「アメリカの政治家が行うようなものよりずっと素晴らしい」[*6]と褒めた。

その夜、エーヴは自分に問いかけた。今回のパンテオンへの移送には、それだけの価値があったのか？　彼女は、早朝から起き出し、待とうともしなければ、昨日の式典の疲れを気にもとめなかった。彼女は、アンヌ・ジョリオとともに、再びスフロ通りへ向かって、しっかりとした足取りで進み、彼女の両親に哀悼の意を表するためにやって来た人々の列に紛れ込んだ。彼女は、あらゆる世代の男性、女性に耳を傾けた。皆が感動し、敬意を抱いている様子だった。マリーはパリに来て、ここからすぐ近くの凍えるような小さな部屋での貧しい生活から、何という道のりを歩んできたことか！　エーヴは胸がいっぱいになったが、何にも増してほっとしていた。両親をこの非常に荘厳で、宗教とは無関係の神殿に安置することを承諾したのは正しかった。彼女は、急いで人混みから離れた。潮時であった。数人の学生が彼女に気づいたのだ。昨夜テレビに映った彼女の姿は、強い印象を残していた。今や、両親は皆のものだ、と彼女は自分に言い聞かせた。エーヴは、すぐ近くのキュリー博物館を亡くなるまでに何度も訪れるが、再び両親の墓所を訪れることはないだろう。その代わり、花に囲まれた簡素なソーの墓地に黙禱を捧げに出かけるだろう。そこは、穏やかで心地よい静寂に包まれた場所で、自分とは正反対の姉がフレデリックとともに眠っていた。彼女自身は、自分がどこに埋葬されることになるかわかっていた。しかし、それは考えないことにした。そんなこと何になるのだろう、彼女は生きているのだ。そして、パリやニューヨーク、アテネ、その他世界各地へ新たな旅に出るつもりだった。

＊

ニューヨークに降り注ぐ陽射しが美しかった。昨夜の風が汚れた空気を吹き払っていた。エーヴは、食卓で、一人の朝食を終えた。夫のヘンリー・ラブイスが亡くなってから、すでに十四年が経っていた。まるで彼が帰ってくるかのように、彼女はインテリアを何一つ変えていなかった。居間には、新しい写真が数枚置かれていた。アン・ラブイス＝ペレツと、エーヴがその成長を見守り、自身の孫のように思っているアンの子供たちの楽しそうな写真だった。未亡人になって以来、エーヴが、彼らを愛していると以前より進んで口にするようになったことに、アメリカの家族は気づいていた。彼女から恥ずかしいという気持ちが消えていったのだ。皆、そのことがうれしかった。彼女もそうだった。そう、エーヴは、彼らを愛していた。

エーヴは、突然、もの凄い音を聞いた。読んでいた『ニューヨーク・タイムズ』から頭を上げた。窓の向こうで、埃が舞い上がっていた。と同時に、叫び声と大きく響くサイレンの音も。何事だろう？　彼女はテレビをつけた。二〇〇一年九月十一日は始まったばかりだった。定期便の飛行機が、ツインタワーの一方に突っ込んだところだった。その数分後、二機目の飛行機が二つ目のビルで爆発した。甲高いサイレンが鳴り響く中、トラックや消防車が、マンハッタンを走り回っていた。エーヴは、アパートメントからテロを分刻みで追いかけた。彼女は、男性や女性が、高層階で炎に窓際まで追い詰められているのを見て、ぞっとした。九十八階から飛び降りるなんて無理だ。それでも、高い階から飛び降りる人々がいた。自殺だった。助けを求めている人々もいた。消防士たちは走って行き、ビルを登っていった。皆死に向かっていた。一棟目のビルが有害な砂塵を嵐のようにまき散らして、崩壊した。続いて二棟目のビルも。悪夢に彼女は飛び上がった。彼女が実の孫のように思っている夫の孫のエフゲニア・ペレッツは、今では『ヴァニティ・フェア』の記者になっており、夫と二人の幼い子供とともにロウアー・マンハッタンのツインタワーのすぐ近くに住んでいた。彼らの命が危険にさらされているのではないか？

やっとのことで、エーヴは彼らと連絡をとることができた。「早く私の家に避難して来なさい。有毒な煙を吸い込むことになるわ。アパートメントに留まっていてはだめよ、あまりにも危険だわ」。家族は、ニューヨークの負傷者の群れの中を、憔悴し切って、それでも可能な限り早くやって来た。その時エーヴは、茫然としている若い人たちに向かって叫んだ。「一九四〇年にナチスがパリにやって来た時のことを思い出すわ！」。そして、六月二十三日にド・ゴール将軍とロンドンで合流した一九四〇年のように、彼女は何かしたいと思った。「出かけるわ」とエフゲニア・ペレッツに言った。そしてニューヨークの通りに出て、てんてこ舞いな上、疲労困憊した消防士たちのいる消防署に向かった。辺りがパニックに陥り、トラックが猛スピードでロウアー・マンハッタンへと走って行く中、彼女は背筋を伸ばして立ち、断固とした口調で受付の職員に話しかけた。お役に立ちます、救助車両を運転します、と彼女は申し出た。男性は目を丸くした。消防士たちは、すでに多くの困難を抱えております。ありがとうございます、奥様。エーヴはがっかりして帰っていった。九十六歳では、もう人の役に立つことはできないのか？　そんなばかな……。救助隊が、間もなく百歳になるボランティアの世話をするという、余計な厄介事を望んでいないのは確かだった。いずれにしても、彼女にはサットン・プレイスのアパートメントですることがたくさんあった。皆を気遣い、食料を確保し、若い夫婦や幼い子供たちが不安を克服できるように助けた。ところで、この悪夢はいつ終わるのだろう？　そして、別のテロは起きてはいないのか？

閉鎖された街に、ニュースが少しずつ入って来た。ペンタゴンも被害を受けていた。その他に、乗客もろとも地面に激突した飛行機もあった。エーヴは驚きで息が詰まった。またこんな経験をするとは思ってもいなかった。彼女は、アメリカを戦争へと引きずり込んだ真珠湾攻撃を知っていたので、アメリカの国土への攻撃を経験するのは二度目となる。それも今回はまさにこのニューヨークへの攻撃だった！　しかし彼女には、外交的な面からも軍事的な面からも行動するためにできることはなかった。喧噪の中、彼女はため息をついた。幸運にも、彼女の夫や母、そして姉はこの新たな残虐行為を知らずに済んだ。しかし、ラブイス家やキュリー家の若い世代は違った。このテロは新たな紛争の前触れに過ぎなかった。二〇〇一年九月十一日の夕べ、始まったばかりの二千年紀は灰の味がした。

＊

誠実で思いやりのある姪アンヌが、エーヴの百歳の誕生日の準備のために、飛行機に乗り、再度大西洋を渡った。ガーナ人外交官で当時の国連事務総長コフィー・アナンが、エーヴを祝福するために、サットン・プレイスまで直々にやって来たのは、驚くべきことではないか？　世界中からメッセージが届き、その中にはフランス大統領ジャック・シラクからの電報もあった。二〇〇四年十二月六日のこの寒い日、アメリカとフランスが一つになったのである。つまり、彼女の活動を称えるのに、彼女の死を待つ必要はなかったことになる。確かに、存命中に与えられた栄誉は、イレーヌやパンテオンに入ったマリーが受けたものよりは控えめであったが、彼女が自分から感謝してほしいと要求したものではなかった。アンヌ・ジョリオは言う。それほどに、彼女はキュリー家の他の人たちが成し遂げたことに比べて、自分は小さいと感じていた、と。アメリカの婦人たちが彼女のために開いた昼食会では、八人掛けの丸テーブルの一つ一つに、彼女の人生の冒険の間のさまざまな年齢の、つまりは一〇〇年の歴史を物語る彼女の写真が、一枚ずつ置かれていた。母や姉と同じく、いつも真っすぐで、生き生きとした、決して妥協しない眼差しがそこにあった。そしてついに、彼女はレジオンドヌール勲章のオフィシエ章を授与された。戦争中の勇気ある行動のために、すでに五十年前に授かっていてもよかった褒賞だった。フランスの国連大使ジャン＝マルク・ロシュロー・ド・ラ・サブリエールが彼女にそれを授与した。百歳の年に。フランスは、フランス人、と言うよりフランス人女性を認めるのに時間がかかる。女性たちは、あまりにもしばしば忘れられてきたのだ。

＊

二年が経った。二〇〇一年九月十一日以来、国際連合ビルの入り口では、セキュリティが強化された。代表者たちは列をなして、検査所を抜けるのを待っていた。そこから数百メートル離れたサットン・プレイスの瀟洒なビルの二階では、ヘミングウェイやヴァージニア・ウルフの言語〔英語〕で、膨大な量の記事を雑誌や新聞に書き、交渉を進めてきたエーヴが、突然英語を思い出せなくなっていた。もはや彼女の中には、子供時代に使っていた言葉、フランス語しか残っていなかった。

彼女の中いっぱいにフランスが蘇っていた。まるでそこを一度も離れたことがなかったかのように。「ねえ、想像できる？　もうすぐ私は姉さんの二倍生きることになるのよ」とエーヴはアンヌ・ジョリオに語った。イレーヌ、あんなにも離れていたのに、こんなにもエーヴの内に存在している。彼女は人生の百三年目を終えようとしていた。彼女は姪に話した。家族の他の女性たちよりずっと長生きしてしまって後ろめたいし、他の二人の女性たちのように放射能を浴びず、科学のために自分の健康を犠牲にしなかったことに罪悪感を覚えている、と。その罪悪感をアンヌは和らげようとしたが、エーヴはまったく聞き入れようとしなかった。というのも、今度は自分が苦しむ番なのだから、同情されたくはない。

彼女は、百歳頃から少しずつ視力を失っていった。アンヌは、自動車やバス、トラックがひっきりなしに猛スピードで走るニューヨークの通りを彼女が渡るのを手伝おうとした。心を許せる友でもある姪が親切に差し出す手を、エーヴは肩をすくめて取ろうとしなかった。自分自身を憐れむなんてとんでもない。息を引き取るその時まで働いていた家族の他の女性たちと同じ高みにいなければならなかった。その時彼女は、白内障の手術をして目に包帯をしたマリーに食事をさせるために、どうやってスプーンを差し出していたかを思い出しただろうか？　母は、研究所で手紙や伝言、カードや郵便物を読むのにルーペに頼っていた。研究室のスタッフが自分の振る舞いに気づいていないと思い込んで。

　アンヌ・ジョリオはすべてわかっていたが、何も言わなかった。その時彼女はパリに戻っており、南米出身の家政婦が、慌てふためいて、ニューヨークからかけてくる電話に答えなければならなかった。というのも、この家政婦には、コレットの言語〔フランス語〕で話しかけてくる「マダム・ラブイス＝キュリー」の言葉が、もう一言も理解できなかったのだ。アンヌは子供が親を思うような愛情をエーヴに抱いていたので、辛抱強く、次から次へと翻訳した。彼女の実の両親は、医師で癌研究者でありキュリー研究所の教授であった父のジョルジュ・グリクロフと、小児科医である母のコレット・グリクロフだが、二人は、ラルクエストで幼い頃のマリーの下の娘をよく知っていて、彼女が成長していくのを見ていたことを、アンヌは知っていた。それゆえ、エーヴに対して一種の責任を感じていたのだ。まるで実の母か叔母、いずれにせよ、血の繋がった女性であるかのように。

＊

サットン・プレイスで、エーヴは、ずっと前からきっぱりと一つの決心をしていた。自分の身体はフランスに帰ることはない、と。彼女の墓前で祈りを捧げるには、大西洋を渡り、ルイジアナ州のフランス語圏の街ニューオーリンズまで、アメリカ大陸を横断しなければならないだろう。一族の研究の場からは遠い、とても遠い、それにパンテオンからもキュリー博物館からも遠い。ポーランドからも遠く離れている。自分の墓は、おそらく、キュリー家の墓所の中で最も訪れられることがないだろう。でも構わない。エーヴは、常に自分を支えてくれた伴侶である夫の傍らに眠るだろう。彼女は科学に関する一冊の本も残さなかったが、その世紀、すなわち、二十世紀への証言と影響を残した。二十世紀は、彼女の世紀だった。

二〇〇七年十月二十二日、キュリー姉妹の妹はニューヨークのアパートメントで眠るように亡くなった。九月十一日の同時多発テロから六年後、ベルリンの壁崩壊から十八年後、そして姉の死から五十一年後、夫の死から二十年後のことであった。身近な人々の多くは、ずっと以前に亡くなっていたが、若い世代の人々がその場にいた。エーヴは独りではなかった。フランスの家族、つまり、ピエールとアンヌのジョリオ夫妻、エレーヌ・ランジュヴァン、そしてアン・ラブイス゠ペレツや、その子供たちや孫たちに囲まれていたのだ。彼女が自宅に招くのが本当に好きだったアメリカの家族も、フランスの家族と同じくらい大人数だった。彼女が活動し生涯愛し続けたこの二つの大陸の間にバランスがあった。

百三歳近くになっていた彼女は、キュリー博物館に、相当の額を遺贈した。それは、子供の頃からよく知っていて、それが拡張され博物館になっていくのを見てきたかつての研究所にあり、パンテオンにほど近い、新しいキュリー研究所の建物の正面だった。博物館の改築工事は予定より長引くことになるだろう。そこには、放射能で汚染されていた家具や書類も展示されることになるだろう。彼女の遺言によって、ワルシャワのマリー゠スクウォドフスカ゠キュリー博物館にも寄付が用意されていた。というのも、もちろん彼女には、ポーランドへの思いがあったからだ。彼女のもう一つの心の祖国。解放され、占領され、ベルリンの壁崩壊後に再び解放されるのを見てきた。これらの痛ましい激動を乗り越えて、その時々のポーランド政府は、彼女の母親への敬意を示し続けようとしてきたし、彼女としては、それが自分の死後もずっと続くことを願っていた。

彼女の遺体は、夫の人生にとって大切なここルイジアナ州ニューオーリンズに運ばれた。彼女は、メテリーの墓地で、ヘンリー・ラブイスとようやく一緒になった。遠くフランスでは、キュリー一族がしっかりと次の代に引き継がれていた。甥の息子のうち、長男のマルク・ジョリオはボルドーで神経科学の研究をしていた。次男のアラン・ジョリオはコレージュ・ド・フランスの生物学者であった。彼女の両親、姉、そして義兄の研究の成果は、パリとワルシャワで、癌との戦いに貢献している。亡くなってもなお、キュリー家の人々は人命を救っているのだ。二十世紀を通して、キュリー家の女性たちの才能が非常に高く評価されてきたここアメリカで、エーヴは安らかに眠ることができる。

謝辞

まず初めに、ジョリオ゠キュリー家の皆さまとアン・ラブイス゠ペレツのご家族に感謝申し上げます。皆さまのおかげで、それぞれの人となりをより理解することができました。

カルマン゠レヴィ出版の統括編集長フィリップ・ロビネ、編集主任マリーヌ・モンテギュ、編集アシスタントのフランドリーヌ・ラブ、そしてキュリー博物館とシャルル・ド・ゴール財団のスタッフの皆さまにも、同様に心からの謝意を表します。

女性と、フェミニズムやジェンダーに関する歴史を専門に扱うマルグリット・デュラン図書館の司書の皆さまからは、素晴らしいアドバイスをいただき、大いに助けていただきました。フランスならびに世界における女性の歴史についての調査に、かけがえのないご協力をいただきありがとうございました。

アメリカ合衆国では、プリンストン大学図書館の担当者の方々、とりわけシーリー・G・マッド・マニュスクリプト・ライブラリーの司書の方々が、エーヴ・キュリーの夫、ヘンリー・リチャードソン・ラブイスに関する資料を、自由に閲覧させてくださいました。深く感謝いたします。

また、ヨーロッパ・外務省の資料室の皆さま、中でも元室長のミレイユ・ミュッソ、フレデリック・バレーヌ・デュ・ロランス、ジャン・メンデルソン、エルヴェ・マグロ、そして現在の資料室室長であるニコラ・シバエフ、ならびに文化遺産統括研究員イザベル・リシュフォールに、一貫して資料へのアクセスを許可してくださったことに対して、厚く御礼申し上げます。

最後に、本作を執筆中、ずっと変わらず精神的に支え続けてくれた皆さま、とりわけ、ベルナール・ベッソン、オーガスティン・ブレイズデル、マリー゠クリスティーヌ・ドゥロノア、アンヌ゠リュシー・シェーニュ゠ウダン、エロディとロラン・ピアントーニ、パトリック・ポミエ、そしてアニー・リシャールに愛と友情を送ります。私の大学時代の友人であまりにも若くして亡くなってしまった、国際シモーヌ・ド・ボーヴォワール協会の会長であった、フランス系アメリカ人リリアンヌ・ラザールは、一緒にこの伝記を執筆するのを望んでいました。私は心からの愛を、彼女の夫ロン・ラザールと子供たちグレン、モニーク、そしてシャロンに捧げます。

訳者あとがき

本書はClaudine Monteil, *Marie Curie et ses filles*, Calmann-Lévy, 2021の全訳である。

著者クロディーヌ・モンテイユは、パリで活躍中の作家で、晩年のボーヴォワールと親しい関係にあり、彼女に関する数冊の著作がある。また、二〇一四年に外務省を退職するまで、外交官として、ユニセフやユネスコを始めとする国連機関の対応にあたる部署に所属していた。彼女自身、フェミニズムの影響を強く受けており、女性や子供の権利獲得や地位向上の問題に関するスペシャリストである。

本書は、題名が示す通りマリー・キュリーと彼女の二人の娘イレーヌとエーヴの生涯を描いたものである。マリー・キュリーの伝記というと、本書にもあるように娘エーヴによって書かれた『キュリー夫人』を皮切りに、数多く出版されてきた。また長女イレーヌの伝記も複数冊出版されており、次女エーヴの伝記はクロディーヌ・モンテイユ自身が書いている。しかし、本書の特筆すべき点は、キュリー家の三人の女性の人生を一つの物語にすることで、それぞれの人生を互いの関係性の中で、重層的に捉え直している点であろう。

ところで、マリー・キュリーと言うと、多くの人は「幾多の試練を乗り越えラジウムを発見し、女性として初めて、しかも二度もノーベル賞を受賞した偉大な科学者」を思い浮かべるのではないだろうか。そして、多くの日本人にとっては、「マリー・キュリー」より「キュリー夫人」という呼び名の方が馴染み深いのではないだろうか。それはおそらくエーヴの『キュリー夫人』がベストセラーとなり、その後ながらくその呼び名が定着してきたからであろう。しかし、本書で描かれるのは、「偉大な科学者」や「キュリー夫人」というイメージに留まらない、一人の女性、一人の人間として、時に悩み傷つき、時に幸せに打ち震える、まさに人間マリー・キュリーの姿である。

マリー・キュリーの人生には、「女性初」という言葉が枕詞のように付きまとう。女性初のノーベル賞受賞者、女性初となるソルボンヌの教授就任、女性初の医学アカデミー会員……。しかし、そこに男性と平等の地位を勝ち取るための並々ならぬ努力と苦難があったことは、本書の示すところである。

マリーが生きた十九世紀末から二十世紀にかけて、女性は一人前の成人とは認められず男性の保護下に置かれる存在であった。最初のノーベル賞に、当初はノミネートされていなかったこと、フランス科学アカデミーからの拒絶、そして、ハーヴァード大学の冷ややかな対応、と、閉ざされた学問の世界では、女性を男性と同等と認めないという風潮が特に顕著であった。

さらに、彼女を深く傷つけたのは、ポール・ランジュヴァンとの恋愛事件である。この場合も男性であるポール・ランジュヴァンは、ほとんど非難されることはなかったが、社会はマリーを肉体的にも精神的にも極限まで追い詰める。エーヴによる『キュリー夫人』には、この恋愛事件について具体的な言及はない。おそらく娘として、母の人生のこのような面を公にはしたくなかったのだろう。しかし、今日私たちはここに、一人の女性として、人間として懸命に生きる、彼女の誠実さ、人間としての奥行きを見るのではないだろうか。

ロシア帝国占領下のポーランドで成長した彼女は、平和の大切さを生涯忘れることはなかった。第一次世界大戦中には、自ら戦場を駆け回り、多くの人命を助けている。それは、「科学は人類の平和に貢献しなければならない」という彼女の信条にも合致することであった。

彼女は生涯、フェミニズムと平和のために戦い続けたが、その戦いは二人の娘に引き継がれることになる。

マリーの二人の娘イレーヌとエーヴは、性格も正反対なら、その生き方も対照的である。母同様、科学者として、妻として、そして母として生きることを選んだ長女イレーヌに対し、妹エーヴは、ピアノ、次いで文学、そして政治の道に進み、半生を独身で過ごしている。イレーヌが共産主義に望みを託したのに対し、エーヴがアメリカをリーダーとする民主主義を信奉するにいたって、二人は決裂する。東西冷戦の時代に、まるで、家族の間に鉄のカーテンが敷かれたかのようだ。

結局二人は、終生和解することはなかったが、それは各々が自分の正義にどこまでも忠実であったが故であろう。これほど対照的で対立し続けた二人だったが、それぞれが、それぞれのアプローチでフェミニズムと平和のために戦い続けたのである。

キュリー家の三人の女性たちは、時に歴史に翻弄されながら、真摯に、そして誠実に生き抜いた。

押し寄せる過酷な運命に抗い、世界のあるべき姿を求めて運命を切り開いていった。そして、自らの力で人生を美しく輝かせたのである。その姿は、私たちの心を熱くし、鼓舞し続けることだろう。

一族の中でただ一人科学の道に進まず、母や姉とは違った苦しみと幸福を経験し、そして同世代の誰よりも長く生き、二人の死後の世界をすべて見てきたエーヴが、最晩年に、ニューコークでアメリカ同時多発テロに遭遇するに及んで、彼女たち、エーヴやイレーヌ、さらにマリーが生きた世界は、遠い世界、歴史の教科書の中で語られるだけの出来事ではなく、私たちが生きている世界と地続きであることが実感されるのではないだろうか。

現在もイデオロギーの対立によるテロは、世界中で起きており、特に今年二月のロシアのウクライナ侵攻以来、ロシアとNATOの対立はにわかに深刻化し、その影響は世界中に及んでいる。それゆえ、彼女たちの人生を知ることは、今日ますます意義深いことなのではないだろうか。

最後に、原書の間違いと思われる箇所は、特に注記せず正した。

訳出にあたって、中央公論新社の郡司典夫さんには、訳文を入念にチェックし的確なアドバイスをいただくなど、大変お世話になりました。また、友人小宮山アンジェリナさんには、フランス語の細かいニュアンスに関して貴重なご意見をいただきました。心より御礼を申し上げます。

内山奈緒美

二〇二二年秋

2 Irène Joliot-Curie, « Marie Curie, ma mère », *Europe*, n° 108, décembre 1954 p.89-121.

3 エーヴ・キュリーからヘレン・ロジャース・リードへの手紙。1948年3月22日。エーヴ・キュリー・コレクション。作者による英文からの翻訳。

4 Simone de Beauvoir, *La Force des Choses*, Gallimard, 1963, p.453.

5 Ingrid Galster, « Le scandale du *Deuxième Sexe* », *Mensuel 232*, mai 1999.

6 Denis Brian, *Einstein, le génie, d'un homme*, Flammarion, 1997, p.432.

7 Eugénie Cotton, *Après Frédéric Joliot-Curie, Irène Joliot-Curie est exclue du Commissariat à l'énergie atomique*, 1952, マルグリット・デュラン図書館ウジェニー・コットン資料。

8 1949年に北大西洋条約機構に調印した欧州10か国は、ベルギー、デンマーク、フランス、アイスランド、イタリア、ルクセンブルク、ノルウェー、オランダ、ポルトガル、イギリスである。

9 エーヴ・キュリーからイレーヌ・ジョリオ＝キュリーへの手紙。1954年11月15日。イレーヌ・ジョリオ＝キュリー・コレクションおよびエーヴ・キュリー・コレクション。

10 同上、p.1.

11 « Souvenirs d'Irène et de Frédéric Joliot-Curie », ピエール・ジョリオと作者との対談、3/3, *Paris-Saclay Le Média*, 12 septembre 2018.

第9章　エーヴ・キュリー——亡くなった人たちへの誠実な行動

1 « The talk of the town », *The New Yorker*, 6 novembre 1965, p.45-47, 無記名記事。

2 同上。

3 Maurice Vaïsse et Hervé Magro (dir.), *Dans les archives secrètes du Quai d'Orsay, de 1945 à nos jours*, L'Iconoclaste, série « Histoire », 2019. le chapitre « L'espoir se lève à l'Est », p.533-534 参照。

4 フランソワ・ミッテラン大統領のFrance2［テレビ局］での談話、1994年3月8日。

5 Jean-Luc Pasquier, ブログ：6ruedemessine, 28 décembre 2011.

6 ピエール・ジョリオと作者との対談、2013年5月。

7月サンクトペテルブルクにおけるユネスコ世界遺産委員会で、当時ユネスコ大使であった作家ダニエル・ロンドーが用いた表現。ダニエル・ロンドーは、2019年、アカデミー・フランセーズの会員に選出された。

13 Michel Pinault, *Frédéric Joliot-Curie*, 前掲書、p.237.

14 Ève Curie, *Voyage parmi les guerriers*, t. II, Éditions de la Maison française, 1944, p.96.

15 同書、p.153.

16 同書、p.220.

17 同書、p.250.

18 同書、p.256.

19 エーヴの日誌、*Voyage parmi les guerriers*は、1943年にアメリカ、Double Dayより出版された。

20 *My Day*, Eleanor Roosevelt, *The Eleanor Roosevelt Papers, Digital Edition*, 25 mai 1942, www2.gwu.edu エレノア・ルーズヴェルトはエーヴ・キュリーをホワイトハウスに招いたことについてコメントしている。

21 *My Day*, Eleanor Roosevelt, *The Eleanor Roosevelt Papers, Digital Edition*, 17 juin 1942, www2.gwu.edu

22 同上。

23 Marjory Avory, « Pvt Ève Curie sounds a call to arms », *The New York Times*, 28 novembre 1943, « Pvt » は英語の « private »、エーヴ・キュリーの自由フランス軍での当時の階級、兵卒を示している。エーヴは後に将校になる。

24 エレーヌ・ランジュヴァン、ピエール・ジョリオがクロディーヌ・モンテイユに語った話。

25 Édouard Launet, « On faisait sécher 200 kilos d'explosif », *Libération*, 25 août 2004.

26 ディエゴ・ブロセ将軍から戦時内閣マッソン大佐への手紙。1944年10月4日。エーヴ・キュリー・コレクション。エーヴ・キュリーによって『ラジオ・フランス1945年6月18日（1940年から1945年の出来事を振り返る）』と題されたフォルダーに含まれている。

27 Natacha Henry, *Marie Curie et Sonia Bluska, Les sœurs savantes*, Librairie Vauvert, 2015, p.252-253.

第8章　冷戦下の軋轢で引き裂かれた家族

1 Louis-Pascal Jacquemond, « Irène Joliot-Curie, une féministe engagée ? », *Genre et Histoire*, n° 11, automne 2012.

31 « Mme Irène Joliot-Curie souffrante, vient d'abandonner ses fonctions », *La Française*, 3 octobre1936, 無記名記事、マルグリット・デュラン図書館資料。

32 ローザンヌのエーヴ・キュリーからイレーヌ・ジョリオ＝キュリーへの手紙。1936年10月10日、エーヴ・キュリー・コレクション。

33 Irène Joliot-Curie, *Lettre à Léon Blum*, 27 juin 1937, キュリー博物館イレーヌ・ジョリオ＝キュリー資料。

34 « Il faut sauver la fondation Curie, Je pense à l'angoisse de ma mère si son hôpital disparaissait nous dit Mme Ève Curie », 24 mars 1938, エーヴ・キュリー資料。

35 同上。

36 Louis-Pascal Jacquemond, *Irène Joliot-Curie*, 前掲書、p.162.

第７章　第二次大戦の混乱の中で生き別れたイレーヌとエーヴ

1 イレーヌ・ジョリオ＝キュリーからミッシー・メロニーへの手紙。1940年5月12日、*in* Louis-Pascal Jacquemond, *Irène Joliot-Curie*, Odile Jacob, 2014, p.163.

2 Ève Curie, « Mme Curie, la Pologne et la France », 1939年９月15日、ラジオでの発言、*Presse Tunis*に再録されたジョリオ＝キュリー家資料。

3 « Ève Curie explique pourquoi la Pologne a survécu à toutes les persécutions », *Presse Tunis*, 15 et 17 septembre 1939, ジョリオ＝キュリー家資料。

4 *My Day*, エレノア・ルーズヴェルトによる新聞コラム、1940年2月3日。www2.gwu.edu 参照。エレノア・ルーズヴェルトの原文を作者が翻訳。エレノア・ルーズヴェルトは日刊紙で週6日コラムを担当し、日常や会った人々のことを綴っている。

5 エレノア・ルーズヴェルトからエーヴ・キュリーへの手紙。1940年4月18日。エーヴ・キュリー・コレクション。

6 エーヴ・キュリーからエレノア・ルーズヴェルトへの手紙。1940年4月22日。エーヴ・キュリー・コレクション。

7 Louis-Pascal Jacquemond, *Irène Joliot-Curie*, 前掲書、p.164.

8 Michel Pinault, *Frédéric Joliot-Curie*, Odile Jacob, 2000, p.206.

9 *My Day*, Eleanor Roosevelt, *The Eleanor Roosevelt Papers, Digital Edition*, 18 février 1941, www2.gwu.edu

10 Dominique Mongin, « Joliot et l'aventure de l'eau lourde française », *L'Histoire*, octobre, 2017, www.lhistoire.fr

11 山本五十六海軍大将の言葉は、www.dicocitations.lemonde.frから引用。

12 クレムリンの世界遺産登録へのフランスの支持を表明するために、1995年

ョリオ＝キュリー資料。

14 Irène Joliot-Curie, « Madame Joliot-Curie, prix Nobel, et le droit des femmes au travail », *La Française*, 23 novembre 1935, マルグリット・デュラン図書館資料。

15 Irène Joliot-Curie, « Science et économie », *Femmes dans l'action mondiale*, mars 1936.

16 Antoine Tarrago, *Léon Blum et l'émancipation des femmes*,（序文）Christine Bard, Taillandier/Jean Jaurès, 2019, p.153.

17 同書、p.139.

18 同書、p.156.

19 シモーヌ・ド・ボーヴォワールが、自分が引き合いに出される度に、自身を指して用いていた言葉。「私は自分がアリバイのための女性であると自覚しています」と彼女はよく話していた。

20 Ève Curie, « Irène Joliot-Curie », *Marianne*, 1936. 記事の前に以下のような短い文が付いている。「私たちは、ジョリオ＝キュリー夫人を科学者として、ノーベル賞受賞者として、さらには大臣候補として紹介します。『マリアンヌ』誌は彼女の妹が記すその人となりを公にすることができ、誇りに思っています」。この記事は、*Les Souvenirs et documents publiés par l'Association Frédéric et Irène Joliot-Curie*, p.15に再録された。

21 同上。

22 同書、p.16.

23 ピエール・ジョリオ＝キュリーへのインタビュー。

24 Louis-Pascal Jacquemond, *Irène Joliot-Curie*, 前掲書、p.158.

25 Josiane Serre, « Un instrument de promotion féminine : l'École normale supérieure de jeunes filles (ex-Sèvres), Aperçu historique sur l'enseignement féminin en France », *Perspectives universitaires*, vol. III, n° 1-2, p.50-58. 参考までに、ジョジアンヌ・セールは、1974年から1987年まで、女子高等師範学校の最後の校長を務め、その後はユルム通りの高等師範学校の共同校長を務めた。女子高等師範学校と高等師範学校が統合されたのは、彼女の推進力のもとにおいてであった。そして、ジョルジュ・ポワトウ亡き後、彼女は同校の校長となった。ちなみにジョジアンヌ・セールは私の母である（作者の覚書）。

26 同書、p.51.

27 同上。

28 同書、p.52.

29 Irène Joliot-Curie, *Hommage à Eugénie Cotton*, マルグリット・デュラン図書館資料。

30 Institute for Advanced Study, Princeton, New Jersey, États-Unis.

14 マリーからエーヴへの手紙。1929年10月10日、同書、p.303.
15 同書、p.304-305.
16 同上。
17 マリーからパリの自家用車の冒険家エーヴへの手紙。1929年10月22日、同書、p.316.
18 ホワイトハウスのマリーからエーヴへの手紙。*in* Ève Curie, *Madame Curie,* 前掲書、p.403.
19 ニューヨークのマリーからパリのエーヴへの手紙。1929年10月31日木曜日、in *Marie Curie et ses filles,* 前掲書、p.324.
20 Marc Chadourne, *Absence*, Plon, 1933, p.238.
21 マリーからエーヴへの手紙。パリ、1932年8月11日、in *Marie Curie et ses filles,* 前掲書、p.374.

第6章　キュリー家の姉妹——暗闇から日の当たる方へ

1 Frédéric Joliot-Curie, « Réflexions sur la valeur humaine de la science », *La Nef,* janvier 1957, n° 2.
2 Claudine Monteil, *Ève Curie, l'autre fille de Pierre et Marie Cuirie*, Odile Jacob, 2016, p.87.
3 Ève Curie, *Madame Curie*, Gallimard, 1938, Folio n° 1336, p.523.
4 ローザンヌのエーヴ・キュリーから姉イレーヌ・ジョリオ＝キュリーへの手紙。1936年10月10日、イレーヌ・ジョリオ＝キュリー・コレクションおよびエーヴ・キュリー・コレクション。
5 同上。
6 「メ」は、イレーヌとエーヴが愛情を込めて母親に送った呼び名である。
7 エーヴ・キュリーから姉イレーヌ・ジョリオ＝キュリーへの手紙。1936年9月8日、p.1, エーヴ・キュリー・コレクション。
8 Claude Mauriac, *Le Temps immobile*, t. III : *Et comme l'espérance est violente*, Grasset, 1976.
9 同書。
10 同書。
11 « Mme Joliot-Curie a reçu le troisième prix Nobel de chimie », 1935年12月の記事。マルグリット・デュラン図書館資料。
12 同上。
13 « M. et Mme Joliot-Curie fêtés à Stockholm », ストックホルム、1935年12月14日。無記名記事の切り抜き。マルグリット・デュラン図書館イレーヌ・ジカ合衆国大統領の信頼を得た。1914年から、第一次世界大戦に参戦するよう、孤立主義のアメリカ政権を説得するために巧みにホワイトハウスに働きかけ、ジョルジュ・クレマンソーに称賛された。

11 Ève Curie, *Madame Curie*, 前掲書、p.452.

12 Natacha Henry, *Marie Curie et Bronia Dluska, Les sœurs savantes*, Librairie Vauvert, 2015, p.207-208.

13 Denis Brian, *The Curies : A Biography of the Most Controversial Family in Science*, John Wiley & Sons, Hoboken, New Jersey, 2005, p.190.

14 Natacha Henry, *Marie Curie et Bronia Dluska…*, 前掲書、p.211.

15 同書、p.214.

16 Natalie Pigeard-Micault, *Marie Curie, la reconnaissance institutionnelle, des Nobels aux Académies*, Académie nationale de médecine, communication scientifique, séance du 21 novembre 2017.

17 Denis Brian, *Albert Einstein, le génie, l'homme*, Robert Laffont, 1996, p.183.

第5章　ある女性科学者の輝きと黄昏

1 Louis-Pascal Jacquemond, *Irène Joliot-Curie*, Odile Jacob, 2014, p.86.

2 同書、p.107.

3 « Entretien avec Irène Curie », *Le Quotidien*, 28 mars 1925, *in* Henry Gidel, *Marie Curie*, Flammarion, coll. « Grandes biographies », 2008, p.338.

4 同書。

5 *Le Temps*, T.LindenbaubによるタイトルのAない記事。1925年11月24日。

6 *Le Temps*, T.Lindenbaubによるタイトルのない記事。1926年2月16日。

7 イタリア大型客船*Pincio*より、マリー・キュリーからエーヴ・キュリーへの手紙。ブラジル、1926年7月7日。エーヴ・キュリー・コレクション。

8 同上。

9 Ève Curie, *Madame Curie*, Gallimard, 1938, Folio n° 1336, p.481.

10 Christine Bard, « Marie Curie et Irène Joliot-Curie, le féminisme arcouestien », *Revue de la BNF*, 2009/2, n° 32, p.39.

11 同書、18 février 1928, エーヴ・キュリー・コレクション。

12 国際連盟知的協力委員会（ユネスコの前身）。

13 ジュネーヴのマリーからラルクエストのエーヴへの手紙。1929年7月25日。in *Marie Curie et ses filles, Lettres*, Pygmalion, 2011. ピエールとマリー・キュリーの孫娘エレーヌ・ランジュヴァン＝ジョリオと、キュリー博物館元館長モニーク・ボルドリーによって出版。

キュリー・コレクション。Ève Curie, *Madame Curie*, Gallimard, 1938, Folio n° 1336, p.398.

3 Hélène Langevin-Joliot, Monique Bordry(dir.), *Marie Curie et ses filles*, マリーからイレーヌへの手紙。1914年8月2日、6日。Pygmalion, 2011, p.57.

4 イレーヌ・ジョリオ＝キュリーからマリー・キュリーへの手紙。1914年8月2日、イレーヌ&フレデリック・ジョリオ＝キュリー・コレクション。

5 Hélène Langevin-Joliot, Monique Bordry(dir.), *Marie Curie et ses filles*, 前掲書、マリー・キュリーからイレーヌへの手紙。1914年9月6日。

6 Marie-Noëlle Humbert, *Marie Curie, Portrait d'une femme engagée, 1914-1918*, Actes Sud, 2014, p.25.

7 Ève Curie, *Madame Curie*, 前掲書、p.399.

8 同書、p.400.

9 ガリエニ将軍には、死後、元帥号が贈られた。

10 Ève Curie, *Madame Curie*, 前掲書、p.405.

11 Ève Curie, *Madame Curie*, 前掲書、p.406.

12 Marie-Noëlle Humbert, *Marie Curie…*, 前掲書、p.65.

13 Marie-Noëlle Humbert, *Marie Curie…*, 前掲書、p.408.

14 同書、p.421.

15 マリー・キュリーからブローニャへの手紙。1920年11月10日。

16 Louis-Pascal Jacquemond, *Irène Joliot-Curie*, Odile Jacob, 2014, p.152-153.

第4章　アメリカ――夢想を超えた啓示

1 Marie-Noëlle Humbert, *Marie Curie, Portrait d'une femme engagée, 1914-1918*, Actes Sud, 2014, p.164.

2 Marie Curie, *Pierre Curie*, Odile Jacob, 1996（Payot, 1923の再版）

3 Marie-Noëlle Humbert, 前掲書。

4 Natalie Pigeard-Micault, *Les Femmes du laboratoire de Marie Curie*,（序文）Hélène Langevin-Joliot, Glyphe, 2013, p.18.

5 Susan Quin, *Marie Curie : A Life*, De Capo Press, Boston, 1995, p.384-385.

6 Ève Curie, *Madame Curie*, Gallimard, 1938, Folio n° 1336, p.441.

7 同書。

8 マリー・キュリーからジャン・ペランの妻アンリエット・ペランへの手紙。1921年5月10日。Ève Curie, *Madame Curie*, 前掲書、p.445.

9 同書、p.449.

10 彼は22年間、大使としてワシントンに留まり（最長記録）、歴代のアメリ

p.1-2, carton 201, CPCOM, vol. 15, Suède, 1896-1916.

12 同上。

13 Denis Brian, *Albert Einstein, le génie, l'homme*, Robert Laffont, 1996, p.111.

14 同書。

15 同書、p.112.

16 Ève Curie, *Madame Curie*, 前掲書、p.385-386.

17 イレーヌとフレデリック・ジョリオ＝キュリーの長女エレーヌ・ランジュヴァンへのインタビュー。2014年。

18 Susan Quin, *Marie Curie : A life*, De Capo Press, Boston, 1995, p.332.

19 Hélène Langevin-Joliot, Monique Bordry(dir.), *Marie Curie et ses filles, Lettres*, イレーヌからマリーへの手紙。1912年6月末。Pygmalion, 2011, p.26-27.

20 同書、トノン＝レ＝バン滞在中のマリーからブリュノワ［パリの南東にある町］のイレーヌへの手紙。1912年7月8日。p.28-29.

21 *Hertha Ayrton*, Jewish Women's Archive sur jwa.org

22 Hertha Ayrton, 原タイトル « The origin and the growth of the Ripple Marks ».

23 1902年に、イギリス人物理学者ディヴィッド・エドワード・ヒューズの名にちなんで創設されたヒューズ・メダルは、英王立学会によって物理学における重要な発見に対して授与される賞である。

24 Joan Manson, « Admission of the First Women into the fellowship of the Royal Society in London », *The Royal Society*, vol.46, n° 2, p.279-300, juillet 1992.

25 « A Google Doodle Honors Scientist Hertha Marks Ayrton », Google.

26 Serena Kelly, « Gould, Barbara Bodichon Ayrton (1886-1950), suffragist and politician », *Oxford Dictionary of National Biography*, www.oxforddnb.com/view/10.1093/ref:odnb/9780198614128.001.0001/odnb-9780198614128-e-50046

27 Elizabeth Crawford, *The Democratic Plea for the Men's Political Union for Women's Enfranchisement, The Women's Suffrage Movement : A Reference Guide 1866-1928*, UCL Press, 1999.

28 Susan Quinn, *Marie Curie : A Life*, 前掲書、p.340.

29 Denis Brian, *Albert Einstein, le génie, l'homme*, 前掲書、p.117.

第3章　第一次世界大戦——前線のマリーとイレーヌ

1 *Correspondance*, マリーからイレーヌへの手紙。1914年7月29日。Pygmalion, 2011, p.51.

2 マリーからイレーヌ、およびエーヴへの手紙。1914年8月6日。マリー・

2015.
24 同書、p.110-111.
25 Denis Brian, *The Curies…*, 前掲書、p.75.
26 Natacha Henry, *Marie Curie et Bronia Dluska, Les sœurs savantes*, 前掲書、p.115.
27 Loïc Barbo, *Pierre Curie, 1859-1906. Le rêve scientifique*, Belin, 1999, p.260.
28 Ève Curie, *Madame Curie*, 前掲書、p.293-294.
29 Frederic Golden, *The Worst and the Brighest*, time.com, *Time magazine*, 16 octobre 2000, Wikipédia, Alfred Nobel に再録。Britannica.com 19 mars 2012, Wikipédiaに再録。
30 Ève Curie, *Madame Curie*, 前掲書、p.247.
31 ピエール・キュリーによるスウェーデン科学アカデミーでのノーベル物理学賞受賞記念講演。ストックホルム、1905年6月6日。
32 Pierre Curie et Henri Becquerel, *Comptes rendus de l'Académie des sciences*, 1901, t.132, p.1291.
33 Henry Gidel, *Marie Curie*, Flammarion, coll. « Grandes biographies », 2008, p.166-167.

第2章　科学と愛情——希望と試練

1 Ève Curie, *Madame Curie*, Gallimard, 1938, Folio n° 1336, p.345-346.
2 Ève Curie, *Madame Curie*, 前掲書、p.366-367.
3 Denis Brian, *The Curies : A Biography of the Most Controversial Family in Science*, John Wiley & Sons, Hoboken New Jersey, 2005, p.116.
4 Ève Curie, *Madame Curie*, 前掲書、p.370.
5 Elizabeth Crawford, *The Women's Suffrage Movement : A Reference Guide 1866-1928*, Routledge, Londres, 2001.
6 フランス語ではUnion sociale et politique des femmes.［英語Women's Social and Political Union］
7 サフラジェットをテーマにした漫画*Suffrajitsu*（イラストJao Vieiraune）三部作の作者トニー・ウルフのＢＢＣでの発言。
8 イレーヌからマリーへの手紙。
9 Louis-Pascal Jacquemond, *Irène Joliot-Curie*, Odile Jacob, 2014, p.97.
10 Henry Gidel, *Marie Curie*, Flammarion, coll. « Grandes biographies », 2008, p.259-260.
11 同書、p.2. ストックホルム駐在フランス大使M. ティエボーによる「キュリー夫人のことについて」と題された1911年12月7日付公文書（番号なし）、

原　注

第1章　意志の力——ポーランドからフランスへ

1 Denis Brian, *The Curies : A Biography of the Most Controversial Family in Science*, John Wiley & Sons, Hoboken, New Jersey, 2005, p.16.
2 母と同名のブロニスワヴァ、通称ブローニャ。
3 Ève Curie, *Madame Curie*, Gallimard, 1938, Folio n° 1336, p.20.
4 同書、p.78.
5 同書、p.74.
6 同書、p.86.
7 同書、p.100.
8 ブローニャからマリーへの手紙。同書、p.123.
9 同書、p.161.
10 Susan Quinn, *Marie Curie : A Life*, Da Capo Press, 1995, p.104-105. フランス語タイトル *Marie Curie, Une vie*, Odile Jacob, 1996.
11 Marie Curie, *Pierre Curie*, Payot, 1924, coll. « Les grands hommes de France », p.47 ; Hachette Livre, la BNFに再録。2018.
12 同書、p.24. マリー・キュリーはピエゾ電気という現象を「対称の中心を持たない水晶の圧縮、あるいは膨張によって現れる電気分極である」と説明している。
13 「キュリー天秤」。エコール・ポリテクニーク（理工科学校）中央図書館蔵。公式サイト：www.polytechnique.edu
14 Marie Curie, *Pierre Curie*, 前掲書、p.55-56.
15 Nathalie Huchette, *Balade parisienne avec Pierre et Marie Curie*, Les Carnets du musée Curie, Institut Curie, février 2008.
16 Henri Becquerel, « Sur les radiations invisibles émises par les sels d'uranium », *Comptes rendus hebdomadaires de l'Académie des sciences*, 23 mars 1896, t.122, p.693.
17 Ève Curie, *Madame Curie*, 前掲書、p.228.
18 Nathalie Huchette, *Balade parisienne avec Pierre et Marie Curie*, 前掲書、p.22.
19 Marie Curie, *Pierre Curie*, 前掲書、p.105.
20 Nathalie Huchette, *Balade parisienne avec Pierre et Marie Curie*, 前掲書、p.24.
21 Marie Curie, *Pierre Curie*, 前掲書、p.72.
22 同書、p.23.
23 Natacha Henry, *Marie Curie et Bronia Dluska, Les sœurs savantes*, Librairie Vuibert,

Ponty Janine, *Les Polonais en France de Louis XIV à nos jours*, Éditions du Rocher, Paris 2008.

Prost Antoine et Winter Jay, *René Cassin*, Fayard, 2011.

Roosevelt Eleonor, *This I remember*, Harper and Brothers, New York, 1949.

Sartori Éric et de Gennes Pierre-Gilles, *Histoire des grands scientifiques français : d'Ambroise Paré à Pierre et Marie Curie*, Perrin, 2012.

Saurier Delphine, *La Fabrique des illustres, Proust, Curie, Joliot et lieux de mémoire*, Éditions non standard, 2013.

Sharp Evelyn, *Hertha Ayrton, A Memoir*, Edward Arnold and Co, Londres, 1926.

Thibaudet Albert, *La République des professeurs*, Grasset, 1927, p. 123.

Trotereau Janine, *Marie Curie*, Gallimard, Folio n° 81, 2011.

Vaïsse Maurice, *Histoire de la diplomatie française*, avec Jean-Claude Allain, Françoise Autrand, Lucien Bély, Philippe Contamine, Pierre Guillen, Thierry Lentz, Georges-Henri Soutou et Laurent Theis, Perrin, 2007.

Weiss Louise, *Combats pour les femmes*, Albin Michel, 1980.

—, *Mémoires d'une Européenne*, Payot/Albin Michel, 6 tomes (1968-1976).

Wieviorka Olivier, *Histoire de la Résistance, 1940-1945*, Perrin, 2013.

Wingate Ronald, sir, *Lord Ismay, a biography*, Hutchinson & Co, LTD, Londres-New York, 1970.

Zancarini-Fournel Michelle, *Histoire des femmes en France, xixe-xxe siècle*, PUR, 2005.

3　有用なリンク

Vers le musée : http://musee.curie.fr/

2　その他参考文献

Aumont Jean-Pierre, *Le Soleil et les Ombres*, Opéra Mundi, 1976, coll. « J'ai lu ».

Bard Christine, « Marie Curie et Irène Joliot-Curie, le féminisme arcouestien », *Revue de la BNF*, 2009, n° 32 : *L'Arcouest des Joliot-Curie.*

—, « Les premières femmes au gouvernement (France, 1936-1981) », mai-juin 2007, *Histoire@Politique*, n° 1.

—, *Les Filles de Marianne, Histoire des féminismes, 1914-1940*, Fayard, 1995.

—, *Les Femmes dans la société française au xxe siècle*, Armand Colin, coll. « U », 2004.

Barrès Philippe, *Charles de Gaulle*, Plon, 1944.

Beauvoir Simone, de, *Le Deuxième Sexe*, Gallimard, 1949.［シモーヌ・ド・ボーヴォワール『決定版 第二の性』全3巻、『第二の性』を原文で読み直す会 訳、2001年、新潮社］

Beauvois Daniel, *La Pologne, histoire*, société, culture, La Martinière, 2004.

Cassin Gabriel, *René Cassin. Les guerres de 1914-1918 et de 1939-1945 et le combat pour la dignité humaine : les droits de l'Homme (1948), le prix Nobel de la paix (1968)*, Éditions Gabriel Cassin, 2011.

Chadourne Marc, *Absence*, Plon, 1933.

Eidelman Jacqueline, *La Création du palais de la Découverte*, thèse de doctorat sous la direction de Viviane Isambert-Jamati, Université Paris V-René Descartes, 1988 (disponible au Fonds Curie).

Feis Herbert, *Churchill, Roosevelt, Staline*, Princeton University Press, Princeton, 1957.

Gendron Louis-Paul, *En marge de l'histoire*, t. I, II, III (pas de référence d'éditeur).

Guy Claude, *En écoutant de Gaulle*, Journal 1946-1949, Grasset, 1996.

Kai-yu Hsu, *Chou En-laï, éminence grise de la Chine*, Mercure de France, 1968.

Kaspi André, *La Deuxième Guerre mondiale*, Perrin, 1990.

—, *La Libération de la France, juin 1944-janvier 1945*, Perrin, 1995.

Kersaudy François, *De Gaulle et Churchill : la mésentente cordiale*, Perrin, 2003.

—, *De Gaulle et Roosevelt : le duel au sommet*, Perrin, 2004.

Lelievre Claude et Françoise, *Histoire de la scolarisation des filles*, Nathan, 1992.

Mauriac Claude, *Le Temps immobile*, t. II : *Les Espaces imaginaires*, Grasset, 1975.

—, *Le Temps immobile*, t. III : *Et comme l'espérance est violente*, Grasset, 1976.

Nehru Jawaharlal, *A Bunch of Old Letters Written Mostly to Jawaharlal Nehru and Some Written by Him*, Jayasinghe Asia Publishing House, Bombay, 1958 ; Londres, 1960.

Perrot Michelle et Duby Georges, *L'Histoire des femmes en Occident*, t. 5 : Le xxe siècle, Poche, 2002.

—, « Irène Joliot-Curie : une féministe engagée ? », *Genre et histoire*, automne 2012, n° 11.

Joliot-Curie Irène, « La vie et l'œuvre de Marie Sklodowska-Curie », *La Pensée*, novembre-décembre 1954, n° 58 (archives Curie, dossier I-16, liasse 49).

—, « Marie Curie, ma mère », *Europe*, décembre 1954, n° 108 (archives Curie, dossier I-16, liasse 50) [I. Joliot-Curie (1954) dans les notes].

Joliot Pierre, *La Recherche passionnément*, Odile Jacob, 2001.

Langevin André, *Paul Langevin, mon père. L'homme et l'œuvre*, Les Éditeurs français réunis, 1971.

Langevin-Joliot Hélène, *Cahiers de l'IHSME* (Institut d'histoire sociale Mines-Énergie-la CGT), février 2009, n° 21.

Langevin-Joliot Hélène et Bordry Monique, *Marie Curie et ses filles*, Lettres, Pygmalion, 2011.

Lansdale Elizabeth, *My Metamorphosis*, Enaretos Press, Thessalonique, 2007, avec une préface d'Ève Curie-Labouisse.

Loriot Noëlle, *Irène Joliot-Curie*, Presse de la Renaissance, 1991.

Marbo Camille (Marguerite Borel), *À travers deux siècles. Souvenirs et rencontres (1883-1967)*, Grasset, 1968.

Marder Brendal, *Stewards of the Land, The American Farm School and Greece in the Twentieth Century*, Mercer, University Press, Géorgie, 2004.

Pigeard-Micault Natalie, *Les Femmes du laboratoire de Marie Curie*, Glyphe, 2013.

Pinault Michel, *Frédéric Joliot-Curie*, Odile Jacob, 2000.

Poirier Jean-Pierre, *Marie Curie et les conquérants de l'atome (1896-2006)*, Pygmalion, 2006.

Quinn Susan, *Marie Curie*, Odile Jacob, 1996 (traduction par Laurent Muhleisen de Marie Curie, A Life, Simon et Schuster, New York, 1995).［スーザン・クイン『マリー・キュリー 1・2』田中京子訳、みすず書房、1999年］

Radvanyi Pierre, *Les Curie, Pionniers de l'atome*, Belin, coll. « Pour la science », 2005.

Radvanyi Pierre et Bordry Monique, *La Radioactivité artificielle et son histoire*, Seuil/CNRS, coll. « Points Sciences », 1984.

Reid Robert, *Marie Curie derrière la légende*, Seuil, coll. « Points Sciences », 1979.［ロバート・リード『キュリー夫人の素顔』上・下、木村絹子訳、共立出版、1975年］

Saurier Delphine, *Histoires de l'association Curie et Joliot-Curie et du musée Curie*, Université d'Avignon et des pays du Vaucluse, 2009.

Zak Sonia, *Frédéric et Irène Joliot-Curie*, Causette, 2000.

主要参考文献

1　マリー、イレーヌ、エーヴによる著作およびマリー、イレーヌ、エーヴに関する著作

Brian Denis, *The Curies : A Biography of the Most Controversial Family in Science*, John Wiley & Sons, Honoken, New Jersey, 2005.

Bernstein Gumber Georges et Maurin Gilbert, *Bernstein le Magnifique*, Éditions Jean-Claude Lattès, 1988.

Cotton Eugénie, *Les Curie et la Radioactivité*, Seghers, 1963.

Curie Ève, *Marie Curie*, Gallimard, 1938, Folio n° 1336.［エーヴ・キュリー『キュリー夫人伝（新装版）』河野万里子訳、白水社、2014年］

—, *Voyage parmi les guerriers*, Éditions de la Maison française, New York, 1944.

—, *They speak for a Nation. Letters from France*, New York, Doubleday & Doran, 1941, avec Philippe Barrès et Raoul de Roussy de Sales.

Curie Marie, *La Radiologie et la Guerre*, Librairie F. Alcan, 1921.

—, *Pierre Curie*, Odile Jacob, 1996, réédition du livre paru chez Payot en 1923.

—, *Marie Curie et ses filles*, Lettres, préface d'Hélène Langevin-Joliot et de Monique Bordry, Pygmalion, 2011.

Curie Marie et Joliot-Curie Irène, *Correspondance, choix de lettres (1905-1934)*, Gilette Ziegler, Les Éditeurs français réunis, 1974.

Frain Irène, *Marie Curie prend un amant*, Le Seuil, 2016.

Goldsmith Barbara, *Marie Curie, Portrait intime d'une femme d'exception*, Dunod Sciences, 2006.［バーバラ・ゴールドスミス『マリー・キュリー――フラスコの中の闇と光』小川真理子監修、竹内喜訳、WAVE出版、2007年］

Henry Natacha, *Marie Curie et Bronia Dluska, Les soeurs savantes*, Librairie Vuibert/Albin Michel, 2015.

Himbert Marie-Noëlle, *Marie Curie, portrait d'une femme engagée, 1914-1918*, Actes Sud, 2014.

Huchette Nathalie, *Balade parisienne avec Pierre et Marie Curie*, Les Carnets du musée Curie, collection éditée par l'Institut Curie en collaboration avec le musée Curie, 2008.

Huchette Nathalie et André Laurence, *Les Joliot-Curie. Deux savants à la une*, Les Carnets du musée Curie, n° 3, 2008.

Jacquemond Louis-Pascal, *Irène Joliot-Curie*, Odile Jacob, 2014.

装丁・本文組　濱崎実幸

著　者

クロディーヌ・モンテイユ（Claudine Monteil）

1949年パリ生まれ。作家、歴史家。女子の教育権利のために長年活動してきた。母は、女子高等師範学校（フランス最高峰の女子校）の校長を務めた化学者ジョジアンヌ・セール、父は、フィールズ賞を受賞した数学者、ジャン・ピエール・セール。若い時期にサルトルやボーヴォワールと交流し、女性解放運動に携わる。フランス外務省でさまざまなポストに就き、国連やユニセフとの協力にあたる。著書に、『世紀の恋人――ボーヴォワールとサルトル』（藤原書店）などがある。

訳　者

内山奈緒美（うちやま・なおみ）

愛知県名古屋市生まれ。東京大学仏文学科卒業。同大学院修士課程修了。翻訳家。訳書に、フレデリック・ファンジェ『自信をもてない人のための心理学』（紀伊國屋書店、2014年）、ヴァネッサ・スプリンゴラ『同意』（中央公論新社、2020年）がある。

キュリー夫人《ふじん》と娘《むすめ》たち
――二十世紀《にじゅっせいき》を切《き》り開《ひら》いた母娘《おやこ》

2023年1月25日　初版発行

著　者　クロディーヌ・モンテイユ
訳　者　内山奈緒美《うちやまなおみ》
発行者　安部順一
発行所　中央公論新社
〒100-8152　東京都千代田区大手町1-7-1
電話　販売　03-5299-1730　編集　03-5299-1740
URL https://www.chuko.co.jp/

印　刷　図書印刷
製　本　大口製本印刷

Published by CHUOKORON-SHINSHA, INC.
Printed in Japan　ISBN978-4-12-005625-3 C0023